現代組織を生き抜くバイブル

［新版］影響力の法則

アラン・R・コーエン　デビッド・L・ブラッドフォード 著

Influence without Authority
Third Edition

髙嶋成豪・髙嶋薫 訳

INFLUENCE WITHOUT AUTHORITY
(3rd edition) (ISBN:9781119347712)
by Allan R. Cohen, David L. Bradford

ジョイスとエヴァへ。最も厳しくそして最も支援的な同志であり、戦略的提携関係において影響力の本質とは何かを教えてくれた、妻たちへ。

はじめに

その概念は基本的なもので、あたりまえに見える。

始める前に自分の目標と目的を明確にしよう。「構え、撃て、狙え」ではない。

だれもが潜在的な味方であると考えよう。あなたの同僚はあなたが目標を達成するのをなんらかの方法で助けられるのだ。

彼らの現実、状況をよく理解しよう。彼らはどのように報酬を受けるのか、どのように目標を与えられるのか、そして彼らの関心であなたのそれと接点があるのはなにかを知ろう。

レシプロシティという人類共通の価値観を深く心にとめよう。彼らが求めるものを自分は持っていないか、またその逆も考えて振るまおう。誰かとの信頼を少しでも築くに越したことはない。いつ助けが必要になるかはわからないのだから。

喜んで交換しよう。なにかを与え、あなたが求めるものを得るのだ。

このようなシンプルな考えに議論の余地があるだろうか？　もちろんありえない。

しかし現実の職場では、もっとも重要なときに私たちの多くはこのことを忘れ、行動の基準としていない。そして不満を言う。「キラは私のために働かない。どうしたら働いてもらえるだろう?」「マルハーは私のタスクフォースの会議に参加しようとしない。彼に出席するようにいってくれないか」といったように。

Ｂｏｘでは、7年前には50人いなかったＢｏｘｅｒたちが今では１５００人を越えている。ＧＥ、Ｐ

＆Ｇ、コカ・コーラなど世界の大企業が、また同様に数万という中小企業もＢｏｘを使ってくれている。その過程で私たちは、直面する問題が指数関数的に複雑になってくるのを目の当たりにしてきた。そして、その複雑な状況で、私たちが部門を超えて早く効果的に仕事を進めるよう求めると、多くの仲間が悪戦苦闘するのを見てきた。

　急速に成長するためには、私たちは、より多くのパートナー、より多くの顧客、より多くの部門、そしてより多くの商品が必要になる、ますます複雑なビジネス環境で成功するためのリーダーのスキルアップに、多大な投資が必要であることを知っている。私たちが教えていることの核心はシンプルだ。部下やその他の必要な人たちを動かして、猛スピードでやり遂げることを期待している、である。

　本書のテーマは、明確な権限がないところで影響力を発揮することである。それはビジネスの成功の中心にあり、私たちのサービスの、すなわち同僚がドキュメントや他のコンテンツを共有して容易に共同作業ができるようにして、階層や情報のボトルネックなしに連携を可能にするというサービスの、中核そのものなのだ。

　影響力は現代のビジネスにおいて成功の基盤である。本書はそのわかりやすいガイドである。私たちはこの本を頼りにし教えているし、あなたもそうすべきなのである。

アーロン・レヴィー　Box Inc. CEO
ダン・レヴィン　Box Inc COO
（原著出版当時）

謝　辞

初版より

様々な方々から支援をいただき、私たちは本当に感謝している。下書き原稿の一部を多くの同僚、J・B・カサールジャン、リン・ロザンスキ、レス・リヴィングストン、ジャン・ジャファリアン、ファーシャド・ラフィ、そして、ロイ・リヴィッキ諸氏が読み、アドバイスしてくれた。また、ロザベス・モス・カンター、バリー・スタイン、リチャード・パスカル、ジェリー・ポラス、ジーン・カーシュのみなさんは、長年にわたって私たちを刺激し続けてくれた。ナショナル・トレーニング・ラボラトリーズでは、マネジャー向けワークショップを実施する機会を与えてもらい、アイデアを練り込み、テストする場を持つことができた。守秘義務があるため名前を明らかにできないが、素晴らしい友人たちそしてクライアント企業のおかげで、様々な事例に触れられ、活用することができた。私たちの教え子だったトム・グリーンフィールド、マリアン・マクラフリン、スペンサー・ロヴェッティ、ジェームス・ウィーゲル、そしてレスリー・チャーム諸氏の貢献にも感謝したい。私たちのもとにいた学生たちやクライアント企業のみなさんは継続的に学習の源となってくれた。編集を担当してくれたジョン・マハニー氏には、仕事を越えて私たちを支え、この本が日の目を見るために尽くしていただいた。本当に恐縮している。彼のおかげで別の視点を持つこともできた。シドニー・クラフト・ローゼンとロウアン・ウェルクスマの二人は、散漫な文章を磨きあげてくれたし、ナンシー・マーカス・ランドの明るい賢さによって、作りあげる産みの苦しみがやわらいだ。トム・ハートは契約について貴重なアドバイスを与えてくれた。娘のシドニー・コーエンには、目次の作成について感謝したい。

バブソン・カレッジのアカデミック・アフェアーズのヴァイス・プレジデント、ゴードン・プリチェット、教授選考委員会、そして前会長のビル・ディルのみなさんには、著者の一人アランをウォルター・H・カーペンター会の初代会長に選んでいただいたことに深く感謝したい。これによって、この本の執筆に集中できた。これがなければ書き終えられなかったかもしれない。ワープロのおかげでほとんどを自分たちで原稿をタイプできたが、バブソンの何人かには次々に出る書き直し原稿作成で本当にお世話になった。マギー・クルツマン、ジム・マーフィー、シーラ・ファハーティ、そしてジョージ・レックと彼のコンピュータ仲間の方々、アラ・ヘギニアン、スコット・アンダーソン、そしてジョン・ウォーカーには、ファイル喪失トラブルの対応と質問の嵐に対し、忍耐強く応対してくれたことに特に感謝したい。スタンフォード大学経営大学院にも貴重なる支援をいただいた。

また、私たちの家族たちからは、勇気づけてくれたのみならず、彼らとの関わりで影響力について気づきが得られ、非常に助けられた。家族たち、私たちの妻、ジョイスとエヴァ、そして子どもたち、親、義理の関係を含む兄弟姉妹たち、叔父叔母、いとこたちの貢献に感謝している。彼らこそ正真正銘の私たちの師だ。尽きない感謝を捧げたい。

第二版にあたって

第二版の出版にあたり、新たに数々の同僚、マネジャーたちに感謝を申しあげたい。フィードバックや事例を提供していただいた。アンドレア・カーニー、アン・ドネロン、ピージェイ・ガイナン、デビッド・ヘネシー、ジェームス・ハント、マーサ・ラニング、キャロル・ロビン、フィリス・シュレジンガー、マイク・スミス、ニール・ソーンベリー、イエレーナ・シャイエンゾンのおかげで、アイデアを練り込み、内容を詰めることができた。エリック・アーシーズ、ティムリン・バビツキィ、スザンヌ・カレー、ブライアン・デュアーク、デビッド・ガラビーディアン、マリー・ガレット、ドグ・ギリアナ、マイク・グラス、トニー・グレコ、フラン・グリッツビィ、ジャン・ジェファリアン、サンディ・メディロス、ナカムラ・アキヒロ、イーフレン・オリバレス、ダン・パールマン、イーサン・プラット、キャロル・ロビン、ネッティー・シアーブロックス、スコット・ティミンズ、ジム・ソロモン、ポール・ウェストブロック。彼らは、何らかの形で事例の作成に貢献していただいた。また、作業をひきうけ、批評や、アイデアの活用に関するコメントをしてくれ、現場でどのように影響力の課題と取り組み、使っているかの生きた例を学ばせていただいた。

本の出版は先の見通せない仕事であったが、出版社のジョン・ワイリー・アンド・サンズ社の編集者のみなさんには、初版のころからお世話になっている。それは楽しいものだったが、特にポーラ・シノット、リチャード・ナラモア、エミリー・コンウェイには、細かいところまでいろいろと助けていただいた。彼らのおかげで、この本は見違えるように分かりやすく、かつ使いやすくなった。

協力いただいた方々に重ねて心から感謝を申しあげつつ、この本の出来具合の最終責任は私たちにあることを申しあげたい。この本を書いたのは私たちであり、この本の内容についての責任は私たちにある。

第三版にあたって

まずジェンダーと影響力の章というアイデアを提案してくれたナン・ランゴウィッツに深く感謝したい。彼女は私たちの理解と視点を大きく広げ、共著者になってもらった。アーロン・レヴィーとダン・レヴィンは、本書の序文を快く引き受けていただいた。爆発的に成長している企業の経営のかたわらで、決して小さい仕事ではなかったはずだ。さらに、私たちの事例や学習に大いに貢献していただいた

謝　辞

みなさんのお名前を加えたい。みなさん、本当にありがとう！　マット・エイブラハムズ、シェリー・アンダーソン、カヴィタ・バート、アラン・ブリスキン、ナンシー・ブラウン-ジャミソン、クリスタル・ブライアント、ジョセリン・カスチーノ、スーザン・ハリス、ヴィシュワズ・ヘグデ、ジェイムズ・ハント、グロリア・リー、チェンウェイ・ルオ、シャーリー・マローン、ケイト・マッコーン-スイート、ラーキン・メータ、バーバラ・メルツ、グラント・ミラー、ゴピ・パラムパリ、キャロル・ロビン、ベス・シリック、リサ・ステファナック、ボビ・トマソン、エイコ・ツカモト、ボニー・ウェントワース、ポール・ウェストブロック、ロズ・ワイングラッド、ジュディ・ワイズ。最後に、私たちの学生、クライエントはいつも私たちの理解を豊かにしてくれた。いつものように、本書の最終責任は私たちにある。

アラン・Ｒ・コーエン
デビッド・Ｌ・ブラッドフォード

影響力の法則

現代組織を生き抜くバイブル

CONTENTS

Part 1

イントロダクション

第1章

なぜ影響力なのか？

——あなたがこの本から得られること

> 「影響力」は、私たちのすべてのクライエントがもっとも注目している課題のひとつです。影響力によって、どうすればもっと多くを手にできるのでしょうか。どうすればチームを成長させられるのでしょうか。どうすればもっと効果的に振る舞えるのでしょうか。今日の業務の多くは、チームの垣根を越え、部門横断的で、プロジェクト志向になっています。そのためリーダーや責任者が公式な権限を持っているのはまれです。権限を行使して何かをしようとしても、うまくいかなくなってしまいました。
>
> ——ワンダ・ウォレス　Leadership Forum 社長兼CEO
> Voice America Talk Radio “Out of the Comfort Zone” のホスト

本書は、人を動かし仕事をなし遂げる力、すなわち影響力についての本である。あなたは、命令することも管理することもできない異なる部門や組織の同僚を、動かす必要に迫られている。上司や会社の幹部を動かす必要もある。もちろん上司や幹部に命令することなどできるはずがない！

この問題に悩むのはあなただけではない。権限があるから人を動かせるわけではないのだ。たとえ部下であってもだ。以前はマネジャーが直属の部下に必要なことを何でもさせていた、というのは幻想である。これまでも、誰にでも命令できる力を持つ者はいなかったし、今も将来もいないのだ。権限だけ

表 1.1　影響力の必要性が高まっている背景

・テクノロジーの変化はますます急激になり、製品サイクルが短縮化。より多くの相手と競合するようになった（グローバルな競争も含む）。
・問題が複雑なため、より有能な従業員と様々な分野の専門家が必要になり、彼らをまとめなければならなくなった。優秀な人々に命令するのは容易でない。
・従業員の多様性が増し、何が重要かについて見解の相違が拡大している。黙っていても決まることは減った。
・拠点が地理的に分散し、対応すべき距離と言語の壁が増えた。
・多くの人々から、より多くの情報を求められるようになった。
・リストラとコスト削減で組織内のゆとりが減り、全社員の力を総動員する必要がある。
・品質とサービスの重要性がいっそう高まり、“仕事をこなす”だけではやっていけない。
・従来の階層が減って、組織のフラット化が進んでいる。製品別、地域、顧客重視、マトリックス、仮想、ネットワーク化された組織などが増えている。

で動かすには組織は複雑すぎる。

　それでもあなたは、事態を動かすのに十分な影響力を持つことはできる。この本でその方法を説明しよう。

　あなたは、重要な目的を達成するために、あなたにも組織にも彼らにも利益になるやり方で、他者を動かす方法を学ぶだろう。実は、すでにみなさんがご存知の方法だ。しかし、困難な状況で、あるいは難しい人、グループまたは組織とやっていかなければならないとき、ウィン・ウィンの関係を築くのは無理だと思えてしまう。本書では、影響力の障害を取り除き、あなたの物事をなしとげる力を劇的に高める方法をお教えしたい。

　最初に影響力について書いた１９８０年代には、組織のすべてのレベルの人々に影響力の重要性を説明しなければならなかった。当時、リーダーシップとマネジメントの中心は、いかにうまく命令を下し、明確な方向性を示して部下を従わせるか、だったからだ。しかし、世界は変化している。横方向や上方向をマネジメントする必要性がずっと高まった。一方、部下に指示するだけの能力はその必要性が低下した。今日、ほとんどの人は、影響力は世の習いであると思っている。この本のタイトルである「影響力の法則」（原題

Influence without Authority〝権限なくして人を動かすには〟の意）と聞いて、すぐに「それは私のことだ」と言う人は数え切れない（表1・1）。

重要な任務をひとりでなしとげられる人は、ほとんどいない。上下左右の誰かに協力を仰がねばならない。

まちがいなく、上司はこの避けがたい組織の現実に直面している。フラットな組織では上司は遠くから見守る存在、一方、階層的な組織では部下に細かく指図してくる存在と違いはあるが、どんな人も上司から逃れることはできない。ＣＥＯでさえ、会社の製品を製造し販売するために必要な金融市場、報道機関、その他の組織は言うにおよばず、取締役会と投資家という影響をおよぼすべき存在がいる。

同様に、事実上すべての組織内の人が仲間とやっていかなければならない。完全にひとりで成し遂げられる任務はまずないといっていい。ほとんどの業務はさまざまな同僚に依存しており、同僚は重要である。

さらに、上司には管理者としての責任がある。マネジャーは、部下の才能を最大限に活用して、部下に担当させた仕事をやり遂げさせなければならない。

したがって、言われた仕事しかしない人たちは、ゆっくりと絶滅していくのだ。あなたの役割が何であれ、あなたは重要な仕事を同僚とともに取り組むことが期待されている。あなたは他者に影響をおよぼし、また他者から影響を受けるようになる。重要なプロジェクトをどう売り込むか、必要なリソースを提供するよう同僚をどのように説得するか、同僚やその上司と満足のいく仕事上の関係を築くにはどうしたらいいか、上司自身は重要ではないと思い込んでいる問題にどのように取り組ませるか、仲間の依頼に思慮深い対応をするにはどうしたらいいか等を、あなたは学ぶ必要がある。今日あなたに何かを求める人が、翌週にあなたの方がその人の協力を必要とするかもしれないのだ。

これは、現代の組織における実例（一部の名前のみを偽装）である。

製造会社として業績をあげているマニュコム社では、業界において重要な市場の変化が起こっていると認識されていた。２０１４年、同社はこれまでとは少し異なる市場に進出しようとし、あるソフトウェア製品の構築に多額の投資を行った。技術チームと製品チームで構成されるテクノロジー企業に、迅速に移行したいと考えたのだ。しかし、販売とマーケティングを担当していた製品チームには、技術的な知識が不足していた（彼らは、収益性の高い価格で多く売れるように、売れる新製品を開発して需要を生み出すことを重視し、そして評価されてきた。一方、技術チームは、最新の機能を備えた新しくて興味深い技術を生み出すことの方に興味があり、顧客がそれらを望んでいるか、買うかどうかにはあまり関心がなかった。需要と無関係な技術的に困難な問題を解決すること、つまり困難な問題を解決する技術的な複雑さと目新しさに対して彼らの報酬が支払われていた）。この技術チームと製品チームを、技術的な専門性とＭＢＡを持つメンバーで構成されるプラットフォーム管理チームがまとめることになっていた。このチームが、ソフトウェアのプラットフォーム全体を握っていたのだ。（彼らは、個々の製品をプラットフォームの部分として統合し機能させることで評価されていた。それで全体的なコストが削減され、シンプルになるからだった）。

新製品は２０１５年12月に公開される予定だった。マーケティングキャンペーンが始まり、製品チームは販売の準備が整った（そして、新製品で販売目標を達成し、ボーナス目標に到達できるか気にかけていた）が、技術チームは進捗が遅れていた。それにもかかわらず、製品チームはデモで時間を稼げると考えて、営業部隊全体に不完全なままのソリューションを紹介することにしたのである。ところが、全国販売デモ中に製品がクラッシュしてしまった！　数百万ドルが無駄になった。関係者の感情はどんどん昂ぶっていく。製品チームは、マーケティング、販売、技術チームのせいにした。技術チームは製品とマーケティングを非難した。誰もが同じ会社の所属なのに、彼らはお互いを請負業者のように扱い、約束と信頼を裏切ったと言って、しばしばお互いを非難し合ったのである。

サッチン・バットが火消しに任命された

サッチン・バットは、別の部門のエンジニアだったが、最近、ＭＢＡを取得し、プラットフォームチームに加入したばかりだった。彼は、あの問題の数ヶ月後、いがみあっている製品チームと技術チームを協力させなければならないこのプロジェクトを、リードするように頼まれたのだ。

さて、どうしたものか。

この先を読む前に、このように炎上し、非難ごうごうの状況を打破するのに、あなたならどうするかを考えてほしい。どのように問題の核心を見出し、信頼関係を修復して関係者を仕事に戻させるか、この新製品を復活させるのか、あるいは必要なら葬るのか？

これは、バットがいかに影響力を発揮して、協力関係を築くために山積みの困難な問題に取り組んだかの報告である。

他の業務があったため、私たちプラットフォーム管理チームは、このプロジェクトに関与していませんでした。まず最初の2週間、私は失敗の理由をさまざまな観点から理解しようと努めました。製品チームのメンバー、技術者、プロジェクトマネジャー、マーケティングマネジャー、プログラムマネジャー、技術チームのマネジャーらにインタビューしたのです。製品と関係する人々を理解したかったので、私は彼らの間に働くダイナミズムを注意深く観察し、彼らと交換する「カレンシー」を早く知ろうと試みました。

2週間を費やして、担当者からマネジャーまで、ひとりひとりと話をしました。みんな他者の課題を指摘するのは得意です。私は人々の力を理解したかった。誰が決定権を持つ人に影響をおよぼせるのか、地雷を踏まないためにはどうするか、などです。1億4千万ドルを使ってしまったのですから、彼らは、誰かこの責任をとるべき人がひとりおり、私はその人を探していると考えていたようでした。でも、私は「それは違います。私たち全員が失敗したのです」と伝えました。

私は問題を特定し、シニアヴァイスプレジデントに報告しました。その最後に、これは技術力の問題ではなく、プロセスのマネジメントがまずかったのだと言いました。製品チームは製品のことしか知らず、ソフトウエアがどのように開発されているかを理解していませんでした。技術チームも同様です。（工業製品と異なり、製品チームはソフトウエアプロジェクトをもっと細かく分割して渡すべきで、技術チームに一括で委ねてはいけなかったのです。それで、彼らはどのようにプロジェクトと問題に取り組むべきかを、最後まで理解しなかったのです。順番に、小さく細かい単位で受け取れれば、技術チームは落ち着いて開発を進めることができ、パニックになることはなかったでしょう）。

これは非難のゲームでした。みんなが互いのチームを非難しあっているのです。どのように優先順位づけするのか、誰も知らなかったのです。少しでも私が脇道にそれると、それが問題になるのです。なぜなら、それが誰かの領分を侵すからでした。

技術チームと製品チームの幹部は、裏で手を結んでいたので、私は会議の席で、誰が正しく誰が間違っているとはっきり言えませんでした。それは極めて政治的なやり取りだったのです。しかし私のマネジャーは話を聞いてくれて、シニアヴァイスプレジデントに伝えてくれました。

大きな会議では、私が混乱を収拾してくれると言われましたがそれは違います。みんなをこちら側につかせなければならないのです。〝私たち〟みんなで問題を解決するのです、とさりげなく言わなければなりませんでした。

私がヴァイスプレジデントが嫌がるような話をしなかったので、彼は上機嫌でした。私は観察してきたことを伝え、この報告をすべての幹部の会議で取り上げるように頼みました。彼に主導権を握ってもらったのです。私がやります、などと言わないようにしました。

製品チームはロスアンゼルスにいて、シアトルの技術チームをいつも責めていました。私は行ったり来たりしながら、「攻撃してもよくなりませんよ。これを実行すれば成功するし、しなければ失敗するんです。ともに製品を納品することを考えましょう。こちらが成功しても、向こうが失敗したらすべてがダメになってしまいます」と言い続けました。

私は技術チームを訪ねるたびに、エンジニアたちと話をしました。彼らの家族について聞き、夕食をともにしました。彼らが脅威を感じないように。私が彼らの仕事を非難しにきたと思われないようにさりげなくです。２〜３ヶ月して効果が出てきました。今では私が訪ねると問題を話してくれるようになり、どちらが上か下かについて話すことはなくなりました。彼らが心配事を話してくれるおかげで、私は技術分野の課題を理解できるようになりました。私には技術的な専門性があるので、しばしば彼らが間違った方法で問題に取り組んでいるのが分かりました。

私は問題の根源を知りたかったのです。分かったら、技術マネジャーと話し、彼が問題を解決する手助けをするつもりです。もしマネジャーとだけ話をすれば、マネジャーは「問題ありませんよ」、としか言わないでしょう。

11月から12月が正念場だと思いました。最初の3-4の製品のリリースは、計画通りに行われなけ

> ればなりません。毎週ヴァイスプレジデントとシニアヴァイスプレジデントに報告しました。４つすべての製品は約束した納期通りにリリースできたのです。これまでにないことだったので、彼らは喜んでいました。私はこのプロセスがうまく行っていると思って欲しかった。何をやっているか、やるつもりかを報告するために、２週間に1回のミーティングを開きました。以前はプロセスが不透明だったので機能していなかったのです。
>
> デモの前日には、私は販売チームの地区マネジャーたちと会いましたが、彼らはこの製品にとても懐疑的でした。これまでの経緯を鑑みれば彼らの懐疑的な態度もやむを得ません。でも、実機に触れた５００名の営業担当者たちは、「製品が良くなっているよ、これなら売れる」と口々に言いました。大声でエールを送りさえしてくれたのです。
>
> シニアヴァイスプレジデントが街にいるときには、私は会ってもらい、今何をしているのかを話し、非言語の反応を観察しました。私には野心があります。報告の形をとって、私ならではの成果を上司に手柄を奪われることなく示せるのです。これは、〝ただの進捗報告〟の副産物です。
>
> 最初、マーケティングの責任者は完全に否定的でした。前に失敗していますから。でも、うまく行きました。黙っていたら、みなさんが部長の前で私に質問するのです。なんで私が答えないのかって。「私は争いたくないのですよ。私の目標は結果を出すことだけなのですから。２ヶ月待ってください。私たちの成果をお目にかけます」と答えました。２ヶ月後、彼女に合うたびに「サッチン・バット、やったわね！」と言われるようになりましたよ。

この事例では、サッチンがどうしたかの詳細を伝えるものではないが、本書のテーマを示唆している。複数の個人やグループが彼らの役割を果たしている。誰ひとりとして正解を知っているわけではなく、助けを命令できるわけでもない。協働が必要なのだ。距離が離れたグループ同士は相手を偏見で見てしまいがちだ。お互いに対する不信感が生まれれば、オープンで率直なコミュニケーションが妨げられ、まずい決断によって大きな代償を支払うことになる。そうではなく、注意深く相手の話に耳を傾け応えることで相手に対して寛容であることを示せば、本当の問題を理解できるようになる。様々なグループが、協力すれば気にかけている何かが手に入る、と感じるに違いない。これに成功すれば、すばらしい協力関係ができる。何かを達成することでひとりひとりが認められるのであり、自分を売り込むことによってではない。

お互いを必要とするほど、影響力の発揮が試される。同僚の情けを期待してへこへこしたら、1回か2回はうまくいくかもしれないが、効果的な方法ではない。しかし、逆に度胸と攻撃性で強引に押しても高くつく。重要な同僚や上司と敵対するのは危険な戦略で、あなたを困らせるのだ。では、なにができるのか。

あなたがコントロールできない相手に対して影響力を発揮するには、彼らを知り、彼らが求めるものを理解し、ほどほどの信頼関係を築いて交換しても良いと思わせ、その交換に満足させる。そして協力関係を徐々に築くのだ。すでに近しい関係にあるのなら、相互の影響力は気づかないうちに生まれ、自然に発揮されているだろう。

なぜ影響力モデルか？

これはわかりきったことか？　すでに使っている？　個人やグループにどうやって影響をおよぼし、協力関係を築くのかを知っているなら、実行あるのみだ。でも、もし行き詰まってイライラしているの

図 1.1 「影響力の法則」コーエン・ブラッドフォードモデル

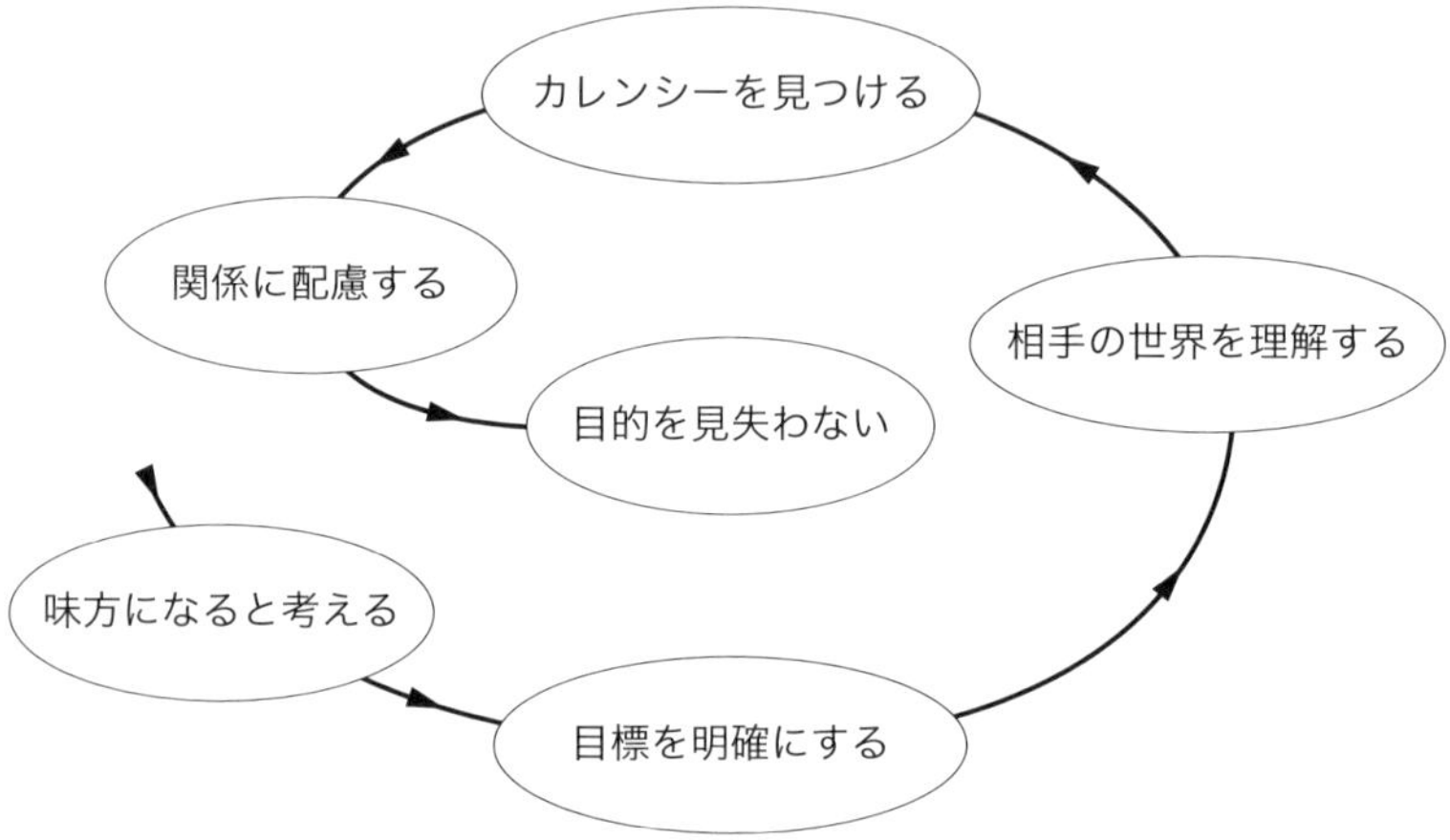

なら、あるいは、本当に望まれるものがわからない、それを与えたくない、関係に問題がある、交換するカレンシーが見つからない、最もよいアプローチ方法を確認したいといったときに、「影響力の法則」モデルは、必要なステップすべてを実行したか、それとも事態を悪化させたか、実行する前に確認するのにとても役に立つ(注)。

私たちが開発したこのモデルは、社会科学で「レシプロシティの原則」と呼ばれる、人々の交流の普遍的な原理に基づいている。これが示しているのは、人々は「他者のためにしたことには、その報いがある」と期待する、ということだ。だれかがあなたを助けると、あなたが遅かれ早かれ何らかの返礼を適切な方法ですると期待される。このギブ・アンド・テイク、交換が、人々の相互交流の中核になっている。そしてこれが潤滑油のようになって、組織を動かし機能させている。

ギブ・アンド・テイクの概念はシンプルで簡単だが、交換のプロセスはもっと複雑である。私たちは6つの主なステップを見つけた（図1・1）。

各ステップの要約

1　味方になると考える

このマインドセットによって、どんなに難しい関係であっても、いずれ相手が協力するかもしれないと考えられる。十分に調べていけば、ほとんどの人は何かを気にかけている。あなたが求める何かのために、提供できるかもしれない何かだ。

2　目標を明確にする

あなたが求めるものを明確にする。なにが最も重要か、妥協できるのはなにか。具体的に定めること。「よい仕事上の関係」では漠然としすぎていて役に立たない。

3　相手の世界を理解する

組織のなかで生きていると、人々は何によって評価されているか報いを受けるかなど、多くのことを気にかけている。上司は何を期待するか、部門の風土は、与えられた仕事は、などなどだ。彼らが何を気にかけているかを知れば、まずは何を渡せばよいかが見えてくる。

4　カレンシーを見つける

彼らの、あなたのカレンシーを見つける。これは交換なので、「カレンシー（通貨）」とは誰かが価値を置く何かの喩えである。ほとんどの人は、多くの異なるカレンシーに価値を置く。幸いにも、他者に影響をおよぼしたい人の多くは、自分が考える以上のカレンシーを持っている。

5　関係に配慮する

ふたつの側面がある。すなわち⑴現在の関係はどれぐらいよいか（あるいは緊張関係にあるか）、⑵相手はどのように関わりたいか？　である。

表 1.2　影響力モデルを意識して使う必要がある条件

次のような状況になったら、影響力モデルを使って欲しい。

- すぐに抵抗することで知られる人を相手にするとき
- 相手やそのグループをよく知らないのに、面倒になるかもしれないことを頼むとき
- 相手との関係がよくないとき（相手のグループとこちらの組織の関係が悪いとき）
- ２度とチャンスがないかもしれないとき
- 手を尽くしてみたものの、まだ相手が拒否しているとき

6　目的を見失わない

ここでは、あなたが欲しい物と交換するために、相手が価値を感じるもの（すなわちカレンシー）を渡す。これは暗黙のうちに、あるいははっきりと、気楽にまたは正式に行われている。それは相手との関係によって、組織風土によって、あるいは両者の好みによって決まっているのだ。

第2章（と本書の残りの部分）では、これらのステップの詳細を検討したい。ほとんどの場合、みんなこのステップを本能的に無意識に使っていて、影響力が働いている。すでに良い関係にあるのなら、またお互いに影響をおよぼし合える関係が続いているのなら、意識して相手の世界を探す必要も、重要な目標を熟考する必要も、両者の関係を診断する必要もない。それは自然に行われる。モリエールの劇中人物が、無意識のうちに何年も「散文」を話していることに気づいたように、あなたはたぶんすでに無意識にやっているのだ。特に物事がうまくいっているときには。

しかし、条件によっては、影響力を発揮するのはずっと難しくなる。それが表1・2に記されている。

このモデルをいつも意識している必要はない。航空機のパイロットのチェックリストを考えてみればよい。いつもフライト前に使われているものだ。パイロットは何をすべきかを知っている。しかし、チェックリストによって、彼らは準備は万全だと確認できる。こういった影響力チェックリストは、不安を引き起こしそうな状況に直面するとき、特に助けになるのだ。

表 1.3　影響力の障害

外的要因（自分以外）	内的要因（自分自身）
・大きすぎる両者の力の差	・影響力の方法の欠如
・違いすぎる目標、目的、優先順位	・盲目的な態度
・相容れない評価や報奨	・反応への恐れ
・競争意識、競合関係、嫉妬	・失敗への恐れ

そんなときには、私たちの視野が狭まり、他の選択肢を考えられなくなるからである。

反発に遭い協力関係がない状況に陥れば、このモデルの逆が展開される可能性がある。他者を味方になりうる相手と考えるのではなく、彼らを反抗的な愚か者と考えてしまう。彼らを理解しようと試みるよりも、相手を単純化しステレオタイプで見るようになる。ストレスがかかる状況では、私たちは重要な目標を忘れ、相手を打ち負かしたくなる。しかし、ほとんどの人はそうしたいわけではない。だからこそ、この影響力モデルが役に立つ。このモデルによって、私たちは一歩下がって状況を理解し、影響力のあるウィン・ウィンの結果を達成する計画をたてられるのである。

それでも障害になることはなにか？

影響力の障害

私たちは、ある状況のもとでは影響力を発揮するのは困難であると、まず認めなければならない（表1・3）。どうしようもないほど難しい人もいる（実際に考えるよりはずっと少ないが）。そしていくつかの外的な条件が人間関係を妨げている。しかしながら、ほとんどの問題のケースは、私たちの内的な障害によるところが大きい。それらは私たちがコントロールできるものなのである。

外的障害

大きすぎる両者の力の差

幹部とは会うこともできない、あるいは相違が大きすぎて交換できるものがないと思うかもしれない。しかし、私たちはひとつふたつレベルが上に過ぎなくても、会うのはむりと考えがちではある。

目標、目的、優先順位が違いすぎ、共通するベースが見つからない

これは本当かもしれないが十分に深く探していないからかもしれない。

相容れない評価制度がある

これによって、彼らはあなたの望みに応えないのかもしれない。評価制度には自由度というものがないことが多い。

相手がライバル、競争関係にあり、あなたに成功してほしくない

協働を不可能にするような負の歴史が、あなたと（あなたの組織と）彼らとの間にあるかもしれない。でも、かつて激しくしのぎを削った組織が、ある製品で共通の立場を見出す可能性もある（Ｘｂｏｘのチップを開発したＩＢＭとＭｉｃｒｏｓｏｆｔのように）。

これらは影響力を発揮できない客観的な理由だ。しかし結論を急ぐ前に考えてほしい。私たちは人々がいくつかの障害を超えてきた事例を知っているはずだ。彼らは他者が求めるものを見つけて、相違点の下にある共通の目標を明らかにして、努力の末に、かつての敵対者と手を組むことができたのだ。

内的障害

ときどき、このような外的な障害を克服できないこともある。影響力のスキルに長けていてもである。しかしながら、私たちはしばしば障害が私たちの心のうちにあるのを見てきた。

内的障害とは、以下のものだ。

影響力の方法を知らない

ある種の影響力は本能的なものであるように、相手やグループが動こうとしないときに、多くの人は、どう対応するかを意識的に考えていない。彼らは影響力は交換であるとは思っていない。だから、彼ら自身が価値を置くものではなく、相手が価値を感じる何かを渡すことがどれほど重要かも理解していない。彼らは自分たちが欲しいものがとてもすばらしいと強調する。相手が気にしている何かに訴えるべきなのを忘れている。

盲目的な態度

重要な目的についての情報が見えなくなる

あなたは他者に影響をおよぼす必要はないとお考えだろうか。彼らは真実（あるいはワナ）を受け入れ、屈服すべきとでも？　また、こちらの要求にすぐに応じない人を即座に見限るのも問題だ。彼らはいくつかの重要な点でもうだめだと考えてしまう。私たちは、このありがちな障害とその克服について言及しようと思う。もうひとつの障害は、何が相手を動かすか知っているのに、そういう彼らに耐えられず、手を引くか敵対してしまうことだ。

反応への恐れ

人は、影響力を得るためには、相手を怒らせたり、報復したくなるようなことを言う必要があるとしばしば思い込んでいる。その恐怖から、確かめもせずに（しばしば事実無根なのだが）、彼らは実行するのは無理だと決めこんでしまう。こちらが押すと相手があなたを嫌うとすら考えて、あきらめる人もいる。

失敗への恐れ

非常に重要な行動を主導する際は失敗や拒絶のリスクがともなう。しかし、狼狽したり恥ずかしい思いをするのを心配するあまり、拒絶されるより影響力を発揮しない方がましだ、という人もいる。拒絶されなくても、プロジェクトや取り組みは失敗すると考えてしまう。

障害を乗り越えよ　自分を導くために影響力モデルを使おう

あなたはこれらの障壁を乗り越えられるか（そして後に紹介する人たちはどうだろうか）？　私たちはみなさんが一歩下がって新しいガイドラインを使えるように手助けしたい。ここでの課題は、あなた自身の感情と反応を克服することである。そして、求められていることをもっとよく診断できるようになり、あなたの行動を阻んでいる恐れや誤解を取り除く方法を学ぶのだ。次章では「影響力の法則」（コーエン－ブラッドフォード・モデル）を検討し、そこから学んでいこう。

計画する　しかし自己中心的であってはならない

これは計算高いと思われるかもしれない。実際そうだ。でも、役割をいかに果たすか熟考した上での計画である。あなた個人の利益のための計算ではない。もし、人々があなたは自分の利益と成功のことしか考えていないと認識すれば用心深くなり、抵抗し、水面下で報復を考えるだろう。しかし、このやり方だと、組織の影響力は、時間の経過とともに偽りのないものになっていく。人々は他者の成功に心から関心を抱き、多くの関係を築いて相互に利益のある交換に取り組む。マキャベリズム的な計算高い行動は、短期的には結果を出すのに役立つかもしれないが、同時に敵をつくり、支援的な雰囲気を壊し、あなたの影響力を損なっていく。そういった計算高い面が見えると、相手はあなたと否定的な交換をしようとし、お互いに不愉快な気持ちになっていくのだ。自分の損得ばかりを考える自己中心的な組織では、いずれ社内は混乱し、衰退していく。組織の目標を真摯に達成しようと思う人々は幻滅し、さっさとその組織を去ることになる。後に残った人たちは敵対的な風土を強めるだけだ。

「ひとつのお値段でふたつ」を得る

これまでの議論では、ウィン・ウィンの目標を設定することによって、業務の目的を達成することに焦点をあててきた。それがもっとも重要なことではあるが、多くの場合、ほかに見過ごせない利点、すなわち前向きな仕事上の関係がしばしば生み出される。相手の世界を理解しようとする、相手のニーズに応える、協力する方法に注意を払う、相手が結果に満足できるようにするという影響力のプロセスによって、通常両者の関係によい効果がもたらされるのである。

調査によると、「良好な仕事上の関係を持つこと」は、職場で評価される重要な要素である（否定的な職場風土の組織にいたことがあるだろうか？　それはあなたを蝕む可能性はある）。多くの場合、人間関係が損なわれるのを恐れて、新しいアイデアを主張するのを躊躇する。そしてそれが残念な結果になることがある。しかし、コーエン・ブラッドフォードの「影響力の法則」モデルを使用することで、任務の成功と前向きな仕事上の人間関係を、同時に構築できる可能性があると私たちは言っているのだ。

本書の構成

この章では、影響力の必要性と、影響力のより体系的な考え方を学ぶ利点を紹介した。第2章では「影響力の法則」について、第3章から第7章では「影響力の法則」の各段階について、詳しく説明する。次に、実践的な応用編の章では、良い仕事をするためにどのように必要なものを取得するか、よくある状況で影響力のモデルの使い方を説明する。「ジェンダーと影響力」、「リモートで影響力を発揮する」のふたつの新しい章を追加した。現在の状況に合わせてこれらの応用編を選択して読み、あとで別の章に戻ってくるのがよいだろう。

さらに、私たちのウェブサイトでは、影響力を得るために多くの障害を乗り越えなければならなかった人々の、いくつかのケースと多数の事例を提供している（英語版：http://www.influencewithoutauthority.com）。（これらの事例とそこから得られる教訓の詳細については、４００〜４０１頁の別添を参照のこと）。

この本は、組織にとって、そしてあなたが関わる人たちにとって良いことをどうやって起こすかを示し、あなたの前進を助けられるだろう。あなたにもっと力がもたらされますように。

主な前提

・影響力とは、あなたが望むものと引き換えに、相手が価値を感じるなにかを交換することである。
・人間関係は重要だ。良い関係があればあるほど、交換にふさわしい相手を見つけられるようになり、誠意によって交換しやすくなる。そして多くの人にとって、人間関係はそれ自体が重要だ。

- 業務で影響力を発揮するには、自分が何をしているかを理解し、合理的な計画を立て、目の前の仕事を遂行できることが求められるが、多くの場合それだけでは十分ではない。あくまでも入り口にすぎないのだ。
- 組織の最終的な目標達成のために影響力を持たなければならない。短期的には、その必要はないかもしれない。でも、組織の目標に真摯に取り組むことで、あなたはより信用され、信頼される。また、自分のことしか考えない人だと思われなくなり、あなたが影響をおよぼした人があなたの悪い評判や報復を考えるのを防ぐ。
- 影響力を発揮するのが難しい理由は、残念ながら、しばしばあなたの側にある。どうすればいいのかわからない場合でも、これは比較的簡単に修正できる。ところが、重要な局面で、私たちは、本来発揮できるはずの効果をあげられないような行動をとってしまうこともある。相手が本当に手に負えないときもあるが、多くの場合、あなたの影響力の不足は、あなたがしていること、またはしていないことに起因するのだ。
- ほとんどすべての人が、自分が思っているよりも大きな影響力を潜在的に持っている。

【注】

モデルはその性質上、現実からの単純化された抽象化であり、何が重要で注意が必要かを強調している。現実は通常より厄介である。特に、認識、感情、前提が異なる人々はそうだ。どのような場合でも、調整と推論の必要があるかもしれないが、優れたモデルがあれば物事を整理するのに役立つ。私たちの「影響力の法則」のモデルは、社会科学者がこれまで記述的であると見なしていたもの、すなわちレシプロシティの存在を取り入れ、モデルを規範的かつ積極的なものにした。組織での私たちの調査と結びつくことによって、しばしば当たり前とか無理だと思われることが「影響力の法則」として、いくつかのステップで表わされている。

Part 2

「影響力の法則」モデル

第2章

影響力の法則
——レシプロシティを活かす

私はあなたのために十分に尽くしました。アポロ、今度はあなたが私のために何かをする番です。

——アポロ神のギリシア像の碑文の大まかな翻訳、紀元前700~675年

レシプロシティの概念についての古代の理解を示している。(注1)

それはとてもいいね―本当にすごくいい。

ありがとうございます。あなたに借りができましたね。

——ジョージ・コールマン『哀れな紳士』第4幕第1場（1762年）

18世紀における互恵性の芸術的理解を示している。

第1章でふれたように、現代の組織が置かれている環境は大きく変化している。権威も権限もないのに、新しい状況や困難に対応するため、早く人を動かさなければならない。では、どうしたらよいのだろうか？　ひとことで言えば、それは「人を動かすには、相手が求める何かを提供し、こちらのほしいものと交換する」ということになる。この交換によって人が動くのは、あらゆる人間同士の交流に働いている、目に見えない「レシプロシティの原則」があるからである。困難を乗り越えて人を動かすには、まずこの原則の働きを知らなければならない。

レシプロシティの原則

「レシプロシティ（互恵性）」は、ほとんどあらゆる文化に共通する信念のひとつである。「よい行動には見返りが、悪い行動には報復がある」というものである。（注2）人の行動についてのこの信念は、近代化の度合いにかかわらず存在しており、当然のことながら、職場にも持ち込まれている。たとえば「まっとうな仕事をしていれば、まっとうな報酬が得られる」という考え方にみられる。

一般的に、誰かのために何かをした場合、相手はこちらに対して借りを感じ、同等の何かで返すはずだと期待する。世の中はこう動くとみんなが信じているので、社内で難しい状況に直面しているときでも、他者から協力を得ることが可能になる。古典的な研究によると、刑務所の看守ですら、脅しや罰だけで圧倒的に人数が多い囚人をコントロールできているわけではなかった。（注3）看守はさまざまな小さな配慮、たとえばささいな規則違反を大目に見たり、タバコをあたえるなどして、その代わりに所内の秩序が保たれるように囚人たちから協力を得ていた。どんなに強い権限をもってしても、反抗的な囚人たちをおとなしくさせることはできないのだ。囚人たちは、刑期を楽に過ごす配慮と交換に、看守に協力している。それは、決して規則だから従っていただけではなかったのである。

組織の上層部において、レシプロシティなくしてはものごとはほとんど動かない。たとえば、ある日、社長の機嫌が悪かったとしよう。それを知ったＡ部長が、同僚のＢ部長に「今日は避けた方がいい」とひとことささやいた。それで救われたＢ部長は、しばらくしてセミナーで知った競合会社のＩＴ戦略についてＡ部長に知らせた。まもなく、Ａ部長が新しい見込み客をＢ部長に紹介すると、Ｂ部長はその見込み客とジョイント・プロジェクトを発足させ、しかもいくつものプロセスをカットすることに成功した。その結果、Ａ部長も大きくコストを削減できた。この例に見られるように、レシプロシティの原則によって、仕事は円滑に進んでいる。

否定的な交換もある。協力しないために利益を失ったり、望ましくない反応をしたことで負担が増えるわけだ。否定的な交換では、「これをしないとまずいことになりますよ」「お互いに損をするかもしれませんよ」といった脅しの形がとられる可能性もある。

注目すべきは、アダム・グラントが明らかにしているように、みんながさまざまなギブ・アンド・テイクによって交換のバランスをとっていることだ(注4)。職場では、ほとんどの人がそんなバランスを保っており、他者のためになにも生み出さない人は、最終的に損をすることがわかっている。

カレンシーの交換　人を動かすメカニズム

人を動かす方法はさまざまである。論理的な説得、感動的なアピール、相談、機嫌とり、個人的な魅力、共同戦線、強い圧力等々(注5)。

これらのひとつひとつは、それぞれがまったく別の方法に見える。ところが、根底には共通する原理がある。それは「カレンシーの交換」、すなわちこちらが望むものを手に入れるために、相手にとって価値のある何かを差し出すことである。人を動かす場面のすべてで、「レシプロシティの原則」が働き、なんらかの価値が交換されているのだ(注6)。例えば、論理的な説得は、説得を受ける相手が説得の内容を受け入れることに利点を見出せるから成立するといえる。感動的なアピールでは、相手は自分もそのすばらしいことに関われると感じたり、良いことが起きると思うから動かされる。ご機嫌取りがうまくいくのは、自分から影響を受けようとする好意や親密さを感じられるから、などなどだ。いずれの場合でも、相手側がなんらかの利益、すなわち価値のある〝カレンシー〟だと感じなければ成立しない。影響

表 2.1　レシプロシティの原則が組織内で使われている例

提供するもの		受け取るもの
職務記述書の定義通りの仕事ぶり	⇒	標準的な報酬と福利厚生
プロジェクトのために週末もいとわずに仕事する	⇒	上司からほめられる、上位マネジメントにその働きぶりを伝えてもらえる、休暇の延長、など
重要な会議で同僚の考えに賛成の態度を示す	⇒	同僚がプロジェクトで一番に成果を挙げられるように機会をくれる
別領域の同僚からの難しい分析の依頼に応える	⇒	同僚は上司に自分のことを素晴らしいといってくれる／役割を超えて助けてくれる

力を発揮するには様々な方法を知っていることが重要だ。状況によって使い分けるものだからだ。しかし、その根底にある原則は、こちらの求めるものを手に入れるために、相手側が価値を感じる何かを提供するという点で共通している。（こちらの求めるものを得られない場合は、相手が求めるものを提供しない、またはほしくないものを提供することになる）

「レシプロシティの原則」は、企業組織の中でも常に働いている。人々はある行為をし、それに対する見返りを受け取っているというわけだ（表2・1）。

レシプロシティは職場生活のなかに自然に見られる

スタンリー・スナイダー博士は、科学者、発明家、起業家にして、中西部の名門大学の任期付き上級科学者である。自称アウトサイダーであるスナイダー博士は、必要な影響力を獲得する方法を苦労して学んだ。スナイダー博士は、分子生物学でPh.Dを取得し、大学の生物学部門で長年にわたる非常勤メンバーだった。彼は、大学のためにいくつかの特許技術を開発し、自分の研究費をロイヤルティ収入と助成金で支払っていた。しかし、彼は研究担当学長補佐から疎まれており、スナイダー博士自身は、学長補佐は自分を追い払うための口実を欲しがっていると考えていた。

２００１年９月11日以降、炭疽菌の恐怖によって、対立があらわとなった。スナイダー博士の研究は主に生物学に関係していたが、米国政府は炭疽菌検出の迅速なテストを必要としていた。ある企業がスナイダー博士に開発を支援してほしいと接近し、彼は「救援を引き受けた」。彼は、炭疽菌株を研究のために所有して、この細菌を培養できる同僚と協業し、炭疽菌を検出するための安価で実用的な方法を、迅速に開発したのである。スナイダー博士は学長のもとを訪ね、開発が成功したこと、企業のライセンス契約を手配し、大学にもロイヤルティが入るようにするのを手伝うことを伝えた。ところが、スナイダー博士によると、大学の幹部はこのニュースを歓迎するどころか「激怒した」。彼と彼の同僚は、大学、そして地元の警察とＦＢＩによって取り調べられ、あたかも彼らが無謀な科学者や犯罪者であるかのように扱われたのだ。彼らは自宅待機にさせられた（非常に否定的な交換だ！）。

スナイダー博士は大学で同僚や研究協力者と一緒に働くのが好きだった。彼は大学を去りたくなかったので、最初は大学と争うことしか考えられなかった。そんな辛い時期に、スナイダー博士が以前に特許出願を手伝ったことのある、物理学部門の主要メンバー、ゼリコフ博士が彼に会いに来た。スナイダー博士が雇用の危機について話すと、ゼリコフ博士は彼を物理学部門で雇用したいと申し出たのだ。少々個人主義者だが、大学組織内での調整には長けている博士は、スナイダー博士と大学の両方が問題を解決するのを助けたかった。彼は大学の運営方針と手続を調べて、スナイダー博士（とにかく自分で資金を調達するであろう）を部門に招聘できることに気付いたのだ。ゼルコフ博士は優れた同僚を獲得し、物理学部門はスナイダー博士のライセンス使用料の一部を受け取ることになった。スナイダー博士は、実験室とオフィスのスペースだけでなく、ある程度の保護と管理を受けることになった。スナイダー博士を解雇しようとする研究担当学長補佐の努力に抵抗し、彼らは学長（学長補佐の上司）との契約を結び、スナイダー博士、学科、そして大学に利益をもたらすことになったのだ。スナイダー博士は、応用研究と新しい発明に取り組んでいる。そのうちのひとつは現在、大学に多額の使用料を生み出す貴重な商品となった。

コーエン―ブラッドフォード「影響力の法則」モデル

影響力を高めるためにもっと体系化された方法を使いたいときや、協力を得るのにふさわしい魅力のあるカレンシーを見定める事前計画が必要なときのために、「影響力の法則」モデルの各ステップを紹介しよう（表２・１）。

味方になると考える──他者も組織も

非協力的な人でも、最終的には協力するかもしれない、と考え続けられるかどうかが大きな課題だ。私たち人間は、そのような人から協力を得るのは無理だ、どうしようもない人だと考えてしまう傾向があるからだ。

そうではなく、影響をおよぼしたい相手は、誰でも潜在的な味方だと考えなければならない。それによって、相手の世界に興味をもつことができ、共通の利益が見つかって、連携の可能性を見立てられるようになる。相手はいつも敵になると思っていると、正しい理解が妨げられ、誤解や偏見、聞き違いが生じ、たぶん自己達成予言的なことをしてしまう。相手を敵として扱うと、相手から敵対的な反応を引き出してしまうのだ。他者を潜在的な味方であると考えることは、上司にも適用できる。上司と部下は組織の中でパートナーを組むと考えれば、お互いに利益のある関係をいかにして築くかを計画するのも、あなたの責任の一部となるのだ（詳細は9章で検討する）。

目標を明確にする

相手から何を引き出したいのかを認識することは、案外と難しい。以下の側面は参考になるだろう。

・自分の最も重要な目標と、次に重要な目標は何か？
・それらは長期的な目標か、それとも短期的な目標か？
・それらは「なければならないもの」か、ある程度は譲歩できる「あればよいもの」か？
・業務の完了が優先されるべきか、それとも人間関係を維持、または向上することのほうが重要か？

あなたの本当の目的を真剣に考えなければいけない。そうすれば、目指すべき目標から脱線しない。何を得たいのか、最も優先されるべきは何か、どこまで譲歩できるか。必要最低限のものを得るために、進んで何を提供するか。特定の何かについて協力して欲しいのか?、将来につながる関係が築ければよしとするのか。相手との関係を損ねてもほしいものなのか。それとも将来の関係を重視するのか。

図 2.1 「影響力の法則　コーエン＆ブラッドフォードモデル」

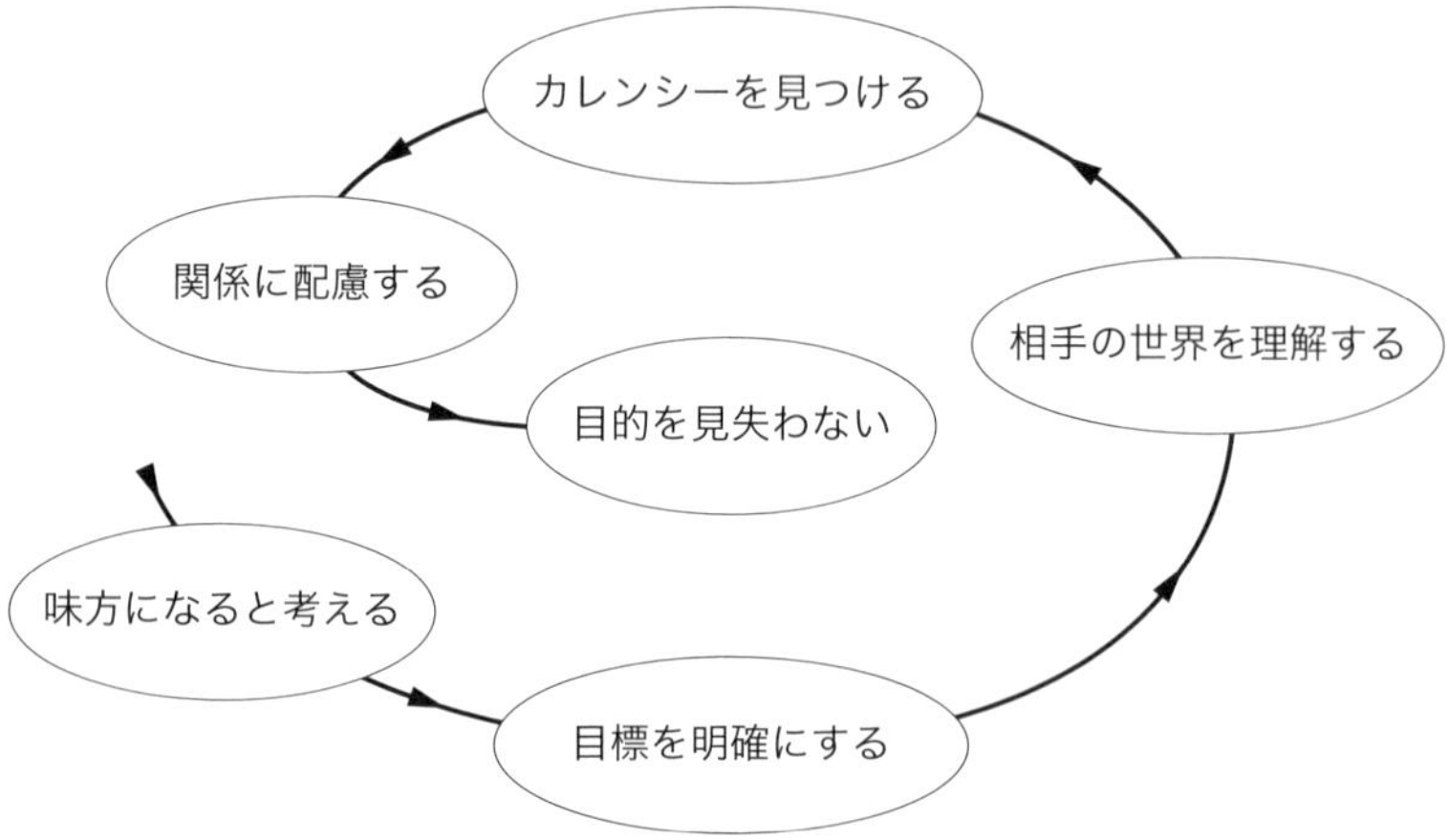

影響力を発揮したいと願いながら、自分の個人的な欲望と、本来の仕事上の要請を混同してしまっている人が意外と多い。結果として、混乱や反発を招いてしまう。たとえば、常に是が非でも自分は正しくあろうとしたり、相手を見下したり、またいつも捨て台詞を吐いているようだと、自分の個人的な関心が主となっており、重要な組織目標がおろそかになっている可能性がある。あなたは自分が正しいことを証明したいのか、それとも求められる成果をあげたいのか。自分に問う必要があるだろう。

相手の世界を理解する：目標や懸念、ニーズは、組織の要請に左右される

ここでの課題は、相手が置かれている組織的な状況を見極めることだ。彼らが気にかけることの多くは、状況に左右されているからだ。仕事においてその人が何を重要だと考えるのかは、その人の性格以上に組織の状況によるところが大きい。「何を心配しているのですか？」と本人に直接尋ねられたらよいのだが、難しいこともあるだろう。そこで、相手の目標、ニーズ、懸念に関連し

表2.2　カレンシーの源泉

カレンシーの源泉		例
組織の状況で決まるもの	→	業績、行動規範、報酬制度、等
仕事で決まるもの	→	評価基準に合うこと、担当の仕事をうまくやり遂げる、等
個人的なもの	→	好みの対人関係スタイル、評判、等

そうな組織の状況をよく調べ、理解することが重要だ。この努力が、あなたの影響力を高める上でプラスにはたらく。たとえば、その人がどのような基準で評価され報酬が決まるのか、上司や同僚からの期待は何か、キャリア的にどのようなポジションにいるのかなどを知っていると、協力を得るためにどう働きかければよいか、どんな負担が必要になるか、計画する手がかりになる。

このように考えるもうひとつの利点がある。相手が期待に応えてくれないときに、それを相手の性格や人格のせいにしたり、否定的な意図があるのではないかと勘ぐる必要がなくなり、相手の立場がよく見えるようになることだ。相手が受けているプレッシャーを理解できると、相手を〝悪者扱い〟しなくてすみ、潜在的な味方だと思えるようになるのである。

カレンシー（価値のあるもの）を見つける：相手にとって、自分にとって

ここでは、人が気にかける何かを、〝カレンシー〟と呼ぶ。なぜカレンシー（通貨）か？　それは、あなたが持っている価値あるものと、相手のもとにある価値あるものを、交換可能とするものだからだ。一般的に、人は様々なものに価値をおいている（例：情報、リソース、名誉、お金、人から好かれることなど）。カレンシーとして使えるものを幅広く準備しておけば、交換の可能性が広がるのだ（表2・2）。

使えるリソースを査定する

こちらが提供できないものを相手が欲しがることは、実際はそう多くない。したがって、カレンシーとして使える自分のリソースを把握していることが、人を動かすうえで重要なのである。多くの人が自分のリソースを過小評価しており、自分には何もできない、と結論づけがちだ。しかし、予算や承認がなくても使えるリソースはかなりの数になる。その中には、切り札となるものもあるに違いない。上司を動かせないのは、多くの場合、自分のリソースに気づいていないことに起因する。例えば、納期通りに仕事を仕上げる、上司の知らない他部門からの重要な情報を知らせる、上司を弁護する、予想される大きなリスクを先に知らせるなどが、上司を動かす有効なカレンシーとして機能するのだ。

このようにはっきりとステップを示すと、少し冷たい、非人間的で抜け目ない交渉のテクニックのように感じるかもしれない。しかし、組織では、影響力は、組織の目的をかなえる桁外れに高い目標を達成するためにあるのだ。それが明言されていても、ただ理解されているだけだとしてもである。先に述べたように、交換が自分のためだけのもの（あるいはそう見える）なら、組織の目標達成に向け互いの利益にならないのなら、疑念や不信が生まれ、努力は水泡に帰する。さらに、影響をおよぼしたい相手（潜在的な味方）との関係に問題が生じ、続くことになるのだ。

関係に配慮する

ここでは、ふたつの側面を考慮すべきである。(1) 相手との対人関係は現在どうであるか。友好的か、中立的か、敵対的か？ (2) 相手がどのような関わり方を好むか、である。

相手と以前から友好な関係があれば、こちらの善き意図を証明しなくても比較的苦労なく協力を求めやすい。しかし、逆の場合は、本人同士の個人的なやりとりであっても、所属部門やチーム同士であっても、少々やっかいである。また、これまでに何も接点がなかった場合も注意が必要だ。信用と信頼を、これから築かなければならない。

人はこれまでのキャリアと経験を通じて、それぞれ好みの関わり方を持っている。ある人は議論に入る前に十分な分析をしたい。一方で、あらかじめアイデアを聞いてブレーンストーミングするのを好む人もいる。またある人は他の選択肢を知りたがるが、結論だけを求める人もいる。相手の好むやり方に配慮することなく、私たちの好むやり方を通そうと考えてはいけない。相手が安心できるやり方だと（気楽に感じられれば）、それだけ私たちの影響力が高まるのだ。

目的を見失わない：交換のアプローチを決める

相手と交換するカレンシーが決まったら、あなたの準備はほぼ整ったことになる。次は、どのように相手にアプローチするかだ。以下が参考になるだろう。

・あなたが提供するリソース（カレンシー）の魅力
・あなたのリソースに対する相手のニーズ
・相手が持つものに対するあなたの欲求
・ニーズや欲求を表現することについてのあなたの組織の規範
・相手とのこれまでの関係とあなたの好む関わり方
・欲しいものを得ることへのあなたの意欲

これらによって、もっとも実効性のある方法を計画できる。次の４つの選択肢がある。

私が望んでいることが相手にとっても最善であると示せるか？

たとえば、時間のかかるタスクフォースで短期的な任務を引き受けると、あなたのチームの発言力が高まり、あまり協力的でないふたつのチームとの関係を構築できるので、上司の長期的な利益に最も役立つ。そう言えるだろうか？

他のカレンシーを支払うことで代替できるか？

たとえば、あなたは同僚の助けがほしい。まだ予算がついていない新製品のアイデアを検証したいからだ。そこであなたは、彼が一緒に仕事をしたい他部門の幹部とたまたま親しい間柄なので、彼に紹介する。

これらのふたつの方法が、分かりやすく容易なため、よく使われている。

将来の支払いを約束できるか？

例えば、次のようなことを考えてみよう。「もしこの件で私を助けていただければ、とてもありがたいです（私はあなたに一生恩に着ます）。私たちが成功したら、最終プレゼンテーションのチームに参加するのはいかがですか？」

過去の〝貸し〟を当てにできるか？

有能な同僚があなたのプロジェクトの提案に消極的だったら、昨年、彼のクライエントの「達成不可能」なプロジェクトのためにあなたが２週間を費やしたことを、そっと思い出してもらおう。

これらについては、のちに詳述する。今は、レシプロシティが影響力の獲得に不可欠であることを理解しておいてほしい。

カレンシーの交換の結果——仕事と人間関係、どちらも必要

組織の中で人を動かすとき、仕事と人間関係の両方が常にかかわってくる。目前に仕事があり、人間関係の性質がある。また、人は過去の体験や記憶を抜きに話し合うことはできない（実際、直接会わなくても、あなたの評判によって相手があなたをどう扱うかが左右される）。

さらに、将来どんな関係でいたいかという観点も、話し合いに影響する。未来のことを無視すると、喧嘩に勝っても最後に負ける危険がある。過去の経緯や交換が人間関係におよぼす結果を無視することはできるが、のちに同じ相手に協力を要請しなければならないときには、やっかいな問題になるかもしれない。

影響力を発揮するうえで、信頼はやはり重要である。もし相手側が、こちらを計算高いとか、自分本位的な理由で働きかけてくるとみなしたら、なかなか動いてくれない。彼らは不信の目を向け、反発し、あるいは表向きは平静を装っていても、あとで仕返しするだろう。組織における影響力は、他者のためになることを常に真剣に考えている人、信頼関係を築き互いに利益のある交換ができる人が、発揮できる能力なのである。目的のために手段を選ばないマキャベリアンは、その場ではうまくいっても次第に敵をつくり、助ける気を失わせるので、自分の力を発揮できなくなってしまう。

友好的な関係は協力を得やすいので、双方に利益がもたらされるウィン・ウィンの交換をするのが得策だ。ともによい仕事をし、裏表なくふるまい、他者が求めるものを提供していけば、人間関係はよくなる。関係の好循環が生まれ、また友好関係が深まっていくのである。

関係づくりは早期から頻繁に

関係が悪ければ、仕事上の交換がほとんど不可能になることがある。相手との利害が一致していてもだ。だから仕事に取り掛かる前に、関係の修復に時間をかけなければならない。それを防ぐためにも、やっかいなことになる前に、関係構築の方法を見つけておこう。新製品のプラニングのために特別なデータ分析で同僚の手を借りたいとする。緊張関係があったらまずそれを緩めて、関係を再構築しようとするだろう。関係ができていれば、必要な話がしやすくなって、いざというときには助けを求めるのも簡単だ。

相手との信頼関係づくりと目標の達成のためのやり取りは、同時に進行していくものである。相手の行動を引き出す際に、どのように話を進めるかに注意を払おう。あなたの得たい結果を強く求めるあまり仕事の話だけに終始すると、のちのち協力を得るのが難しくなるばかりでなく、結果的に何も得られなくなる。

友好的な関係を幅広く築き、周囲によい印象を与えることでも、影響力を高められる。よい評判ができれば、組織内であなたは信頼され、「レシプロシティの原則」にのっとって〝お返し〟を長い期間、得られるようになるのだ。よき行いを蓄えておけば、あとで困ったときに引き出せる、そのような感じだ。将来を担保にして、目先の利益を求めないようにしたい。いつ誰の協力を必要とするか分からないのだから。

建設的なカレンシーの交換と否定的な交換

先述の通り、「カレンシーの交換」には建設的なものと否定的なものがある。建設的なカレンシーの交換は、「あなたの利益になることをしますから、私にも利益になることをしてください」である。対して「あなたがしてくれないのなら、私もあなたのためになることをしません」が、否定的なカレンシーの交換である。否定的なものとは、組織全体への、また相手部門への影響、不公平なことである。

否定的なカレンシーの交換には、ふたつの形がある。⑴相手の出方次第では、こちらも強く出ると脅すか、まずい結果を直接、または間接的に示して迫るもの。⑵否定的な報復。どちらにも悪い影響がおよぶ。否定的な交換は、する側もされる側もいやな気持ちになるものではあるが、その結果として建設的な交換が始まるのであれば、必要なこともある。しかし、双方が利益を失う報復によいことはほとんどないので、他に方法がない状況以外ではとにかく避けるべきだ。

否定的なカレンシーの交換が必要なことがある

建設的な交換のなかにすら、協力しないと悪い結果になるぞ、という無言のメッセージが含まれている。つまり、この依頼を承諾すれば双方に利があるが、その逆はマイナスの結果になりますよ、と言っているわけだ。この伏線的なメッセージは、はっきりと伝えられることもあるし、暗にほのめかすこともある。たとえば「化学の技術者をまわしてくれれば、この重要なプロジェクトを遂行することができる」というのは、技術者を貸してくれなければプロジェクトが失敗し、大切なものが失われることを示唆している。最後に、否定的な交換は、協力しなければマイナスの結果が生まれることを示して依頼の圧力を次第に強めるときに使われる。

依頼の中にトゲを仕込み、否定的な交換になり得ることをはっきりと示して、状況を動かす方法も役に立つことがある。こちらの真剣さを示すので、相手にインパクトを与えられる。もちろん、その内容が相手が大事にしていることに関係している必要はある。

こういった一種の脅しは友好的とは言えないが、難しい状況では必要なこともある。

〝どんなに甘言を用いても動かないラバには、ムチをくれて目を覚ます必要がある〟というわけだ。ただ、やり方には工夫が必要だ。否定的な結果を口にするときは、同時にアメの可能性についてふれたほうがよい。「私は本当はこんなことはしたいわけではないんだ。Xであるほうがよっぽどいい。でも、それがかなわないのなら仕方ないので……」といった具合だ。これについては、第7章で詳しく見ていこう。

すんなりと協力が得られないと、いらだちから否定的な交換をしがちになる。これが問題を引き起こす。いらだちがつのると思わず脅し文句を口にしそうになる。本来は最終手段であるはずなのに、最初から否定的なカレンシーの交換になりそうだ。しかし、気をつけよう。それでは、相手側から否定的な反応を引き出し、協力を得ることは難しくなってしまう。

建設的な交換に集中せよ

否定的なカレンシーの交換は確かにパワフルである。しかし、まずは建設的な交換から始めることをお勧めする。あとで厳しく対応するのは難しいという人もいる。しかし前向きな面を強調することは、どんな場合でも影響力の幅を広げてくれる。

否定的な働きかけは、否定的なレシプロシティにつながり、相手を反発させてしまう。つまり、あなたの予想通りの否定的な結果に導いてしまうのだ。自己達成予言である。人は脅されると無意識に強く反発、さらに抵抗する。そうすると、今度はこちらが相手に対して否定的に考えることになり、結果としてもっと強い態度をとらざるを得なくなる。このように否定的な姿勢によってお互いの怒りの感情が高まり、ついにはそこから抜け出せなくなってしまうのである。もっと悪いことに、否定的な態度をとる人だという評判がたつと、他の人たち、つまり将来的には味方にしたい相手も、最初から否定的な態度をとるようになる。脅しをちらつかせることによって、傷つくのはあなたなのだ。

建設的なカレンシーの交換を勧めるもうひとつの理由がある。相手が同僚や上位者であれば、あなたと同じようなリソースを使えるので、どちらが上かの競いあいとなる危険性がある。相手側が、目にものを言わせるチャンスをねらっている可能性すらあるのだ。その反対に、建設的な交換は前向きな雰囲気を醸成しやすい。相手がこちらの依頼にどう応えるかは、相手のニーズをこちらがどの程度理解しているかだけでなく、相手がこちらをどのくらい信用に足る仲間だと思ってくれたかで決まるのである。つまり、これまでのあなたの振る舞いや、相手がどのくらいあなたをこの組織の良き一員と思っているかが関係するのだ。

さらに、今後のことを考える必要がある。今度会うときは役割が変わっていることが多い。将来、上司、部下、同僚として関わるかもしれない。共通の目標を見つけ出す可能性を考えるべきだ。仮説が正しくないとわかったら、他の戦略と仮説に変えればいいのだ。

自ら生み出す影響力の障壁

私たちは、何をするか診断し影響をおよぼせるように、わかりやすいモデルを描いた。何年にもわたって、このモデルをうまく使えるように教えてきた。しかし、モデルを意図して使っていたかどうかにかかわらず、各ステップで失敗する事例もたくさん見てきた。影響力を発揮できない人を観察すると、誰かを動かしたいと切望しているにもかかわらず、自分で状況を難しくしていたり、行動を起こす前から投げ出してしまったり、失敗を恐れる余り行動を起こせなかった例もある。次章以降を見ていく前に、いくつかある障壁のうち、まず自らの手で影響力を低下させる状況を押さえておこう（表２・３）。

表 2.3　影響力の発揮を自ら妨げる障壁

・相手を“潜在的な味方”だとは考えない。自分の目標や優先順位があいまい
・相手の世界（組織の力学が目標、懸念、ニーズを左右しがちなこと）を理解していない
・相手が何に動くか、カレンシーに気づかない
・相手が価値を置くカレンシーを認めない
・相手の求めに応じられる自分のリソースに気づいていない
・相手との人間関係に配慮しない、修復しない。相手の望む関わり方を見つけ出さない
・「カレンシーの交換」の仕方が分からない、分かっていても働きかけない

障壁１　相手を潜在的な味方とは考えない

非協力的な人を肯定的に考えられないのは、自分で生み出す最悪の罠である。これは依頼を断られたところから始まる。あなたにとって重要なこと、そして相手にできそうなことを頼む。ときには、断られてもまた頼む。どうしてもやってほしければ、再三お願いすることだろう。２度、３度と依頼してもだめだったら、たいていは相手がおかしいのだと思い（心理学ではそれを原因帰属という（注7））、それ以上働きかけることをあきらめてしまう。そして性格、動機、知性に欠陥があるか、「惨めで無能な集まりの代表みたいなヤツ」となるのだ（他にも「中身のないマーケティングのおっさん」「また技術部のオタクか！」「数字に取り憑かれた財務野郎」「軟弱で流されやすい人事のやつ」「細かいことを気にする経理担当者。あいつはアクチュアリーにはなれない」など）。

問題は、ひとたびそのように思い始めると、それが相手に伝わるということだ。言葉に出さなかったとしても、そう思われていることを相手は感じ取り、あなたに背を向けるだろう。額に電光掲示板をつけ、「おまえは腰抜けだ！」とのサインを出しているような人の話を、誰が聞こうと思うだろうか。いちど「腰抜け」と思い出したら、隠すのは難しい。

今の時点でいらいらする（それは事実である）のと、相手は協力者になり得ないと結論づけるのは、分けて考えよう。相手は反対するのが理

にかなっていると思うかもしれないが、こちらは共通点を探そう。どんなに難しいように見えても、人を見限ってはいけない。すべての努力が失敗するまでは、否定的になってはいけないのだ。

最悪のケースに備えすぎたら

　ある男が深夜に見知らぬ田舎道をクルマでとばしていた。ところが運悪くタイヤがパンクしてしまった。悪いことは重なるもので、なぜかトランクにジャッキがない。頭の中は怒りで一杯になったが、やはりどこか近くの農家まで歩いていって、ジャッキを借りることにした。深夜だがやむを得ない。意を決して歩き出したが、だんだんと心配になってきた。こんな夜更けに相手はたたき起こされるのだ。どう思うだろうか。しかし、他の方法を思いつかないし寒気までする。仕方なくしばらく歩くと、とうとう一軒の農家を見つけた。しかし近づくにつれ不安はつのっていく。自分がたたき起こしてしまう農家の主人は、どんな反応をするだろうか。「相手はすごく怒るだろうな、そうだ、銃を持ち出すかもしれない…」想像はどんどんふくらんでいく。ドアをノックするときには、機嫌が悪い農夫のイメージが男の頭一杯にふくらんでいる。何度もドアをたたき、しばらく待たねばならなかった。やっと電灯が家の中にともりドアが開いた。すると、男はいきなり農夫に殴りかかり、「貴様！ジャッキなんか貸してくれなくてもいいんだ！」と怒鳴って足を踏みならした。

障壁2　目標と優先順位があいまい

　協力を拒んだ相手や、抵抗を示しそうな相手には、やってほしいことをたくさん挙げたくなる。そして、やってほしいことをあれこれ並べ立てるほど、相手は逃げ腰になる。また、自分の個人的な目的と、組織の目的、目標を混同するのもしばしば見かける間違いだ。相手に協力を求めているだけに見えても、自分が認められること、注目を集めること、または組織の少数派（技術系の組織におけるマーケティングの専門家、男性優位の組織における女性、白人中心の組織におけるアフリカ系アメリカ人など）が正当に認められること等が、隠れた目的として織り込まれていることがある。いい仕事をしていれば、やがては個人としての評判も得られる。しかし、仕事上の依頼にそういった個人的な目的が混ざっていると、相手は混乱してしまい、本当にあなたがほしい結果を得られなくなる可能性がある。

個人的な欲求がとても強い場合、例えば、優位な立場に立ちたい、顔をつぶされたくない、相手をやりこめたい、頭の良さを見せつけたい、相手に先んじたいなどの個人的な思いが、本来の目的に混じり込む。すると「協力を得て組織のために貢献したい」と願うあなたの誠意を、相手は疑うのだ。個人的な満足を得ることが、この仕事や人間関係を危険にさらしてもよいほど重要なのか？「イエス」であったら、それはあなたの権利であるが、その選択は意識的にするべきだ。無意識なのはいけない。

抵抗を促す組織的な力学を考慮しなかった、グローバルなソフトウェア会社の例

あるプロダクトマネジャーは、フランスの支社長が戦略的な新製品を売るようにと営業部隊に発破をかけないことに腹を立てていた。しかし、支社長は国全体の売り上げで評価されている。安価な新製品を売り込み販売するより、高く売れる既存製品を販売したいのだ。プロダクトマネジャーは新製品の販売を推進したが、失意のうちに諦めてしまう。でも協力が得られないのは当然だ。目標の違いを事前に見立てず、やみくもにぶつかっていくのがまず間違いなのだ。もうひとつの間違いは、相手にとって魅力的なものが何かわかっているのに、無視することである。おそらく支社長は、新製品の市場を最初に開拓する名声に関心がある。あるいは初期の段階から市場開拓の計画―それはプロダクトマネジャーが提案できる―に関わりたいのである。

障壁３　相手を動かすカレンシーを探さない

最も基本的であるにもかかわらず、動いてほしい相手が気にかけていること、大切にしていることは何かに目を向けるのを、私たちはしばしば忘れてしまう。誰かを動かしたいと願っている人は、得たい結果を手にすることに熱心なあまり、自分が望む価値を疑わない。そして相手が何に価値を置いていようと、それを無視してしまうのだ。これは大間違いだと言いたい。そうして自分で自分の首を締めてしまうのは、これまで見てきた通りである。サッカーのファンが、バスケットボールやアメリカンフットボールのファンに、「サッカーは微妙なスキルと戦略のゲームだ。得点はあまり入らないんだけれども、一度観戦すれば、そのすばらしさがわかるよ！」と熱く語ったところで、得点の応酬が楽しみな人々には伝わらないだろう。このような議論がうまくいったことはないのに、なぜか繰り返す人がいる。

もうひとつの大きな障壁は、相手が価値をおくカレンシーが様々であるのに気づいていないことだ。誰もが自分が好きなものだけ好むと思い込むのである。映画「マイ・フェア・レディ」のヘンリー・ヒギンズは、イライザが男性のようになれない、つまり彼のようになれない理由がわからない。でも、それはヒギンズだけではないのだ。

相手はひとつのカレンシーしか求めていない、と思いこむのは問題である。そのカレンシーを持たないときは、打つ手がなくなってしまう（前頁のフランス支社長とプロダクトマネジャーのケースを参照）。しかし人が価値を感じるものには幅があり、重要度に違いはあったとしても、ほかのカレンシーと代替可能なことが多いのである。

障壁4　相手が価値を置くものを認めない

相手が価値を置いているものを知っているにもかかわらず、それを認めようとしない場合がある。もちろん、相手の求める価値が一般的な価値観に反するものであったり、倫理的に問題がある場合は別だが、単に自分の価値観と違うという理由で、相手の価値を認めないのだ。たとえば、野心の強い起業家的な人にとっては、形式や手続きを重んじる同僚を受け入れがたいと感じ、相手を変えたくなるかもしれない。しかし、影響力を発揮するということは、自分が得たいものを得るのが目的なのであって、相手がほしいものを変えさせることではないのである。

障壁5　相手の求めに応じられる自分のリソースに気づいていない

もっとも大きな障壁がこれである。相手が求める価値が、自分では価値がないと見限っていたものの中にあるのに気がつかない。相手を認めること、感謝を表すこと、相手の立場を守ること、尊敬の念を示すこと、立場や感情を理解すること、ちょっとした手助けなど、誰の許可も要らず、費用もかからずにできることはたくさんある。相手側が予算をわけてほしいという場合、こちらも予算がないと、「私には何もできない」と考えてしまう。しかし、創造力を働かせればそういった限界を超え、交換できるかも知れない。多くの人が本当は使えるのに使っていない価値（カレンシー）に、気づいていない。

障壁6　相手との人間関係の経緯に配慮しない・修復しない

人間関係を無視すると、交換が妨げられる。相手との信頼関係がない場合、〝潜在的な味方〟に、リスクを負ってもらうのはとても難しい。影響力を発揮したいと強く願う人の中には、人間関係を軽視し、仕事上の利点ばかりを強調するという間違いを犯す人もいる。行き詰ってから初めて気遣いを示してもうわべだけだという印象を与えてしまうのだ。

一方、本音では思っていないのに、相手に関心があるような態度をとり、親しくなろうと働きかける人がいる。そういった行為は、操作的な印象を与えてしまい、相手の不信を招くだけだ。どんなテクニックを使っても、それが相手に自分本位な利益のためにやっていると映ってしまうと、うまくいかない。私たちが提唱する「影響力の法則」は、組織の真のニーズではなく、自分の利益のために使おうとすると機能しないのだ。マキャベリストが利己的な意図を隠し「これは会社のためなんだ」とごまかすと、厄介なことになる。

障壁7　交換の仕方が分からず、決めないで始める

相手から信頼が得られていない状況は、影響力の大きな障壁である。どんなことも仕返ししてくるような素直でない人、善意を信頼しない策略家や好意を突き返すような人は、つきあいにくいものである。魅力的な取引ですら、拒否されるだろう。逆に、こちらが相手の善意を期待しすぎて失敗することもある。親しい間柄だから、自分の立場を投げうって協力してくれるはずだと思い込んでいると、相手に難色を示されたときに腹が立つ。そんな経験はないだろうか。予期せぬ相手の反応への怒りによって、相手との関係に綻びが入るだけでなく、今後の協力までも得にくくなりかねない。

相手に受け入れやすいように話を調整しないのも、よくある障壁だ。それは、人間関係に対する鈍感さに起因することが多い。たとえば、相手は簡潔な説明を好むのに、問題の様々な面についてだらだら説明してしまったりする。また相手の好むスタイルを知っているにもかかわらず、「自分らしくあらねばならない」と思いこみ、自分のスタイルを曲げない場合もある。関わり方のスタイルは自己の尊厳に

関わると考えてしまい、自分らしさに固執するあまり、他人の好みを認めないのだ。

働きかけ方が分からないために協力を得られない有能なマネジャーの事例が、我々のウェブサイトに載っている。どうすればうまく働きかけられたのか、振り返っている。

次章からの5章では、「影響力の法則」モデルをより実際に即して説明する。まずは、カレンシーについてだ。

（参照「なぜ彼は聞かないのか？」（英文：“Why Won’t He Listen?”）」www.influencewithoutauthority.com）

【注】

1 Maniklos Apollo と呼ばれる彫像のこの碑文は、Janet Tassel, “Mighty Midgets”, 1989, Harvard Magazine に引用されている。

2 Alvin Gouldner, “The Norm of Reciprocity: A Preliminary Statement,” American Sociological Review 25 no. 2（1960）: 161–78

3 Gresham M. Sykes, Society of Captives: A Study of a Maximum Security Prison（New York: Atheneum, 1969）

4 Adam M. Grant, Give and Take: Why Helping Others Drives Our Success（New York: Viking 2013）

5 Gary Yukl and J. Bruce Tracy, “Consequences of Influence Tactics Used with Subordinates, Peers, and the Boss,” Journal of Applied Psychology 77, no. 4（1992）: 525–35.

6 交換の概念は本書の中心であり、以降の章で詳しく扱われる。我々は、古典的な文献のいくつかを引用する。

George C. Homans, "Social Behavior as Exchange," American Journal of Sociology 66 no. 6（1958）: 597–606

Peter M. Blau, Exchange and Power in Social Life（New York: John Wiley & Sons, 1964）

Peter M. Blau, Bureaucracy in Modern Society（New York: Random House, 1956）

Peter M. Blau, The Dynamics of Bureaucracy 2nd ed.（Chicago: University of Chicago Press, 1963）

7 私たちは、本書を通じて、私たちなりの帰属理論を使用している。この理論が報告されたのは

H. H. Kelley, Attribution in Social Interaction（Morristown, NJ: General Learning Press, 1971）

F. Heider, The Psychology of Interpersonal Relations（New York: John Wiley & Sons, 1958）

第3章

交換メカニズムで人は動く

――なにを交換するのか

強盗「金を出せ、さもなければ命はないぞ！」
ジャック・ベニー（ケチで知られるコメディアン）「……」
強盗「どうなんだ？」
ジャック・ベニー「考え中だ！」

カレンシーという概念

「影響力の法則」は、〝カレンシーの交換〟と〝レシプロシティの原則〟を土台としている。自分が得たいものを相手が欲しがるものと交換するわけである。これは、どんなことにでも当てはまる。アメリカの刑務所についての最近の調査によると、看守が刑務所の秩序を保つために使われるカレンシーは、タバコからラーメンに取って代わられたそうだ。予算の削減で食事の質が悪くなったかららしい。[注1] 〝カレンシー〟（通貨）とは、価値ある何かの喩えで、協力と交換に相手に何を提供するかを決めるのに役立つ。カレンシーは交換するためのリソースなので、影響力を獲得する基盤となる。もし、あなたが相手が価値を感じるようなリソースを持っていなければ、交換できるカレンシーがないことになり、影響力はほとんど発揮されない。この章では、組織の中でカレンシーがどのように機能するか、どんなカレ

表 3.1　組織で使えるカレンシー

活用できるカレンシーの種類	具体的なカレンシーの例
■気分を高めるカレンシー	
ビジョン	部門や組織全体、顧客、または社会のためになる、より重要な仕事に取り組めること
卓越性	重要なことを非常にうまくやれること
メンタリング／指導	他者の成長を助けること　叡智をつなぐこと
道徳的／倫理的な正しさ	効率性よりも、高い基準で「正しい」ことを実行できること
■仕事に役立つカレンシー	
新しいリソース	お金、予算、人手、場所、などが得られること
挑戦と学習	自分のスキルや能力の向上につながる仕事を担当する機会
援助	担当プロジェクトまたは気乗りのしない仕事への手助け
組織的な支援	さりげない、または直接的な援助
素早い対応	いつもよりも早い対応
情報	組織に関する、または技術的な知識
■立場がよくなるカレンシー	
承認	努力、達成、能力を認められること
ビジビリティ	幹部層や重要な人物の目にとまること
評判	有能でやる気があると、周囲から見られること
所属意識／重要性	中心にいる、あるいは所属しているという感覚
接点	他者と関わる機会
■気持ちを支えるカレンシー	
理解	懸念や問題に耳を傾けてもらうこと
一体感／個人的なつながり	親しみや友好を感じられること
私的な支援	個人的な気持ちの支え
■個人的なカレンシー	
感謝	感謝、または恩義の表明
当事者意識／参画意識	重要な任務への責任感や、影響をおよぼしている感覚
自己概念	自分の価値観が肯定されること　自尊心とアイデンティティ
安楽さ	煩わしさの回避

ンシーがよく使われるのかを詳しく見ていこう。

よく効くカレンシー

相手が関心を持つことと自分が提供できることが分かって初めて、「カレンシーの交換」が成立する。組織の中では主に5種類のカレンシーが様々な場面で使われている。表3・1は、人を動かすカレンシーの例だ（表3・1）。

これらは便宜上私たちがまとめたものなので、すべてをカバーしているとは言えない。人を動かすカレンシーは、組織の中で一般的にイメージされているよりもかなり幅広いものだとお分かりいただけるだろう。これを手がかりに、どのようなリソースが相手が価値を感じるカレンシーとして使えるか、意識できる。

気分を高めるカレンシー

仕事に意味や意義をもたらす目標、将来の姿に関するものが、このタイプである。現代の組織では、このカレンシーの重要性が次第に増しつつある。

ビジョン

ビジョンは、おそらくもっともスケールの大きいカレンシーである。組織や部門のワクワクするビジョンを描き、関係者の協力によって目標が実現すると示すことで、人は大いにやる気になる。あなたが要請することに大義が感じられるよう奮い立たせることで、気乗りしない相手すらその気になるだろう。

卓越性

良い仕事ができる機会や、重要な仕事で卓越した成果をあげられることは誇らしく、大いにやる気をかき立てる。その意味では、職人気質はまだ死んではいないのだ。ただ、目立たないだけであり、触れられるのを静かに待っている。多くの人がレベルの高い、素晴らしい仕事をしたいと思っており、そういった機会を提供すること自体が人を動かす貴重なカレンシーとなり得る。

メンタリング／指導

他者の学びを助けるため、また経験によって得られた智慧を使えるよう他者をコーチすることに深い満足を感じる人がいる。彼らは、それで恩返しができる、あるいは若い人の成長を喜べるチャンスだと思っている。

道徳的／倫理的な正しさ

組織で働く人のほとんどは、倫理的で、道徳的で、利他的で、正しいことをしたいと思っている。しかし、現実には難しいと感じている。そう感じるのは、彼らが効率や個人的な便宜よりも高い基準に価値を置いているからで、そういった人は正しいことを実行できると思える仕事を歓迎する。彼らの自己イメージは、不適切だと思うことには手を染めず、そのために生じた不便さを我慢する自分の姿にある。自分はよい人間だと感じられるので、よい行いをすること自体が報酬になるのだ。

仕事に役立つカレンシー

このカテゴリーのカレンシーは、任務に直結している。これらは、与えられた仕事に取り組む能力や達成感に関係する。

新しいリソース

一部のマネジャー、特に予算や人手などのリソースが不足、またはそれを入手するのが難しい組織のマネジャーにとっては、新しいリソースは目標達成のためのまたとないチャンスだ。予算でなくてもいいのだ。一時的に人材、場所、道具を貸すのもカレンシーになる。

挑戦と学習

成長や学習につながる挑戦の機会は、現代の組織では重要なカレンシーである。調査をすると、組織で働く人たちにとって、取り組み甲斐のある仕事は、仕事における重要な要素として上位にあがってくる。専門性の高い仕事をする人たちの中には、難しい仕事を担当できるチャンスがあれば、何でもするという人がいるぐらいだ。技術系の会社のジョークにこういうものがある。タフなプロジェクトを週に80時間の勤務で成功させたご褒美は、もっとタフでもっと責任の重いプロジェクトだというのである。こういった人々にとっては、挑戦そのものが報酬となるのだ。

挑戦の機会を提供するのは、そんなに難しいことではない。たとえば、問題解決のプロジェクトに参加させる、自分のプロジェクトの手のかかる部分を任せるなどが、挑戦のカレンシーを渡すことになる。相手にやり遂げる能力が備わっていれば、こちらの期待以上の結果を出すことだろう。

もし、上司が挑戦に価値を置くようだったら、自分が直面しているやっかいな問題の情報を上司と共有すること、厳しい決断について話すこと、上司と同レベルかそれ以上の人を巻き込まないと扱えない大きな課題の解決を提案することなどが、カレンシーになるだろう（もし、上司がその反対であったら、難しい問題に関わらないで済むように上司を守ることがカレンシーになるだろう）。ほとんどの人は、新しい情報に圧倒されて自分の知識や経験に頼ろうとするが、学ぼうとする衝動は、重要なカレンシーとなる。

援　助

責任のある仕事がしたい、挑戦の機会をもっと手に入れたいと願う人は多いものの、やはり多くの人が自分の仕事に手を貸して欲しいと願い、負担が減ると喜ぶものだ。その理由はおそらく、個人的にその仕事が嫌いか、現在直面している問題で精一杯になっているか、不当に要求が厳しいのか、なんらかの理由で会社への貸しを回収中か、のどれかだろう。理由は何であれ、今の負担を軽減してくれる人は誰でも歓迎されるのだ。

また、この援助のカレンシーは、ある部門からもう一方の部門に提供されることもある。その際は、提供する側の都合ではなく、受け取る側の部門にとって使い勝手がよいように調整するとよい。例をあげると、管理部門が社内で新しい制度を浸透させるにあたって、まず現場の状況を理解するよう真摯に努め、次いで現場の要請に沿って制度の展開方法を調整し援助する、といったことだ。こうすれば、カレンシーとして十分に機能する。

組織的な支援

組織からの支援は、組織の上層部からプロジェクトにお墨付きが欲しい人や、プロジェクトに同意を得る根回し的な手助けが欲しい人にとっては、非常に重宝されるカレンシーだ。プロジェクトを進めるのに苦労しており、幹部や同僚のとりなしが欲しい人にとっても、価値がある。大規模なプロジェクトには、必ずといっていいほど反対者が現れるので、プロジェクトや計画の承認を求める人は、いわゆる「法廷での友人」によって救われるだろう。そんなときに援護してくれる存在は、非常に助かる。タイミングよく適切な人に肯定的な言葉を投げかけることが、その人のキャリアや目標達成を強力に後押しする。批判にさらされているときに、同僚が支持にまわってくれれば、もっともありがたいではないか。

素早い対応

緊急の依頼に素早く応えるのは、同僚や上司にとって大きな価値がある。待たなくていいように手助けすれば、あとで効いてくる価値ある信用を築けるのだ。とくに、リソースをあつかうマネジャーは、いつも今すぐ必要としている。なかには、余裕があるときでさえも、自分が無理して対応してやっているような顔をする人がいる。しかし、この戦術は、緊急な対応を抱えていて、しかもこちらの状況を知らない人にしか効果がない。余裕があることを隠していても、いつかは気づかれてしまうものである。自分の負担を大袈裟に言いすぎると、あなたのカレンシーの価値が下がるだけでなく、信用も失ってしまう。

情報

知識は力だと考えている人は、チームの業績を左右するいかなる情報にも価値を感じる。そういう人にとっては質問に答えることがカレンシーになり得るし、幅広い知識も同様に歓迎される。業界の動向に関すること、顧客に関するもの、トップマネジメントの戦略的な見解、他部門の課題についての情報は、計画策定や進捗管理をする際に役立つので重宝される。部外者にとっては、内部情報は貴重なものだ。今は誰が仕切っているのか、トラブルで困っているのは誰か？　トップマネジメントの今一番の懸念は何か？　業界の最新動向、新規顧客の開拓状況は？　情報に飢えた人は、内部情報の提供者を、喜んで手助けするだろう。それが今すぐ役立つ情報でなかったとしても、である。

こういった情報に飢える人がいるから、得難い知識を進んで提供する人にチャンスが生まれるのだ。もし、上司がこの種の情報に価値を置くのであれば、社内のすみずみにまでネットワークの輪を拡げる価値がある。社内の動きに常に注意を払っていれば、情報に飢えている上司に垂涎のカレンシーを提供することができるのだ。皮肉なことに、地位があがればあがるほど社内で起きている動きが分からなくなる。だからこそ、情報を持ってきてくれる人のありがたみは大きいのである。

立場がよくなるカレンシー

このカレンシーは、社内での立場や地位を上げるものを指す。それによって、間接的に相手の目標達成を援助し、キャリアアップを後押しするのだ。

承　認

自分の貢献がきちんと認められるプロジェクトには、自ら協力を申し出る人がたくさんいる。それなのに、いかに多くの人がこのカレンシーを活用する機会を逃し、温存していることだろうか。表彰など特別な機会を待たなくてもよいのだ。ある大きな調査によると、革新的な成果をあげた中間管理職は、功績を分かち合い、名誉を広めることに心を配っていた。[注2] それはおそらく偶然ではない。彼らは、正当な評価というカレンシーがもたらす価値の大きさをよく理解しているのだ。

ビジビリティ

野心的な人は、影響力のある人のために結果を出し彼らに認められれば、将来の機会、情報の入手、あるいは昇進のうえで、決定的な要素になることを知っている。だから、プロジェクトで、意思決定権のある上層部に誰がプレゼンテーションするかでもめたりするのだ。

評　判

評判は〝承認〟のバリエーションのひとつである。よい評判が得られるとその機会がぐっと増えるが、反対に悪い評判が立つと仕事を担当させてもらえなくなり活躍する機会を失っていく。

周囲から好意的な評判が立つと、重要な会合に招かれたり、新しいプロジェクトの相談をもちかけられたり、新しいアイデアを売り込む際に立場を尊重してもらえる。有能だが評判の良くない人には、立場上は重要なポジションにあっても、情報が渡らないとか、声がかかっても時すでに遅しということがある。評判が事実とはかぎらないことには、注意が必要だ。組織が大きくなれば、直接その人について知っている人などはごくわずかしかいないのだから。しかしながら、この評判は正しかろうと正しくなかろうと、その人に機会をもたらす。評判がないとは認知してもらえないことを意味し、たとえ能力があっても発揮する機会を得られない、ということである。

ポジションが低い人は、自分たちには力がないと思っていることが多い。しかし、自分より権限を持つマネジャーの評判に、かなりの影響をおよぼしている。そのことに気づいていない人が多いのではないか。彼らが上司を褒める、または悪口を言うことで、上司の評判は左右される。つまり、大きな影響力を持っているのである。営業担当者が上司の秘書や間接業務のスタッフに特別に親切にするのは、秘書や間接業務のスタッフが自分のことを上司に悪く言うことがあれば、自分の印象が悪くなって、挽回するのにひと苦労することを知っているからだ。

所属意識

ある人たちにとっては、集団に属しているという感覚が、もっとも価値あるカレンシーになる。たとえば、内部情報を知っていることや、力のある人と接点があるというのがそれだ。重要なイベントや業務、計画に関与すること自体がカレンシーになるのだ。そういった活動に関わる一員だと思うことで、自分自身の存在意義を強く感じるので、関与の機会を求めるのである。

重要性

内部情報や接点のようなカレンシーをもつことは、自分が重要だと感じられるチャンスだ。重要性のシンボルでもある。重要なメンバーだと思われるだけでも、自分の価値がきちんと認識されていない多くの人たちにとっては大きな意味がある。

接　点

誰かと知りあう機会は、これまで説明したカレンシーの多くと関わりがある。それらカレンシーによって、相互に助け合うネットワークが広がるからだ。世の中には、知り合えさえすればよい信頼関係を築ける人がいる。社内で人を集めることがうまい人は、人と人を結びつけることで得をしている。

気持ちを支えるカレンシー

気持ちを支えるカレンシーは、任務の達成よりも他者との関係を強めるものを指す。もちろん、業務の重要性を軽んじるというわけでは決してない。

一体感／個人的なつながり

他者（個人でもグループでも）との親密さに、最も価値を置く人たちがいる。彼らには暖かい態度や好意がカレンシーになる。人間関係を築くのは喜びなのだ。彼らは仕事に関するカレンシーよりも親密さに価値を置き、真剣な仕事上の会議であっても、温かくや受容的な態度がないと見るや、彼らは誰とも関わろうとしないだろう。

理解／傾聴／共感

組織の要請に悩み、孤立し、しかも上司からの援護もない人は、共感的な態度に大きな価値を感じるものだ。自分が何で困っているのかを聴いてもらえるのは、誰にとってもありがたい。余計な助言をせず、自分の話に真剣に耳を傾けてくれればなおさらだ。仕事の性質上あるいは性格上「何かをする」ことに慣れすぎているマネジャーたちは、黙って共感的に耳を傾けるのが重要な仕事だとわかっていない。傾聴そのものが大きな価値になるということを理解すべきである。

私的な支援

他者が自分に支援的だと知ることが、最も価値のあるカレンシーとなる場合がある。たとえば、ストレスを感じている、動揺している、気持ちが不安定である、助けを求めているなど。そのようなとき、このカレンシーの効果は倍増する。相手のデスクのそばを通った時に「調子はどうだい？」と聞く、親切な言葉をかける、肩に手を置くなどがそれにあたる。同僚がストレスにさらされているとき、誰なら花を喜ぶか、飲みに行きたいか、本や雑誌の記事を喜ぶかなどを、つかむのに秀でている人がいる。そういった態度自体が、たとえぎこちなかったとしても、相手にとって意味があるというわけだ。

ただ残念なことだが、ときには、そういった働きかけが個人的な好意だと誤解されてしまう場合もある。また、仕事とプライベートを峻別している人にとっては、家に食事に誘われるのはかなりの負担になる。このような注意点はあるものの、だいたいにおいて、親切な態度・好意は相手に伝わるものである。

他にあなたにできること　個人的なカレンシー

このカレンシーには、数えきれないほど様々な項目があがってくるだろう。これは受け手の自己意識を強めるところに価値がある。業務から、また人間関係からでも、これらのカレンシーを見つけ出すことは可能である。

感謝

感謝は、「承認」や「支援」の別の形かもしれない。支援的であることに価値を見出す人々にとっては、仕事に関係ないことであっても感謝を表明されると嬉しいのである。自分の努力に対して、はっきりと感謝や敬意を表して欲しいと思う人もいる。ただ、このカレンシーには難しい面もある。感謝しすぎると、その効果は落ちることがある。最初の感謝は、10回目よりも価値がある。

当事者意識／参画意識

組織の中では、重要なことに自分が部分的にでも影響をおよぼしている、あるいは重要なことに大きく貢献できるという感覚が、カレンシーになる。また、面白いことに関われればそれ自体が報酬になるという人たちがいる。それ以外、特に報いはいらないのだ。

自己概念

少し前に「道徳的／倫理的な正しさ」というカレンシーを紹介した。これと同じように、その人らしさを確認できる、または強化するものもカレンシーとなり得る。「見返り（お返し）」はいつも外から与えるものとは限らない。自分らしいと思う姿にぴったりの言動を取れることもカレンシーとなる。いわば自己報酬型である。高潔さ、情け深さ、組織のために全力投入しているといった、あるべき自分を確認できることすなわち自己概念が報酬になるのだ。自分が大切にしている価値を守る、自分らしさを確認する、自分自身の価値をより強く感じられるという理由で、他者の依頼に応えるわけだ。もちろん、こういった自己概念のカレンシーも、他者との関わりの中で刺激され、組織の目標達成のために協力を要請することから生み出されている。一方、「これは正しいことだから」と引き受けてくれる人は、「利他の心で行動する人物」という自己イメージの気持ちの良さを味わうのであり、自己満足のカレンシーとして機能している。

組織変革の調査研究で有名なロザベス・カンターによると、組織内で長期にわたって勤めあげ、重要な変革を推進してきた中間管理職の多くが、成果に対する特別な報酬を期待していなかったという。（注3）革新的な活動によって、大切な信念を踏みにじった、あるいは幹部の立場を失くしたとして、処分を受けた人すらいる。彼らはそうなることが分かっていて、敢えてリスクを冒したのだ。それは、誰が反対しようと、自分が組織のために正しいことをする人間だ、という自己像を持っていたからなのである。

安楽さ

最後になるが、一部の人には安楽さが高い価値を持つことに触れておこう。定型業務を好み、リスクを冒すのをことのほか嫌う。面倒に巻き込まれたり、恥をかきそうなことを避けるためだったら何でもする、という人がいる。目立つ騒ぎを起こすこと、またはそういったことで注目され、嫌われることを彼らは絶対に避けたがる。決められた仕事を邪魔されず粛々とこなすことに十分満足しており、昇進などには興味がない。こういった人たちにとっては、外部からの邪魔が入らないように守ることが大きなカレンシーとなるのだ。

否定的なカレンシー

カレンシーは、人が価値を置くもののことだ。一方、否定的なカレンシー、人が否定的な価値を置くもの、避けようとするものも存在する（表3・2）。これを使うと、逆に欲しくない何かが跳ね返ってくる可能性がある。できれば使いたくないところだ。しかし、状況によっては必要になり、選択肢のひとつにもなり得る。この否定的なカレンシーには次のふたつの形がある。

表 3.2　よく見られる否定的なカレンシー例

肯定的なカレンシーを出さない
・　評価しない
・　支援しない
・　挑戦の機会を与えない
・　手を引くと脅す
否定的なカレンシーを使う
・　大声をだし、わめく
・　頼まれた時に協力を断る
・　上司に問題を上申する
・　問題を表沙汰にし、内部の非協力な様子を暴露する
・　相手を誹謗中傷する
・　「攻撃しない」が、相手の評判を「失墜させる」
・　関係を悪化させる

1　肯定的なカレンシーを出さない
2　相手が嫌がるカレンシーを使う

相手にとって、あるカレンシーに意味があるのなら、逆にそれがなくなったり、取りあげられるということは、相手を動かす要因になり得る。現実には、このような否定的な形で人を動かす方法を思いつくことの方が多いので、本書では肯定的なカレンシーの方を強調してきたのだ。しかし、言うまでもなく、その逆も威力を持つ。リソース、承認、挑戦の機会、支援などを与えないことは、相手を動かす手だてとなる。たとえば、自分は手を引くといった脅し文句によって、そうされると相手が困る場面では、相手から行動を引き出せる。

いくつかの注意点

歓迎されないカレンシーを使うということは、自分の身に火の粉がふりかかる可能性も意味する。相手には不快なものだろう。怒鳴りつけられたり、上司や周囲に知られたり、知られたくない本音を言わされたり、同僚に悪く言われることを望む人などほとんどいない。否定的なカレンシーは、これしかないという状況でのみ使われるべきものなのだ。

しかも、遅かれ早かれ仕返しされる可能性がある。あなたよりも攻撃手段を多く持っている人や、刺し違える覚悟で立ち向かってくる人を怒らせたくはないだろう。否定的なカレンシーを使うとは、戦いをしかけるようなものだ。相手を短期的に動かし得たとしても、あなたが一番困るときに仕返しの機会をねらう敵にしてしまうことがある。

したがって、否定的なカレンシーで交換しなければならなくなったとしても、言い方は肯定的な表現を工夫した方がよい。「外されるのを望んでいないとは思うけれど」の方が、「もし、協力してくれなければ、あなたを外すことになる」と言うより、やわらかい印象を与えるだろう。どちらにしても、言っているのは、協力してくれないときは外すということだ。どうしても否定的なカレンシーを使わざるを得ないときは、できる限り、否定的なカレンシーが必要のない、両者にとって望ましい将来に結びつけて、建設的な言い方で伝えるのだ。

カレンシーの使い方

実際に交換するとなると、複雑な課題が横たわっている。次にその概要を説明し、第7章「交換の戦略」で詳しく解説していく。第7章「交換の戦略」では、相対的な力関係の影響をどう考えるか、いつ自らをポジショニングし複雑な交換を行うかを検討したい。

交換のレートを決める――りんごとみかんを交換する

誰もが何らかの見返りを期待するのであれば、同等と感じさせる何かを用意することが重要になる。相手に、交換するカレンシーのバランスが取れていると感じさせるためには、どうしたらよいのだろうか。

市場経済では、あらゆるものの価値が、通貨の金額で置き換えられている。それによって公平な交換かどうかが分かる。1トンの鉄鋼とゴルフクラブ1セットとは釣り合うのか？　これがドルや円、ユーロなどの通貨で換算してあれば、品物の価値をよく知らない誰であっても公正な交換ができるというわけだ。しかし、組織という市場で交換されるカレンシーを計算するのは、もう少し複雑だ。報告書の作成を自発的に手伝おうとしてくれるあなたの気持ちに応えるには何が適切か？「ありがとう」のひと言で十分なのか？　それとも、上司にあなたのことをほめておこうか？　もしも、こちらが考える価値と、あなたの考えるものが違っていたら？　同じことにまったく違う値づけをすることだってある。固定的な価値基準がないゆえに、カレンシーの交換は複雑になる。

何を交換しているのかを見ると、その人にとって何が重要なのかをとらえることができる。何に気をかけているか？　彼らの言葉は何を意味しているのか？　協力したくないとき、何を理由にするか？　彼らが見ている世界と、彼らの評価基準についてのあなたの分析は、役立つか？　お互いに助け合えるよう、協力的に直接尋ねることができるか？　ただし、あなた側の好みで相手が求めるカレンシーを考えないように注意して欲しい。ここでは、あなたが価値を置くものではなく、相手が価値を置くものが重要なのだから。

自分が何を見返りに欲しいかを知っている人もいる。しかし、相手に真摯な気持ちがあるのであれば、多少は違っていても受け入れるものである。ゆえに、カレンシーが正確に等価であることよりも、相手が受け入れるカレンシーを見つけて交換する方が重要なのである。言い換えれば、カレンシーの量より質を考えるべきなのだ。

異なる受けとめ方――ユニバーサルなカレンシーはあまりない

幅広く使えるカレンシーもある。例えば、人を動かしたい、感謝されたい、公平に扱われたい、良い評判を得たい、良い仕事関係を築きたいなどだ。ところが、このような普遍的なカレンシーですら、もたらす価値はさまざまである。人によって何が重要かは異なるからだ。カレンシーの価値は、相手の受け止め方次第なのである。誰もが人を動かしたいのか？　たぶんそうだ。しかし、仕事するときはひとりにしてほしいという人もいる。同様に、多くの人が仕事上の人間関係に重きを置く一方で、同僚との個人的な関係を好まない人もいる。彼らはそれは悪いことだと考えている。あるマネジャーは礼状は感謝のしるしと考えるかもしれないが、別のマネジャーはそんなのは媚びへつらいだと考え、また別のマネジャーは自分の親切や努力に見合わないケチなお返しだとはねつけるかもしれないのだ。

さらに、同じ人に対して何度か効果のあったカレンシーが、いつまでも歓迎されるとは限らない。繰り返されると価値が低下して感じられていくのだ。例えば、あまり頻繁にほめすぎると、相手の心に響かなくなる。（注４）

対応例　さまざまなカレンシー、さまざまな渡し方

ここで取りあげてきたカレンシーだけが決定版というわけではない。受け取り方や言い方で、様々なバリエーションが考えられる。

・ある分析報告書を特別に作成したところ、「いいね」と言われたとする。この「いいね」は、いくつか異なるカレンシーとして受けとられる可能性がある。その内容に対するほめ言葉かもしれず(「この報告書があると、どの製品開発にＧｏサインを出すか決められるよ」)、社内政治的なカレンシーとしての価値があるのかもしれない(「この報告書があれば、担当役員の自分への印象が良くなるぞ」)。または個人的なカレンシーにもなり得る(「この報告書で私の判断が変わる訳じゃないが、君が私を重視し作成してくれたことに感謝しているよ」)。「いいね」という言葉は、人によってまったく違った意味で異なる価値を持つ。同じ相手でも意味が違えば価値も異なるのだ。

・同じカレンシーでも形を変えて提供できる。たとえば、感謝は、直接「ありがとう」と言う形や、ほめ言葉の形、または会議の場などでの支援表明の形でも伝えられる。または、同僚たちの前で本人をほめたり、本人の上司にメモの形で渡すこともできる。

・カレンシーは相手や状況によって価値が変わるので、ひとりひとりの相手が各々何を大切にしているかだけでなく、どんな言い方で表現するかも含めて、相手をできる限り理解することがいっそう重要になる。相手のコミュニケーションの仕方や優先事項に対応して、提供しようとしているカレンシーの言い表し方を工夫すると、相手にとってさらに魅力的に映るのだ。言うまでもないが、大げさにしてはいけない。相手の求めるそのものを持っていない場合は、何とかして惹きつけようとしてやり過ぎることがあるが、それでは相手の気分を害してしまう。とにもかくにも、相手に提供するものをどのように表現するかに、気を配ることが重要である。

カレンシーは、組織に対しても活用できる

ここまでは、便宜上、個人の視点からカレンシーを説明してきた。しかし、組織や部門全体などの集

団に対しても使えるカレンシーはある。相手が所属するチームや組織に強い一体感を感じている場合、個人的なカレンシーを考える以上に、その集団にとって価値のあるカレンシーを考えるのが重要だ。

同時に、人は、〝良い自分〟〝正しいことをしている自分〟であることに心理的な満足を得る。それらはよくあるカレンシーではある。しかし、自分が組織のよき一員で、仲間のことを大切にし、忠実なメンバーであるという感覚も、多くの人にとって非常に強力なカレンシーとして働く。たとえ、最初は仕事だからと義務感から行動しているように見えても、効き目のあるカレンシーになるのだ。

事実、ある組織では、個人的な利益に直接つながらないことを進んで行うと、影響力のあるよい評判が生み出される。そのような組織では利他主義が最高の価値とされるのだ。たとえば、米国マサチューセッツ州の保険会社、ブルークロス・シールド社で私たちは、シニアレベルのマネジャーの多くが、保険の加入、非加入を問わずお客様の立場にまず焦点を当て、社内の利益を後回しにする様子を見たことがある。その会社では、顧客の支援について創造的なアイデアを出せるマネジャーが注目され、尊敬されている。ＦｅｄＥｘでは「翌日配達」のために、雪崩があってもヘリコプターで荷物を配達した従業員のエピソードが讃えられている。

そういった環境では、相手に個人的な利益のために協力を求めること自体、重大なエチケット違反とみなされる。個人の評判が高まることは副産物であって、あからさまに売り込まれるようなものではないのだ。

見方を変える——風土に合わせて言葉を選ぶ

組織によって、自分の関心事をどのような表現で伝えるかは異なる。たとえばハイテク企業では、何を得たいかをストレートに言うことが求められるだろう。社員はリソースを入手する方策について直接的に話し合う。しかし、ＩＢＭの伝統では、かなり間接的な表現が一般的で、組織の利益になるかどうかで説明することが求められる。ＩＢＭの社員は、「このプロジェクトで協力してくれたら、あなたのキャリアのステップアップにつながるよ」とは言わない。こういう感じになる。「そちらの担当分野からの支援があれば製品の価値が向上するし、あなたの部門は素晴らしい貢献にふさわしい評価を得られると思う」。結果は同じかもしれないが、言い方が違うのだ。

ある状況ではストレートに「君がそうしてくれるなら、私もやろう」というやりとりを期待できるかもしれないが、ほとんどの組織では、あなたが何を求めているのかを、聞き手に訴えるように説明する必要がある。また、組織風土に注意を払うのは重要である。その人のことだけを考えるのではない。しかし、変わった会社と仕事をするのであれば、カウンターカルチャー的な付き合い方が合うかもしれない。よいアイデアであっても、含みのある言い方をすると相手側をうんざりさせ、うまく通らなくなることもある。相手側にとって価値のあるカレンシーが、不適切な言い方のために、歓迎されざるカレンシーに転換されてしまうのだ。

伝統的な礼儀正しさを重んじるヒューレット・パッカード社で、私たちが人事部の人たちに「勢力を拡大する方法」について話したときのことだ。彼らはマネジメントの実務について検討したいと思ってはいたのだが、〝勢力を拡大する〟という私たちの言い方は彼らには不作法すぎたようだった（しかも、そのことを私たち本人に告げるには人事部の人たちは人がよすぎたらしい。何も言われずに私たちのパートはプログラムからはずされたのだった）。

カレンシーの蓄えを増やそう

これまでにも強調してきたが、ほとんどの人は自分で考えている以上に多くのカレンシーを使える。カレンシーの活用に加えて、いかにしてカレンシーを増やせるだろうか。

現在の仕事に邁進し、そのためにいかに人を動かすかばかりを考えていると、長期的な視点を忘れやすくなる。長期的な視点を意識して、仕事上で接点のある（および将来的に可能性のある）人たちが必要としそうなカレンシーは何かを考えるようにしたい。たとえば、あなたの仕事が事務手続きなどの業務と接点があるとしよう。今、組織がコストの面で問題に直面し、将来的にはインドか中国にいくつかの業務を外注する可能性が考えられるとしたら、指示されずとも今から外注に備えて勉強しておくことができる。今は不要でも知識を身につけておけば、急に問題に直面して困っている手続き処理業務の担当者にとって貴重なカレンシーとなり、あとで役に立つかもしれない。

カレンシーを使うときに注意したいポイント

交換という考え方そのものは単純だが、間違いや見当違いになりやすいものでもある（「カレンシーの落とし穴を避けるためのチェックリスト」を参照してほしい）。

カレンシーの落とし穴を避けるためのチェックリスト

自分が提供できるリソースを低く見積もりすぎてはいけない。これまでの経験や研鑽から、何を得ているのだろうか？

あなたのリソースは何か、誰の役に立つか？

□ 専門的な知見
□ 組織に関する情報
□ 顧客に関する知識
□ 社内政治についての情報

自分の裁量で使えるカレンシーは何か？

□ これまでにつちかった評判
□ 相手を好意的に評価すること
□ 相手を目立たせること
□ 相手に感謝すること
□ 相手を認めること
□ 相手に敬意を表すこと
□ 仕事を個人的に手伝うこと

〝自分が価値を置くこと〟でなく、〝相手が価値を置くこと〟に焦点を当てよ

□ その人自身について分かったことに焦点をあわせる
□ その人が好む関わり方に合わせる
□ あなたが嫌いなことでも、その人が好むようなら提供する

自発的に求められる以上のことをする気持ちがあるか？

□ 役割を越えたことでも必要ならする

率直に答えよう

□ 約束通りにカレンシーを渡せるか？

自分のカレンシーを低く見積もりすぎない

まず、自分の知っていることから始めよう。これまでの経験やトレーニングからあなたが身につけたものは、他人にはどんな価値があるだろうか。

・特別な専門的知識
・組織的な情報。どこにどういう専門家がいるか、どの部門が自部門の業務に関心を持っているか、まだ手つかずのリソースを持っているのは誰か。
・顧客に関する情報。主要な顧客のうち誰がゴルフをするのか、その顧客は自社の製品を使う際にどんな問題を感じているか、他の顧客の興味をひく可能性のある新しい製品の使い方はどのように考案されたのか、将来性があるのに疎遠な顧客は誰か。
・社内政治に関する情報。社内で今くすぶっているのは誰か、辞めようとしているのは誰か、注目を浴びだしているのは誰か、経営陣に覚えの良い人は誰か。

あなたが誰の許可も取らずに使えるものは何か？　前にも触れたが、自分が使えるリソースを狭く考えすぎて、自分には力がないと思いこんでしまう人がいる。リソースと言えば、予算や昇進しか思いつかず、それらがなければ交換に使える価値のあるカレンシーを持っていないと思ってしまう。しかし、感謝の気持ちを示すこと、正当に評価すること、真価を認めること、尊敬の気持ちを表すこと、仕事を手伝うことなどは、他者には価値あるものとしてひびくのだ。感謝の気持ちを表したメモを書くこと、多くの人の前でほめること、依頼に素早く応えることに、上司や幹部の許可など不要だ。自分が使える資源を広くとらえていれば、カレンシーを差し出せるのである。

覚えておいて欲しい。他の人が話して楽しい、自分に興味があるとわかる、信頼できる人であるのは価値のあることである。見返りがなくても楽しいではないか。

自分が良いと思うものでなく、相手が求めるカレンシーを提供する

私たちには、自分にとってこんなに価値があるのだから相手も好むはずだと考えやすいところがある。これは絶対に避けたい落とし穴だ。確かに多くの人が共通して求めるものは存在する。たとえば、自己を尊重されること、よい仕事をほめられること、他者と関わることなどだ。そういった共通するものでも、使い方には気をつけなければならない。よいことで注目されたり感謝されるのはうれしいものではある。ところが、注目を浴び、感謝されるのを、あたり前のことをしただけだからと言って嫌がる人もいる。また、そっとしておいて欲しいという人もいるのである。しかし、もっと良くないのは、しばしば自分の欲しいものに夢中になってしまい、相手に注意を払わず、彼らが価値を置くものを表わしているのに完全に無視してしまうことだ。彼らの発するサインが言い訳や障壁に思えて、耳を傾けなくなるのである。

多くのプロフェッショナルが、幹部レベルであっても、上長を動かすのは無理だと思い込んでいる。しかし、彼らは上司が結論から書かれた提案書を好むといったわかりきったことに、まったく気づいて

いない。例えば、部下は早くフィードバックして欲しい。でも上司は部下の提案を気に入らないだろう。そう思うと、部下は自分のアイデアを簡潔にまとめて上司に渡すことまではしない。そのようなまとめを作成するのは部下自身の裁量でできるのだが、忙しい熟考型の上司にとって簡潔なまとめがあるとフィードバックしやすいとは考えず、自分が上司を動かす機会をまざまざと失ってしまうのだ（相手が送るサインをキャッチすることについては、第４章でさらに述べる）。

最も良くないのは、自分が好まないときは、相手が求めるものを渡そうとしないことだ。例えば、地位を切望する同僚は目障りだと、その人の立場をおとしめるようなことばかりをする。あるいは、野心を持つことを不愉快に感じ、手を貸すどころかその気持ちをくじこうとする。でも思い出して欲しい。レシプロシティは相手が価値を置くもので報いることなのである。

自分の守備範囲から出ようとしない

自分がすべきことではないという理由で、相手が協力しやすい方法を使うのを嫌がり、自らの影響力を損なう人がいる。彼らは原則を貫くわけだ。「それは私の仕事ではないから。同僚は私に従うべき。私が正しいんだから」。確かに原則に反するのは良くない。でも「私の仕事ではない」とはいかがなものか。相手を動かすことは、いつか協力を得られるような信用を築く、またはよい仕事をするためと考えてみて欲しい。他者から協力を引き出すことが組織にとってプラスであるなら、それはいずれ本人にとっての利益にもなるのだ。

警告　誇大広告に気をつけよう

これまで見てきたように、提供するカレンシーを相手のニーズに応える形で説明すると、相手がこちらの求めに応じてくる可能性が高まる。注意深く思慮深いコミュニケーションは、提供するカレンシーと相手のニーズを結びつける精度を高めるのだ。

とはいえ、カレンシーの渡し方には注意が必要だ。言葉の使い方のうまさは売り込みに便利だが、虚飾や誇張はさけるべきだ。できもしない約束、間違った主張、過度の希望的観測などは、いずれもあなたの信用を損ない、将来、カレンシーの交換にダメージを与える。繰り返しになるが、評判は組織の中では貴重な資産なのだ。カレンシーの交換を成功させるために強く出ることがあっても、その大切なあなたの資産を守ろう。

交換不可能なカレンシー

ハイテク企業の創設者である会長と、会長が5年前に雇い入れた社長。このふたりの関係はこの数年間でだんだんと悪くなっていった。社長はハーバードのＭＢＡを持ち、株主価値を最大にすることを自らに任じていた。これが社長自身にとって最も重要なことだったからだ。社長は自社の特殊部品製造ビジネスが市場で飽和状態になることを予測しており、ビジネスを消費財にシフトさせるために、リスクはあるが規模の大きい投資を研究開発分野で戦略的に行っていく必要があると考えていた。そして、今こそ経費削減によって利益を捻出してキャッシュを集め、株式公開に踏み切る絶好の機会だとの結論に達した。

ところが、会長は動こうとしない。それは、会長自身がまったく別のカレンシー、技術的な挑戦に価値を置いていたからだった。すでに十分に金は持っているので、現在の研究開発を中止して部門を売却し、利益を最大化することになど、まったく興味がなかったのだ。会長は、自分のひらめきや創造的な思いつきを試す場が欲しいのであって、株式公開には興味はなかった。

ふたりの間の食い違いは、最初は口論となって現れ、次第に関係が悪くなっていった。しかし、幸いにもそこで決裂しない度量をふたりとも持っていた。何度かの話し合いの末、彼らはお互いの考えが相容れないことを理解したのだった。受け入れられる交換レートを見い出すことができなかったのである。この点が理解できたため、社長は後任が見つかったら会社を円満に去ることで合意がなされた。やがて社長はその会社を去り、自分の能力を思う存分発揮できる会社へと移っていった。

章の最後に——交換できないカレンシー

この章の締めくくりとして、次の点に触れておこう。すべてのカレンシーが交換できるわけではないということだ。ふたりが根本的に異なる価値観を持っていた場合、共通点を見つけるのは容易ではない。それでも、オープンかつ正直に探していけば、相互依存の可能性は見つかるだろう。しかし、ときには代替不可能なカレンシーを求める人もいるのは確かだ。それに気づいたときは丁重に引き下がる必要がある。

カレンシーは重要だが、いつでも明らかではない。第4章ではカレンシーを見つける方法を検討しよう。影響をおよぼしたい相手をよく知らないとき、直接話せないときどうするか、解説していく

【注】

1 Main Sidahmed, "Ramen Is Displacing Tobacco as Most Popular US Prison Currency, Study Finds," Guardian, Aug 22, 2016

2 Rosabeth Moss Kanter, The Change Maters (New York: Simon & Schuster, 1983). 邦訳『ザ チェンジ マスターズ―二十一世紀への企業変革者たち』(長谷川慶太郎訳 二見書房 一九八四年)

3 前掲2と同じ。

4 Peter M.Blau, Exchange and Power in Social Life (New York : John Wiley & Sons, 1964)
筆者は税務署職員に関する研究からこれを発見した。感謝の言葉を見返りに手助けすると、自分の仕事ができないくらいに多く依頼を受け、すぐに「ありがとう」の言葉にうれしさを感じなくなっていくという。

第4章

なにが人を動かすのか

——相手の世界を知る

あなたがしてほしいように、人にしてはいけない。人の好みは同じではないから。

ジョージ・バーナード・ショウ

誰かに働きかけたければ、彼の性格と習慣を知って彼を導くか、彼の目的を知って説得するか、欠点と弱点を知って弱みに付け込むか、彼を動かせる人を知って支配するべきである。

フランシス・ベーコン

相手（潜在的な味方）が求めるものを提供できれば、任務を成し遂げるためまた人間関係を築くために、影響力を発揮できる。しかし、どうすれば相手が求めるものを知ることができるのだろうか。相手の仕事上の気がかりや目標、仕事の流儀を知るのが、交換に使うカレンシーを見つけるための基本だ。相手を理解すればするほど、相手が価値を置くカレンシー、言葉の使い方、関わり方の好みなどをよりいっそう把握できる。

頻繁に仕事をする相手であれば、好みをよく知っているので話は早い。しかし、相手が何を重視しているかに確信を持てないとき、抵抗されて戸惑うとき、〝効く〟はずの方法が通じなくて手詰まりなとき、怒りを感じ悪意を疑いたくなるときには、相手の世界を慎重に分析する必要がある。

動かさなければならないステークホルダーが多かったり、相手に合ったアプローチを見つけるのが難しそうなときは、相手の世界について事前に理解する努力がさらに必要なのだ。本章では、すぐにカレンシーがわからないときでも、相手の世界を分析する方法に焦点をあてる。現在から将来にわたるウィン・ウィンの関係を築く方法を見つけられるだろう。

自分の考えにこだわりすぎると、無駄な働きかけや気まずい沈黙という自己破壊的な状態に陥ってしまう。何か重要なことをやり遂げたい、変化を起こしたいという強い思いによって、相手にとって重要なものが見えなくなりやすい。そうなると当然、相手は、抵抗し、強情で、我慢のならない、理性を失っているかのようにすら見える。この落とし穴におちないようにしたい。

人の行動の背景にあるふたつの力

誰かを動かす方法を見つけ出したければ、何が相手を駆り立てるのかを理解するとよい。私たちは、人の行動は2種類の力、つまり性格と性格以外のふたつで説明できると言いたい。性格は、その人が何を大切にしているかを理解するために欠かせない要素だ。もし相手の心理と動機を理解している自信があれば、それに応じて影響力を発揮する方法を考えられる。でも気をつけてほしい。調査によると、私たちは他者への評価を単純化しすぎるところがあるようだ。

相手をよく知らないと、性格を判断するのは難しい。仕事以外の付き合いがあっても、性格を見抜くのは容易ではない。さらに、性格はすぐには変わらない。だから、私たちは性格を知るためにあまり時間をかけないほうが良い、と考えている。

性格以外の力は、現在の環境やこれまでの様々な経緯から生じ、その人が様々なものを気にかけ、大

図 4.1 「行動を左右する状況的な力」

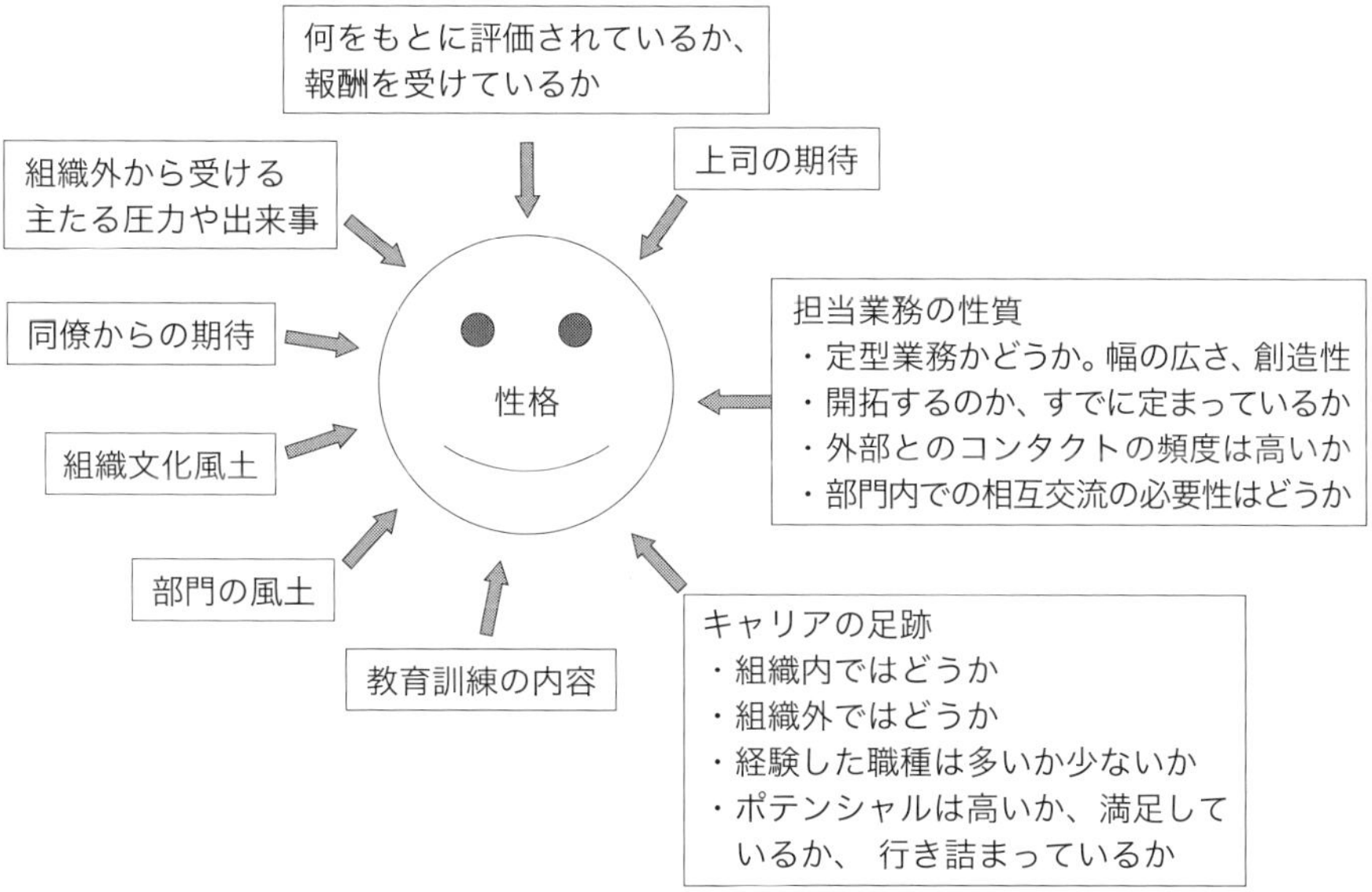

事にする動因としてはたらいている。その力は、性格以上に強力だ。職場には、人の行動を左右する数しれない要因がある。たとえば評価や報酬だ。評価や報酬の基準は、人の行動に大きなインパクトを与える。スティーブ・カー（元GE CLO）が、「Bを奨励しながらAを期待する愚かしさ」という論説で述べているように（注1）、その組織のメンバーにとってはトップが奨励する表向きの評価基準よりも、実際に何で評価されているかの方が重要なのだ。これは行動を左右する要因の一例である。

本章の前提は、誰かの業務の状況を把握すると（離れていて相手のことを知らなくても）、ほとんどの場合、相手の動機についての仮説をたてられるということだ。こうすると、相手のカレンシーに関して実際的な感覚をもてる。ときには性格が状況の力を凌駕することもある。でも多くの人が信じるほど、そのようなことは、起こるわけではないのである

（「精神的健康」の定義のひとつに、状況によって自分の対応を変えられる能力、がある。たとえば、上司、母親、恋人、子ども、部下、同僚、誰にでも同じ対応をとるのは不健康だということになる）。

このような前提から、私たちはステークホルダー（関係者）の世界を左右する「性格以外の力」に焦点を当て、彼らの関心ごとと交換できるカレンシーの手がかりを示していく（図4・1は、よくある状況的な力の例を図式化したものだ）。

他者にとって重要なことを知るには

影響をおよぼしたい相手が何に価値を置くか、それを見つける手がかりはいくつもある。

ステークホルダーの仕事

相手の役割が何で、何に責任を負っているかを知るのは、その人を動かすうえで重要だ。以下はシンプルで簡便だが、その人の仕事に影響を与える組織的な要因だ。どんなインパクトを与えているかを考えて欲しい。

1　その仕事の対象は数字か人か？
2　定型的な仕事か、変化に富んでいるか？
3　正確さや反復が必要か、独自性や即興性が求められるか？
4　他者から指示を受けるのか、他者に指示を与えるのか？

５　リスクが高い目立つポジションにいるか、安全だが周囲から見えない役割か？
６　仕事に必要な情報とリソースをその人が握っているのか、他者に依存しているのか？
７　その役割にはどの程度の不確実性があるのか？

これらの情報から、相手が価値を置くカレンシーや、相手のものの見方、また他者との接し方が見えてくる。例えば、ブランドマネジャーの仕事は、製品のポジショニング、アピールの仕方、価格など製品のあらゆる側面を網羅している。一方、マーケットリサーチャーは、統計データ、妥当性の検討、科学的解析、フォーカス・グループなどに取り組む。ブランドマネジャーは、製品の様々な課題に取り組むために短時間に社内の関係部門を訪れ、多くの関係者と関わる。マーケットリサーチャーは普通、ひとりかふたりで仕事し、ある程度の時間をかけて調査結果を出す。

相手を取り巻く環境

業務上の要請を形づくる他の要因には、以下のものとの接触度合いがある。

- 組織を取り巻く環境（顧客、サプライヤー、規制当局、金融機関など）
- 社長をはじめとした経営幹部
- 本社
- 営業部隊
- 生産部門

・風変わりな機器や動作が不安定な設備
・報道機関

これらとの関係次第で、問題や依頼に対するその人の見方が左右される。日常的に顧客のクレームに対処しているマネジャーは、顧客と接点がなく財務に近いマネジャーよりも、品質改善の要請に敏感に反応するだろう。

業務における不確実性

相手の仕事の何が最も不確実なのかも、相手にとって重要なものをつかむ指標になる。

組織の中ではコントロールが重視される。不確実性が大きくなればなるほど制御するのは難しくなるので、私たちの注意は不確実な側面に向けられる。だから、その人の不確実な業務のある部分をコントロールできるように助けられれば、協力の獲得につながるのだ。

しかし、仕事上の要請が相手の気がかりのすべてだと言えるわけではない。それゆえ、その他の側面についても何か重要なものはないか、よく考えることも大切だ。

誰に評価されるのか——評価基準と報酬の仕組み

前にも触れたが、人の言動は、どのように評価され、報酬を受けるのかに大きく左右される。〝やっかい〟な人や後ろ向きな人は、そのようにしろと教えられてきたのかもしれない。その組織では良い評価を受けている可能性があるのだ。

相手がどんな基準で評価されているかが分かると、いかにカレンシーを提供するかを、もしくはこちらの依頼内容を、相手の求めに応じて調整しやすくなる。なかには、思わず首をかしげたくなるような評価の基準もあり得る。ひと昔前にトップが設定したものか、古い基準の名残りか。いずれにしても、否定的な結果を予想していなかったのかも知れない。組織へのマイナスの影響があれば、組織内で評価の基準を次第に変えていくだろう。しかし短期的には、その基準で相手が評価される前提で対応する必要があるのだ。

チームと組織の文化

人は、所属する組織風土の影響を受ける。ときには、働く職場の文化に影響を受ける。文化とは、集団が抱く、世界はどう動いているかについての無意識にもつ前提である。どんな価値を重んじるか、人々はどう関わるべきかが含まれる。

さまざまな専門分野には、組織の価値観より強い、「現場の価値観」があって行動を左右しているかもしれない。同じ組織なのに、人々は異なる価値観のもとで仕事をしている場合もあるのだ。

例えば、失敗が許されないか、それとも学習の機会と考えられているか？　〝昇進か退職〟のシステムか、それとも同じレベルにとどまれるのか？　メンバーは助け合うことを期待されているか、自分の責任を果たせばいいのか？　役員は尊敬されているか、自己中心的で近視眼的と噂されているか？　領域によって異なるのか？

組織の外からかかる大きな力

このような外部の力も行動を左右する。

・経済状況
・雇用とその流動性に対する不安や権利意識
・おもな競合状況
・業界や会社に関係する法律や条例

これらの要素は、組織の全員またはある特定の部門の人たちに作用する。証券取引委員会の決定、雇用と昇進における差別禁止命令、株価の下落などは、強い反応を引き起こす。ソフトウエア会社が競合他社の買収で訴えられたときに、法務部門のメンバーはかつては気にも留めなかった社内での慣行に厳しい態度で臨むかもしれない。一方、地域的に離れている組織、または市場で圧倒的な地位を築いている組織は、そういった状況にない組織とはまったく違った動きをとるだろう。

何を目指しているのか?――キャリア目標と個人的なバックグラウンド

組織的な要素は相手の世界の一部だが、それ以外に、その人の過去の仕事経験や現在のキャリア目標も個人的な関心事として作用する。その人の過去をよく知らなくても、これまでにどんな仕事をしていたかを知っているか、あるいは尋ねることができれば、貴重な洞察を得られる。相手のことを聞きだそうと詮索しないでも、人は過去の経験について語るとき、何が重要かについてのヒントを口にしていることが多い。

友好的か対立的か、よく知っているか知らないか、どちらにしても、次の質問に答えていくと、相手の世界が見えてくる。

・出世コースに乗っているか、今のポジションで停滞しているか？
・組織を変革せよとの圧力を受けているか？　または組織に波風を立てないようにしたいのか？
・あなたの要請に応えると（拒否すると）、どの程度の期間、協力（または拒否）した結果に左右されるのか？　それとも、すぐに担当が変わるので、あまり気にしないのか？

思い込みにとらわれないように注意しながら、相手の個人的な過去について何を知っているか振り返るとよい。海外の出身か、移民の一世か、何をどこで学んできたかなど、教育面でのバックグラウンドも助けになる情報だ。現場からのたたきあげ、組織によってはＭＢＡなどの学位を持たないマネジャーのなかには、彼らの能力や知性を疑うように聞こえる話に過敏に反応する人もいる。

アイヴィーリーグの出身者は、州立大学出身の技術者よりも上品な文化や洗練されたマナーを重視するかもしれない。同様に、エンジニアリングや財務関係を専攻した人は、マーケティングを専攻した人よりも、データや詳細を注意深く検討したがる可能性が高い。もちろん、こういった予想だけを手がかりにして、どう働きかけるかを決めてしまうのは危険である。しかし、相手をさらに知るための手がかりとしては役に立つだろう。

・以前の仕事ではどのくらい成功していたのか？
・自分自身の能力にかなりの自信があるか、それとも学習途上と思っているか？
・問題解決のために呼ばれた出世頭なのか？　それとも昇進のスピードが遅く、同じポジションに長く留まっているか？
・以前に似たようなプロジェクトで挫折した（あるいは成功した）ことがあるか？

・恣意的な理由による解雇や無能なマネジャーの犠牲になっていなかったか？
・困難な状況下で部下に失望した、あるいは裏切られたことはないか？

ＦａｃｅｂｏｏｋかＧｏｏｇｌｅで働いたことのあるマネジャーは、中規模のオーナー会社でしか働いたことのないマネジャーとは問題のとらえ方が違うだろう。また、日本やヨーロッパ企業の子会社に勤めたことのある人は、デトロイトを離れたことのない人とはものの見方が違うだろう。

こういった状況は、新しいアイデアや大きな変化、大規模プロジェクトか地味なプロジェクトか、等に対してその人がどう反応するか、少なからず作用しているのだ。

ステークホルダーの懸念

相手の行動を左右する環境の力ばかりでなく、相手が抱く懸念にも目を配るといい。相手が、何が不安で悶々と眠れぬ思いをしているのか、考えてみるといい。自分の上司の懸念が何かくらいは分かるはずだ。分からないなら、考えることだ。上司が何に最も気をもんでいるかを言い当てられなければ、上司を動かすことなど無理というものだ。例えば、

・中国との長期的な競争状況か？　または業務のアウトソーシングの問題か？
・需要がシフトするなか、来週の給料の支払いができるか？
・合併のうわさによる混乱か？
・予算をうわまわる出費に上司が怒るのを恐れているか？

・海外の新技術のインパクトか？　ＡＩ？　ロボット工学？
・不愉快な政治的駆け引きの中で、見えない反対派にどう対決するか？

こういった疑問に回答すると、働きかけ方を見つけやすくなる。

相手はどのようにものごとを見ているのか

相手が重要な課題（リーダーシップ、動機付け、競合状況、変革など）について抱いている考えが分かると、親しくない相手でも何に価値を置くのかを見定めるのに役立つ。人はそのような考えについて、はっきりと口に出しているものなのである。たとえば、人間は生まれつき怠け者なので細かく管理する必要があると考えているマネジャーは、制御可能性や予測可能性に価値を置くことが多い。一方、人間はよい仕事をしたいと願うものだと信じているマネジャーは、挑戦や成長の機会といった言葉を好む。どんなことでも交渉の余地があると思っている人と、真理は不変だと譲らない人とは、状況にかかわらず仕事の仕方が異なるのだ。

ここまでの考え方を活用するため、協力を得るのが難しい同僚をひとり思い浮かべ、「〝相手の世界〟理解度チェック」（図４・２）をしてみるといい。結果はどうだろうか。どのくらい相手を知っているか、どれだけ確信を持っているのか？　相手の世界やカレンシーをつかんだと言えるだろうか？　もし、不十分だとしたら、どうすればもっと知ることができるのか？　あなたの見るところでは、相手はどのようなカレンシーに価値を置いているだろうか。

図 4.2 “相手の世界”理解度チェック

手がかりとなること	今、知っていること	確実性の度合い	把握する方法
・主要な役割と責任範囲		高　　　　低	
・プライオリティの高い仕事			
・評価される基準			
・他者を評価する基準			
・主要な関係部門、関係者			
・キャリアの方向性			
・仕事とコミュニケーションのスタイル			
・気がかり、不確実性の高い分野、仕事上のプレッシャー			
・これまでの仕事上の経験			

相手の世界について最新情報を集めよう

直接質問するのを含めたこれらの方法を駆使して、相手に関する情報を収集したとしても、実際にカレンシーを交換し始めるまでは、相手を分かったような気にならないようにしたい。知り得たことは、証明されていない仮説として考えるべきで、確認せずに使えるものではない。どんな情報であったとしても、その情報の信頼性はどの程度なのか、どのようにそれを確かめられるのか、自分自身に問いかけるのを忘れてはならない。相手を動かそうと働きかけている最中に、本当に重要なカレンシーに気づくことがある。ゆえに、相手の反応に注意することだ。

何を言ったのか――言葉の使い方にカレンシーの手がかりがある

相手のカレンシーに関連づけて議論や依頼をすると、成功の可能性が高まる。だから、カレンシーに関する手がかりは何であっても有益だ。カレンシーを手早く見つけるには、相手の言葉の使い方や表現をじっくり観察するといい。一度意識してやってみると、相手が大切に思っていること、すなわちカレンシーを繰り返し何度も口にしていることに驚くことだろう。

また、相手の考え方が、比喩の表現から分かることもある。闘いや競争、相手を打ち負かすことを表現するときに、軍隊やスポーツのたとえを使っているか？　社内の人材開発に関する懸念を、草花にたとえるか？　どんなことにも非人間的な機械に関するたとえを使うのか？　それとも、人の弱みや功績について豊富な例を挙げて説明するのか？　次のふたつの例では、どちらも組織の変革に関して同じことを言っているが、それぞれの世界観は異なると考えていい。

１「前進する一歩一歩を固定し、逆戻りしないようにロックできる連動ギアが欲しい」

２「この熱意が続くように、人々の気持ちをつかむ必要がある」

手助けを求められた時に、すぐさま他に誰が関わっているかを尋ねる人は、社内の派閥の動きを懸念している可能性が高い。あるいは、「私にどんなメリットがあるのですか？」と問い返す人からは、本人が自分の利益を気にしていること、また率直で単刀直入に話すのが最も効果的な可能性の高いことがわかる。なかには、あなたの依頼が会社のミッションとどう関係するのかを質問してくるマネジャーもいる。そういう人は個人的な目標より会社の目標を重視していると考えられる。多分、その人は公共の利益にも関心があるだろう。

懸念を表す言葉はヒントである

いわゆる〝ホットボタン〟、相手の気に障ることが、実はカレンシーのヒントなのに、それを見落とすことが案外多い。なかなか協力してくれない相手でも、言い訳の中で何を気にしているかに言及している。「それを引き受けたら、○○ではないかと思って心配なんだよ」「財務部門がＯＫをくれないだろうね」「これで気になるのは……」。この言い訳を聞いて、相手を頑固だ、強情だと言って片付けるのは簡単だが、その言い訳自体がカレンシーの表明でもある。話の内容に耳を傾けずに自分の意見を述べて相手と議論せず、発言の中に影響力を発揮する手がかりを見つけよう。それを手がかりに、ウィン・ウィンの結果を出そうと話を続けることができるのだ。「あなたに安心していただくために、私たちが財務部門の部長とミーティングを設定するのはいかがでしょうか。タスクフォースに加わっていただけませんか？」

また、相手がどのように比喩、イメージ、専門用語を使っているか、話の調子や非言語的な表現も重要なヒントになる。相手の気持ちや態度が分かるからだ。相手の気持ちに共感することによって、相手が大切にしているものがよく分かる。これは身につけたい重要なスキルだ。上司の顔が真っ赤になるのを見て話の調子を和らげる必要に気づいたり、真っ直ぐ視線をそらさずに話を聴く様子からこちらのやり方に関心を持っていることを感じ取るなど、相手の非言語的な反応を注意深く観察すると、効果的なカレンシーや話し方の大きなヒントが得られる。

とは言え、相手の非言語的な様子に敏感になるのは口で言うほど簡単ではない。私たちが実施したマネジメント向けのワークショップで、自分は相手の関心事をつかむのがうまいと得意気に話す参加者たちを、私たちは何人も見てきた。しかしそれは結局、自分の相手に対する印象や理解を決めつけて説明しているだけで、相手の立場からものを見ていないことが多かったのだ。

その他の情報源

相手が大切にしているものを見つけるには、本人が表現することに目を留めれば、それほど難しくはない。たとえば、初対面の５分間くらいで、自分の出身大学やＭＢＡコースがどこかを話す人は少なくない。それを聞けば、相手にとって学歴などのステータスが重要そうなことは専門的な心理分析をせずとも分かる。

ちょっとした工夫で、信頼できる誰かに助けてもらえることもある。しかし、この方法には限界もある。この点については後で触れよう。

相手のニーズを無視すると……

マーラは優秀な人材の獲得を進めるためにプロジェクトを立ちあげ、ラジェシュをメンバーにしたいと思っていた。ところが、ラジェシュはマーラの求めに対して冷ややかだった。「ボーナスプランやストックオプション・プログラムを採用する気がないのに、話し合っても無駄でしょう」。ラジェシュがボーナスや報奨金制度の効果を日頃から訴えているのは、マーラも知っていた。一応このプロジェクトがいかに重要かを説明しようとしたのだがうまくいかず、守銭奴みたいな技術者に話しても無駄とあきらめたのだった。しかしマーラは、ラジェシュが発する重要なメッセージに気づいていなかったのだ。彼が金銭的な報酬を効果的だと考えているだけではなく、素早い意思決定を好むこと、トップマネジメントの承認を得る難しさにいらだっていること、プロジェクトの他のメンバーが適切かどうかに懐疑的なことには、気づかなかったのだ。もしも、マーラが彼をタスクフォースに入れるという、目先の目標だけにとらわれずに、ラジェシュの話を真摯な態度で聞いていれば、ラジェシュが価値を置くものに気がつくことができただろう。そして、あるものについては何らかの解決方法を示し、あるものについては現在は難しいという事情を話すなどして、ラジェシュを振り向かせることができたはずだった。

単刀直入に尋ねてみよ

相手が何に価値を置いているか、懸念は何かを聞きにくいときもある。特に、相手との関係がこじれている場合、非常にリスクを感じる。しかし、それでも単刀直入に尋ねることの価値は大きい。後の章で、直接には尋ねにくい関係を克服するにはどうしたら良いかに触れるが、ここでは率直に相手に尋ねる利点について見てみたい。「少しでもあなたの助けになれるように、少なくとも邪魔しないで済むように、どんなプレッシャーを受けているかを教えてください。私たちの業務と関係があるし、お互いにもっと助け合えれば利点があると思うのです」と尋ねてみるのだ。相手をより理解するというカレンシーと、仕事上の良好な関係というカレンシーを提供したいと言うわけだ。この方法はしばしば効果を発揮する。

ある極端な話（キーパーソンの世界を知るためにその仕事をやってみる）

クリストファー・パニーニは、フォーチュン５００位内に入る急成長のハイテク関連会社でマーケティングマネジャーをしている。彼は何度も、仕事を効果的に進めるためには、営業の人たちのことをもっと知らなければならないと言われていた。そこで彼は営業の世界に飛び込んだ。「マーケティング部門が価値を生み出すためには、営業のことをもっと知らなければならないと気づきました。そこで、営業に異動願いを出し、全く新しい世界に飛び込んだのです。2年半の間、フィラデルフィア、ボルティモア、ワシントンで顧客の会社を訪問して回りました。私の仕事は、新規の顧客を開拓して競合会社から自社に奪い取り、こちらのビジネスにするというものでした。たとえば、ドットコム・ブームに湧く中を、企業の重役たちに突然電話をかけ、話を聞いてくれた相手に自社の価値を提供すべく営業をするわけです。アカウントマネジャーの生活とは、人を説得して惹きつけ、ディナーに会社の重役たちを招待し、ゴルフにつきあい、特別なイベントにお供することで占められるようなものです。自分のすべてを、顧客とのネットワークをつくることに使うのです（この方法は、社内でも使えるうまいやり方です!!）。いきなり、お客さまの会社の情報インフラに関して戦略的な役割を果たしていると認識されたのです。私は走りながら学びました。ほとんど駆け抜けたのです。

そしてある日、突然悟りました。自分はもはやマーケティングの人間じゃない、営業の人間だと。これは、私の毎日で起きた変化をいくつか体験した後で分かったことです。たとえば、真夜中に果てしもない自分のノルマの夢を見て飛び起きたり、初めて歩合の収入が入って衝動的な買い物をしたり、四半期ごとに合わせて私生活のプランもつくったり、初めて売上をあげる前に6件もの受注の失敗をしたこと、経済的な日本車からドイツ製スポーツセダンに乗り換えたこと、ノルマを達成するたびにマネジャーから売上目標をつりあげられたこと、地区マネジャーとの毎日朝7時のミーティングとか、私の営業プランに抜けはないかと探すような20人ものマネジャーたちの前で、自分の担当地域について2時間の発表をした、などなどです。こういった経験によって、私は初めて、以前からマーケティング部門で関わっていた営業の人たちのことが分かったのです。

リアルで甘酸っぱい、ちょっともの悲しい感じです。あとで、マーケティング部門に戻って気がついたのは、私は自分の意見やものの見方が営業の部隊で学んできたことを元にしているということでした。私はまったく別の人間になっていたのです。

ガーガーと鳴くからアヒルとは限らない——ステレオタイプの危険性

耳にしたことを選別し、あくまでもヒントとして扱おう。聞いたことすべてを事実だと思わずに。ひとつの情報ですべてのカレンシーが決まると考えてはいけない。人は様々なプレッシャーを受けているからだ。「アクチュアリーになりたての人は統計的な情報を好むだろうが、重要な判断を下す時に数値の分析だけでは不十分。直感が必要である」と、高度なスキルを持つ経験豊かなアクチュアリーがよく

図 4.3　否定的な発想のサイクル

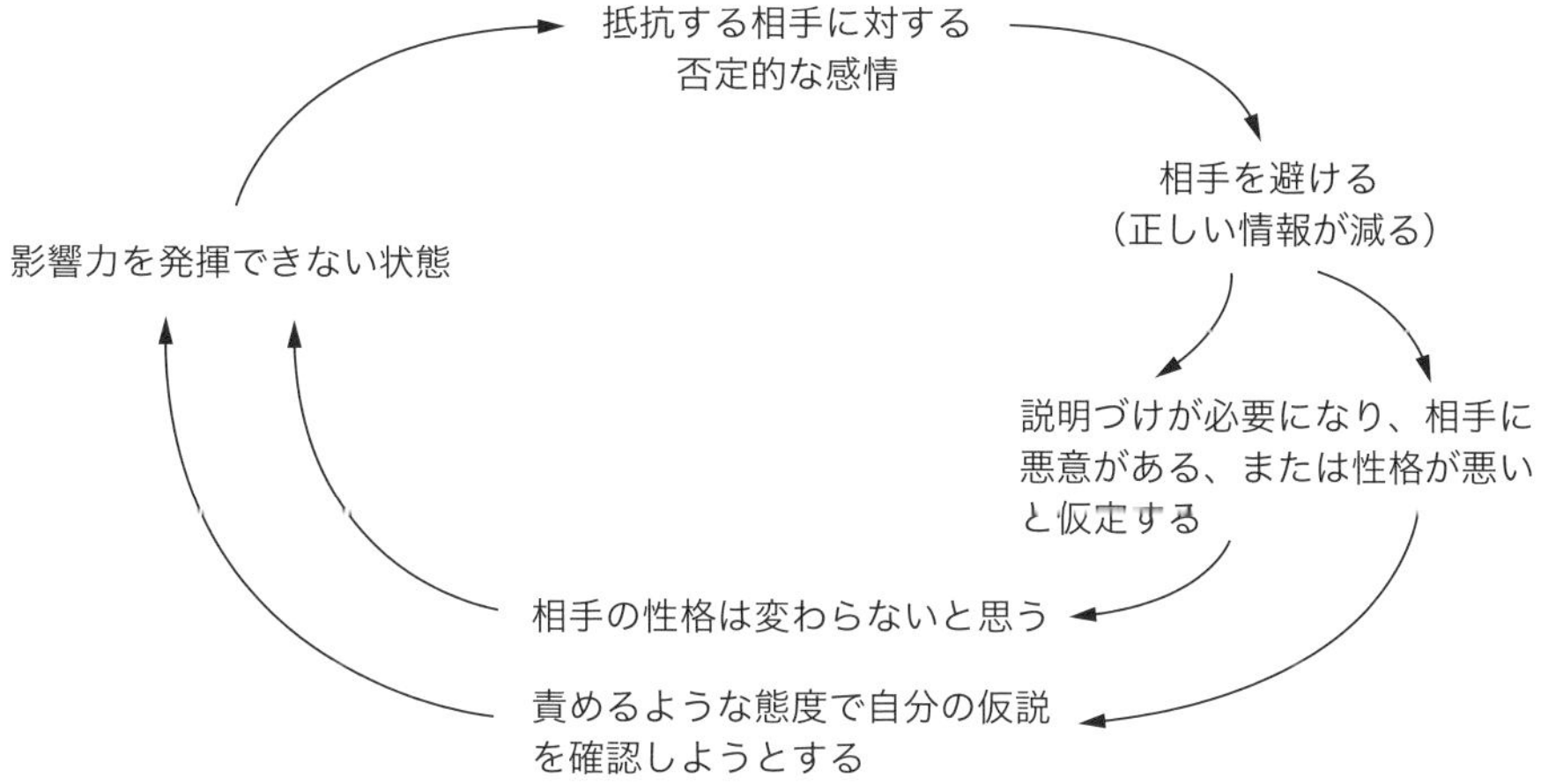

言っていた。

もちろん、自分が影響力を発揮したいすべての相手を完璧に調べあげるべきだと言っているのではない。何から話したらよいかを知るには、情報の断片があればよいのだ。先に述べたが、相手との話が続けられるように最初の診断を行っているのだ。そして、その後のやりとりで、相手にとって何が重要かを十分に理解していくことになる。もちろん、状況が難しくなるほど、慎重に下調べして、診断に時間を費やすのが賢明である。

相手の立場に立った行動が取れない理由

動かしたい相手またはグループ（潜在的な味方）の世界について理解しても、それをもとに行動しようとする時に、いくつかの障害にぶつかる。

否定的な発想のサイクル

あなたが働きかけても相手がなかなか動かないと

き、相手に悪意があるのではないか、意図や動機、性格が悪いのではないかと考えてしまい、自滅的な原因帰属のサイクルに陥ることがある。（注2）あなたが相手から理不尽な抵抗を受け、どんな努力も水泡に帰してしまう状況を考えてみよう。その相手と関わるのは不愉快なので、次第に相手を避けるようになっていく。そこで、相手が抵抗する理由を見つける必要が出てくる。彼はあなたを邪魔したい、利己的で思いやりがないバカだと考えて、最悪の事態を想定しようとする。そうなると、もうあなたには誰かを動かすのは無理だろう。図4・3「否定的な発想のサイクル」は、そのプロセスを描いたものだ。

確証バイアス

ひとたび仮説を持つと、最初の直感を裏付けるデータだけを集め、矛盾するデータを無視するという落とし穴にはまりやすい。悪い印象こそ「その人」だと思い込み、よく見える部分は演技だと思いたくなるのだ。

やっかいな相手から遠ざかる

人は自分が好む人と関わろうとする傾向を持つ（そして自分と似た人と付き合うのが好きだ）。同様に、自分とは違う人を避ける傾向もある。その結果、毎日は快適で予測可能だ。慣れないことや衝突を避けられるからだ。でも未来の協力者の情報が得られなくなる。

もっとも理解できない相手の関心事を見つけるのが、もっとも重要である。苦手だが協力を得たい相手は、あなたが提供できるカレンシーを歓迎するかもしれないのだ。しかし、相手との接点や話をする機会がなければ、知ることすらできないことになる。

状況を無視して性格を考える

人は他人が理解しがたい行動をとったとき、良くない意図があるのだと考えて説明づけようとする。その行動が、図4・1（81頁）「行動を左右する状況的な力」で示したような組織的な要因ではなく、本人の気持ちや考えによるものだと考えやすいのだ。

あなたの気に入らないことをする人を悪者扱いしたり、〝愚か者〟など否定的に決めつけやすいものだが、それでは、相手のカレンシーを把握するのが難しくなってしまう。誰が最初に否定的な決めつけをしたかは問題ではない。止めるのが難しくなるのが問題なのだ。

相手を理解することを学べ。決して、〝あの人は頭が良すぎて、なぜ賛成してくれないかが自分には分からない〟などと皮肉を言うものではない。

パット・ヒルマン、フィディリティ社　元上級副社長

相互作用のさらなる減少

相手の性格を否定的に考えると、それが固まっていき、その人とのどんな交流も少なくなっていく。そのような相手に対して自分の時間を無駄に使うことはない、そういう性格は変わらないのだから、とあなたは思う。「ランチを一緒にするかだって？　こんな唐変木みたいな人は、不機嫌になるか怒ってくってかかってくるだけだ」と結論づけて、その人の悪口ばかり言うようになる。たとえ、問題を提起する気になったとしても、否定的にならずにまた、相手を責めずに話すのは難しい。相手を責めると、

あなたのフラストレーションは解消するが、相手は何が問題か気づかないままになる。相手に変わる気持ちがあったとしても、あなたに攻撃されては肯定的な反応は返せず、やはり自分が正しかったと否定的な見方が強化される。結局、交換をあきらめることになるのだ。いらだちをあらわにすれば、一時的にストレス解消にはなるが、お互いに影響をおよぼし合うような信頼関係を築くことは難しくなる（この章の最後のケース「憶測の果て：マークとオリバーの場合」が参考になる）。

相手を遠ざけず、影響力を限定しない方法

影響力を損なう否定的なサイクルに陥らないためには、否定的なサイクルが起きるパターンを理解するのがよい。上司でも同僚でも、協力してくれない相手の性格が悪いと感じられるときは、それをもっと理解する必要があるという警告だととらえるのだ。本当にどうしようもないやっかいな人物であるとしても、十分に検証してはじめて確かめられる。

たとえば、自分の仮定が正しいかどうかを、相手のことをよく知る同僚に確かめれば、理解を深められる。周囲の人たちは自分よりもっと細かいところまで見ていたり、もっと客観的で、鋭くポイントを突いていることがあるので、あなたは間違った結論を下さないで済む。他の人たちに尋ねる際には、否定的な答えを求めているのではなく、自分が相手をもっと理解し問題を解消したいことを、しっかりと伝えることが大切だ。

もちろん、常に周囲の人が助けになってくれるとは限らない。しかし、少なくとも、その人に対する彼らの見方があなたの見立てと異なっているとき、拙速な結論を出さずに済む。なお、同僚たちの意見を聞くときに注意すべき点がふたつある。まず、相談しようという気持ちになる相手とは、だいたい自

表 4.1　相手の意図を否定的にとらえないための問い

- あなたが対応しなければならないプレッシャーについてもっと理解したいのですが、あなたの業務担当の内容と役割を教えていただけませんか？
- 夜中に仕事のことで目が覚めてしまうとしたら、それは何でしょうか？　そのことについて、もう少しお話いただけませんか？
- ○○について懸念をお感じのようですが、それは具体的にはどのようなことですか？　あなたの懸念を減らすお役に立つためには、私には何ができるでしょうか？

分と似たようなものの見方をしている場合が多い点だ。人間関係は前提やものを見る角度を共有することで強められている。その代わりにこう考えよう。その難しい人物とうまく仕事を進めている人がいたら、彼らは何をしているだろうか？

ふたつめは、相談相手がたいした事実を知らない可能性があるということだ。彼らから、事実よりもわずかな情報やうわさレベルの話しか聞けないかもしれない。周囲の人から有益な事実を聞き出すことが常にかなうわけではないのである。

「あなたが聞いてくるとは思わなかった」——直接、相手に尋ねる

この章の始めに示したように、相手を知る良い方法は、直接相手に尋ねることだ。相手のことをよく知らないときは、相手が抵抗するのではないかという恐れを抑え、質問してみることだ。もちろん、問題を解決したいという純粋な思いで尋ねるべきで、決して質問を装った攻撃になってはいけない。

そのために、まずはあなたの心の中の否定的な思い込みを脇に置き、相手は悪意からその行動を取っているのではない、と仮定して相手に臨むのだ。人は、他人の目にはどう映っていようと、自分の言動には理由があっ

て正当なものだと思っているからだ。「今日は徹底的に嫌なヤツになろう」と思って朝起きる人は滅多にいない。

相手には相手なりの理由があり、自分は双方にとってよい結果を得るために相手の理由を理解すれば、あなた自身が否定的な見方から解放されると考えよう。言い換えると、相手の立場から世の中を見るように意識するということだ。一歩後ろに下がり、試しに新しいやり方で取り組んで欲しい。「よし、協力しない理由は分からないが、相手は話の分かる筋の通った人だと仮定してみよう。今、私は相手に悪意があるという前提で動くところだったけれど、悪意がないとしたら、どうして協力しないのだろう。どうすればもっと理解できるだろう」と考えてみるのだ。では、どんな質問から始めれば良いのか。表4・1には、相手の意図を否定的にとらえないための問いの例がある。

直接尋ねるだけで十分なことも多い。しかし、否定的な目で相手を見ると、状況を悪化させるような質問しか思いつかず、問題が起きてしまう。オープンにどう思っているのか相手の考えを聞くのだ。はい、いいえで答える質問にはあなたの思いが入るので、探索的に話し合うどころか逆効果になる。

相手に対して否定的な見方をしてしまうと、中立的な質問は難しくなる。相手の世界を理解する努力をするのは、相手に審判をくだす前、相手のことがよく分からないときなのだ。

質問する利点

わからないと率直に認めるのは難しいものだが（とくにあなたを攻撃するかもしれないと思う人に対して）、率直な態度にはいくつかの理由で効果がある。まず、相手は自分に純粋に関心が寄せられると、それに驚くことが多い。組織の中では、誰かにどのようなものの見方をしているかをストレートに尋ねることなど滅多にないので、相手はたいていい歓迎する。そして、分からないことを正直に表したことを

表 4.2　相手の世界を理解するのを妨げる、自ら招いた障壁

あなたの自覚だけ必要な場合

- 自分が得たいものにこだわり、相手のニーズを見ていない
- 相手の抵抗は組織的な要因のために起きているとは考えず、全て性格のせいだと思い、相手の個性や意図や知性を悪く言う
- 相手の世界に馴染みがないので、ヒントが見つけられず、勝手な解釈をする
- 相手の言葉、特に懸念に関する言葉に注意深く耳を傾けない
- 質問しない　自分の考えを捨てたくない

あなたの態度が問題の場合

- 相手が防衛的になったり、怒り出しそうな、責め口調で質問をする
- 影響力を与えるのが難しい相手を避ける
- たったひとつの情報から結論を導く
- 相手の世界を理解して相手を動かそうとせず、相手の世界自体を非難する

評価し、質問に答えてくれるのだ。

ふたつめ。自分のことや置かれている状況を説明する機会があるのは、嬉しいものだ。もちろん、こちらが真摯に相手の話に耳を傾けている場合のみ効果がある。どこかの本で仕入れたような小手先のテクニックで話を聞こうとしても、相手は見透かしてしまうだろう。不思議なことに、組織にいると、だまそうと思えばだませるが、その実、うまくいくことはないと考える人が多い（抜け目のない人が多いということだ）。一般的に、不誠実な態度は見抜かれることが多いので、単に関心のあるふり、混乱するふりはやめた方がいい（そうしないと、相手に対する否定的な見方をやめられない）。

最後に、誠実にかつ率直に尋ねれば、相手の心を開いて信頼関係を築くことができ、将来の協力を得る助けになる。相手から行動を引きだそうと躍起になると、相手のことを理解しそびれる。直接、相手に何が大切かを尋ねることによって、あなた自身もよりオープンに他から影響を受け入れる姿勢を取りやすくなる。それが、相手からの信頼感を強めるのだ。

結論　相手の世界を理解するのを妨げるもの

何が相互理解を妨げているのか？　なぜ質問するのは重要なのに難しいのか？　もし相手の懸念や状況を直接探ることができれば、交換の可能性を見つけるのははるかに簡単である。人間関係が十分にできていなくても、質問は役に立つ。では、なぜ質問がうまくいかないのか。表4・2に相手を理解するのを妨げる障壁をまとめたので、ご覧いただきたい。

相手を理解にするために努力を続ければ、最初は不可能と思われたカレンシーの交換が可能になるだろう。相手の世界を知ることは、しかし影響力を発揮する一部に過ぎない。自分のニーズと関心についても明確にする必要があるのだ。それによって相手が価値を感じるカレンシーを見つける可能性がずっと高まるのである。第5章では、あなたの世界と自分が使える力について検討しよう。

憶測の果て：マークとオリバーの場合

損害保険会社マグナカンプ・グループのマーク・バックリーとオリバー・ハンソンの話をしよう。マークは昇進し、マグナカンプ・グループが最近買収した生命保険会社ビタコープ社の社長に就任した。就任後間もなく、マークはマグナカンプ・グループでビタコープ社を担当する取締役オリバーを、だんだん煩わしく感じるようになってきた。オリバーは、グループで評判のやり手幹部なのだが、生命保険ビジネスのことはよく知らないらしく、しばしばマークの部下に質問をしに来た。マークはこれが気に入らなかった。オリバーはビタコープ社のささいなできごとを問題視し、いろいろと詮索し始めたからだった。

マークには、ビタコープ社の事業についてよく知らないオリバーの質問が、いつも的はずれに聞こえた。ビタコープ社の状況というより、親会社の社内政治に関することや、損害保険ビジネスの観点からの質問が多かったのだ。何度かオリバーの的はずれな質問につきあった後、マークは意を決し、質問が的はずれなことを遠回しに伝えた。しかし、オリバーはむっとして、何が起きているかの感触をつかみたいのだとか何だとか、曖昧に反論するのだった。

オリバーは、他人の仕事に首を突っ込んでは小さなことから問題を創りあげて、相手を貶めてきたに違いない。その結果、のしあがってきたのだとマークは確信した。こう思い至ると、マークはオリバーが関わることには非常に神経を使うようになり、オリバーと話す機会をできるだけ避けるようになった。「情報さえやらなければ、権力に飢えたヤツもどうしようもあるまい！」、そう考えたのだった。そのため、両者の関係は行き詰まっていった。マークは自分がどうして社長などになったのだろうと迷いを感じ始めていた。

一方、オリバーの方は状況を全く違う視点で見ていた。ビタコープ社担当になったのは、自分の能力開発が目的だと考えていたのだ。オリバーは保険に関して一般的な知識しかもっていなかったが、それをベースにしてビタコープ社の業績を向上させるアイデアがあった。もちろん、それはビタコープ社の生命保険ビジネスに対する深い理解があるからというより、むしろ財務の専門家としてのアイデアだった。初めからオリバーは、自分がマークの部下と話をするのをマークが嫌がっていることに気づいていた。しかし、オリバーはこのビジネスのことをよく知らなかったので、現場のマネジャーたちが何を考えているかを、直接自分自身で把握したいと思ったのだった。彼自身はマークを邪魔する気は毛頭なく、ビタコープ社成長の診断方法を決めるための基本的な情報をつかみたいと思っていただけだった。それに加え、本社のマグナカンプの風土は政治的な駆け引きをする傾向が強かったので、子会社のビタコープ社でも同じようなポジション争いをしているのではないかと考えていたのだ。そこで、まだ勤続年数の少ないマネジャーはそういった駆け引きに染まっておらず、偏りのない話を聞けると考え、彼らと会っていたのだった。オリバーはこのように考えていたので、マークが自分を敬遠し何も話さないことに驚き、心配した。

「一体、マークは何を隠しているんだ？」オリバーは気になった。

「どうやら、自分はもっと現場の人たちと直接、話をする必要がありそうだ。さもなければ、本当の問題が分からないぞ」。そうとは知らないマークはオリバーの言動に対して頑なな態度をとり続け、かえって事態を悪化させてしまったのだった。

【注】

1 Steven Kerr, "On the Folly of Rewarding A While Hoping for B," Academy of Management Journal vol. 18, no. 4（1975）, pp. 769–783

2 この本の中では、帰属理論を私たちなりに解釈して利用している。オリジナルは、次の文献を参照されたい。H. H. Kelley, Attribution in Social Interaction（Morristown, NJ : General Learning Press, 1971）and F. Heider, The Psychology of Interpersonal Relations（New York: John Wiely & Sons, 1958）

第5章

使っていない力を活かす

——目標、優先順位、リソース

影響力の源泉——あなたには力がある

影響力は、地位の力よりも技能であり、相手が求めるリソース、すなわちカレンシーを使うところから生まれると私たちは考えている。カレンシーの交換を行うことによって人を動かせるのだから、提供できるリソースが多ければ多いほど、人を動かせるというわけだ。では、必要なカレンシーを提供するために、どのようにして価値あるリソースを見つければ良いのか？　まず第一に、第4章で説明したように、影響力を発揮したい相手やその部署の世界を理解することが非常に重要だ。理解することによって、いつもはリソースとは考えていないものでも、その相手にとっては、すでにあなたが持っているものがカレンシーになることが見えてくる。

例えば、ラーキン・メータ（ヒル・フィジシャンズ・メディカル・グループのシニアディレクター：米国の先進的なヘルスケアのトップ企業）が若い頃の体験について語ってくれたところによると、当時、彼女はフォーチュン５００に名を連ねる技術系企業で働いていたが、男性の同僚から見下されていた。その同僚よりかなり若く経験も少なかったため、対等に見てもらうために、彼女は同僚にとって重要なことは何かを見つけて交換しなければならなかった。

「ある時、私のことを〝お前〟と呼ぶ同僚と仕事することになりました。〝お前〟とは失礼極まりない、と私は思いました。敬意が感じられないし、私の能力を過小評価しているということですから。はっきり言って嫌でした。確かに、私は当時20代前半、その同僚はマネジャーの立場でした。彼は、先輩として支援してくれるどころか、年齢が上であるからとマウンティングしてきたのです。なぜそんなことを？　私は確かに経験は浅い。では、何ができるでしょう？

私は公平な立場で仕事したいと思いました。経験は浅いし学ばなければならないのは確かですが、一方的に見下されるのは嫌です。何か、私もできることがあると示さなければなりません。

若いひよっこと決めつけられないために、どうしたらいいでしょうか？　私は自分が採用された時のことを振り返りました。自分がしていたこと…実際のプロジェクトの経験、専門性、高校や大学で学んだこと、契約社員としての仕事経験から使えるものは何か？　相手は専門性に誇りを持っているようでしたので、彼の専門性に敬意を示しつつ、私の方からも提供できることがあるという態度で接することにしました。

その人との会話の中で、私がむしろ彼の子どもと近い年齢であることが分かりました。私はキャリアを踏み出したばかりだったので、〝あなたから学ばせていただきたいことはこういうことで、私ができることはこういうことです〟というスタンスをとることにしました。同じ所属だったので、私は自分から彼に近づき、様々な案件について、彼ならどのように取り組むかを尋ねました。その話から学ぶことができたし、彼の方は私よりも立場が上だという感覚を持てていることが感じられました。よしよし、いいぞ。同じプロジェクトでアプリ開発のベンダーと協業していたので、そういったベンダーにはどう対応してきたか、教えを請いました。その話を聞いてから、私自身が実際に体験したこと、どのようにベンダーを巻き込んでいるかを伝えることにしたのです。

こういった形でこの同僚に接しうまく関われるようになるまで、1年以上かかりました。まず彼に最初に話をさせ、その後実際に私がしていること、相手にとってプラスになる情報を加えてフィードバックし続けました。そうすることで、私が真剣に仕事に取り組んでいること、彼とは異なる方法を用いて成果を出していることが伝わるようにしたのです。より良い関係を築くには、一度の関わりではなく継続する必要があります。

彼は昇進は望まず、専門家として尊敬されたいと思っていることが分かっていたので、私は彼に先の方法で情報を提供し続けました。専門教育で得た知識もありましたが、実際の仕事上で起きたことの方が重要でした。（例えば、あるベンダーはタイプAで、こういう特徴があるが、あなたならどうされますか？）私は彼が専門家として敬意を払われることを重視しましたが、私が提供する情報の価値を下げる必要はありませんでした。

その同僚への声かけを続け、私は常に真剣に質問し、私が体験した実際の出来事を伝えることで、相手と対等な立場になるように努力したのです。」

後日、当時のことを振り返ってラーキンは言った。「私は今も同じ事をしています。私の経験を提供しますが押しつけはしません。知らないことは率直に知らないと認めますが、そのことを知らないのであって、無知のふりはしません。要するに、何かを成し遂げるにはすべて関係性が関わっているのです。相手との関係抜きでは大したことはできません。自分に何ができるかを説明しなければならない時は、自信が揺らいでしまい、自分が知らないことに目が行きがちです。でも、私の場合は自分に何ができるかを振り返り、説明しようとすることで、できることが明確になり自信をつけることになりました。相手があなたより経験が豊かで仕事もできる人だったら、より意識的に自分自身を振り返る必要があります。知らないことは知らないでいいのです。専門性のないことで知ったかぶりをしないで、その知らないことをどのように学ぼうとしているかを、相手から学ぼうとしていることをその相手に示すのです。（第8章でジェンダーと影響力について参照のこと）」。

このような交換では、特にラーキンが経験したような困難を切り抜けるには、相手の世界と同様に自分自身をよく理解していることが不可欠だ。何に興味関心を持っているか、何ができるか（能力）、どのようなことを達成してきているか、等だ（時には難しいこともあるが、相手がこちらを見下そうとする態度に振り回されすぎないことも重要）。ここまでのところ、自分の世界について自身でしっかりと把握していることを前提としてきた。しかし、組織の中では、どの階層でも、自分が何を求めているのか、自分が使えるリソース、つまり提供できるものは何かについて曖昧な人が少なくない。影響力を発揮したいと思いつつ、自分で自らの可能性を損なっていることに気がつかないことも多いものだ。

第3章で示したように、あなたは自分で思っている以上のことができる。丁寧、かつ注意深くみていくことによって、気がつかなかったリソースを見出せる。それらを使って、困難な状況でも影響力を発揮することが可能となるのだ。この章では、あなた自身と相手の世界を理解することで得られる手がかりを注意深く見ていき、あなたが使えるリソースの幅を拡げ、カレンシーのレパートリーを増やす方法を説明する。

あなたは何を得たいのか？

影響力を高めるには、まず自分が何を得たいのかを明確にしておく必要がある。少なくとも得たいことの優先順位は明確化する。これは、〝言うは易く行うは難し〟である。得たいものがひとつだということは少ないからだ。どれが最重要なのか、必要なら諦めるものはどれか、決めるのはなかなか厄介だ。

まず、誰から何を得たいのか、慎重に考える。そして、最低限相手から引き出したいことを、働きかける前に決めておくのだ。さもないと、次第に欲が出てきて、相手にできる以上の要求をしてしまうからだ。それでは交換の場を毀損してしまう。だから、どれが〝あるといい〟レベルか、〝ないと困る〟レベルなのかを、見極めておかなければならない。

例えば、賛否が分かれ、強い抵抗に遭う可能性の高いタスクフォースを任されることになったと仮定しよう。そのタスクフォースは、組織にとって重要なもので、あなたのキャリア上の成長の分け目となるようなものだとする。理想的には、タスクフォースのメンバー全員を自分で選びたい。各々の専門知識や社内での評判や立場が強く、直面する問題の解決に役立つ力を持ち、チームメンバーとして協力体制がとれる人であり、あなたと良い人間関係が築ける人たちだ。しかし、賛否が分かれるようなタスクなので、あなたの上司やメンバーの上司も、社内的な立場を考えて、安全な人たちを選ぼうとするだろう。そのため、保守的な人選となって、あなたにとっては効果的とはいいにくい人ばかりが揃う可能性がある。

そうすると、あなたが欲しい人が得られなかったり、最も重要な人選の基準が受け入れられないかも知れないのだ。では、次善策は何か？　不可欠な要素は何か？　つまり、革新的な解決を目指せる人選はどのようなものか、を考える必要があるのだ。

成功するためには、様々なステークホルダーたちと可能な限り対話を重ね、誰を入れてはいけないか、誰であれば使えるかを見出すこと、あなたの上司にとってカレンシーになるものは何か、ギリギリのところで何を避けるべきか、または留保しておくべきか、優先順位づけを自分自身でつかんでおくことが必要になるだろう。

最重要な目標は何か？

どの目標であれば、瑣末なことに煩わされずに取り組むことができるのだろうか？

レスリー・チャームのケースから考えてみよう。彼は、自分がプルデンシャルでの仕事を楽しんでいないことを自覚していた。しかし、ビジネスを立ちあげたときに助けになるような人と多く出会い、複雑な投資の取引での経験を積みたいと思っていたので会社を辞めなかったのだ。レスリーは、普通の会社ではお決まりの規則や事務処理からも自由になりたかった。それに、すべて新しいやり方で進めたかったし、大企業に自分の魂を売ったとは思いたくなかった。

最終的にレスリーはこのすべてをやりこなしたが、それでも自分にとって最も重要なことは何かを明確にする必要があった。もし、組織から自由で革新的であることが、彼にとって最も重要であったら、レスリーはそれに重点をおき、上司のディックとは対立していたことだろう（多くの野心的な若者が、この落とし穴に落ちて上司をいらだたせている）。そしてその結果、自分が思うように動けるチャンスを失い、新規の取引案件を見つけ出す時間を持てなくなっただろう。しかし彼は事務処理に割く時間をできるだけ短くすることに努め、その分、見込み客たちと会う時間に使ったのだ。規定の業務時間を気にせず、時には工場が動き出す前の早朝だったり、夕食時だったりの時間に見込み客に会いに行ける。結局、レスリーは型破りな仕事の仕方を自分の力で認めさせ、思う存分仕事する機会を自分でつくったのである。

どんな仕事でも上司の期待に応えることは第一の要件だ。レスリーが、新しい顧客を獲得できていなければ、単にわがままで自信過剰なＭＢＡ出身の若者でしかなかっただろう。しかし、彼は自分には何があればベストな結果を出せるのかを明確に自覚していたので、役割を果たしつつ、自分の得意なことと引き替えに欲しいものを手に入れていったのだ。

自分の個人的な欲求をこらえることは簡単ではない。実際、本来の目標から逸脱し、個人的な欲求に振り回されている人を多く見かける。そのせいで、いつまでたっても人々を動かせないでいるのだ。

しかし、間違えないで欲しい。重要なのは個人的な欲求を抑えこむことではない。自分にとって何が最も優先度が高いのかを明確にしておくことなのだ。

レスリー・チャーム、プルデンシャル保険の新入り、自由と交換できるカレンシーを見つける

私たちの友人にレスリー・チャームという、ＭＢＡを持つ若い企業家がいる。彼は自分に合わない状況を変えるため、自分の望みと交換できる貴重なカレンシーをすばやく使い、成功した人だ。ここで紹介するのは、組織の中ではポジションの低いレスリーが、影響力を発揮する方法を見つけ、自分の能力とエネルギーを注ぎ込み、驚くような成果を達成していった実話である。

レスリーは、今は成功を収めた企業家だ。企業再建の専門家として活躍しており、いつもエネルギーや度胸、リスクを恐れぬ積極性にあふれていた。彼は複雑な財務分析を楽しみ、思わぬ可能性を発見する。バブソン大学を卒業後、ハーバードビジネススクールでＭＢＡを取得した。ハーバードを修了して最初の仕事は、プルデンシャルの個人向け貸し付け部門のアナリストであった。その部はメンバーが5人と小さな部署だった。当時のプルデンシャルは古い、官僚的な保険会社だったので、レスリーと合わないのははじめから明らかだった。

レスリーは、10代の頃から父親の皮革メーカーで働いており、毎日早朝から仕事することに慣れて

いた。プルデンシャルの初出勤日、レスリーは張り切って7時半にオフィスに着いたが、誰も来ていない。レスリー自身も尋ねなかったが、部の誰もレスリーに仕事は9時から5時までだと伝えることに思い至らなかった。彼は社員が勤務時間ギリギリに来るこの伝統も、他の部員が出社したときの堅苦しい雰囲気も自分には合わないと感じた。

個人向け貸し付け部門長、ディック・ギルはプルデンシャルに長く勤めてきた大ベテランであった。ディックはその初日に、レスリーを自分のオフィスに呼び、いきなりこう尋ねた。「プルデンシャルにようこそ。ところで、我が社にいつまでいるつもりだね？」レスリーは驚いてどういう意味かと尋ね返した。「君のような野心的なユダヤ系の若者が、この会社でキャリアを積みあげようと思うことはまずないだろう。何年（くらいは）いるつもりだね？」レスリーはびっくりしたが、この際、ディックのオープンな問いに正直に答えようと決意し、「あなたはどのくらい私にいて欲しいですか？」と尋ねた。「2年だ。」とディックは率直に答えた。「2年あれば君はビジネスを学び、その代わり私にそれなりの貸し付け契約を持ってこられるだろう。」レスリーは、2年とは悪い話ではないと思ったが、勤め始めて2週間ほどで、早くもレスリーは落ち着かなくなってきた。事務処理や決まりごとに縛られるのが大嫌いで、どうしても馴染めないのだ。早く企業家たちに会って人脈を築き、新規の貸し付け客を見つけるために、東部マサチューセッツ州中を動き回りたかった。どうすれば、ディックが言うようにこの2年間こらえられるか、できれば自分も楽しみながら学ぶ機会にできないか？　レスリーは自問した。

考えながらレスリーは、ふと自分がこの保守的な会社にとっては珍しいタイプの新人だということに気づいた。レスリーのポジションはディックの二階層下で、部下はいなかった。残念ながら、自分の好きなやり方で自由に仕事できる立場にはいなかった。以前、父親の会社以外で働いていた時に似ていた。大学の経営学部を卒業して1週間後、父親は亡くなった。レスリーは、父親の会社を売却するなどの後始末のために、すぐにはＭＢＡコースに入れなかった。半年して会社は売れたが、レスリーは無職になった。雇用保険を受け取ったものの、その悔しさから1か月も経たないうちに、ファースト・ナショナル・ボストン銀行の資産売掛債権買取部門での短期の仕事に応募した。面接後、レスリーは役職のない、クレジット承認の業務に配属となった。

最初の週に、レスリーの上司となったリチャード・アジャミアンに飲みに誘われた。いくらかのおしゃべりのあとで、リチャードは突然レスリーにこう言った。「9月にはＭＢＡコースに戻るべきだよ。」レスリーが否定しなかったのを見てリチャードは、「それでいいんだ。心配しないでいいよ。君なら今の1週間分の仕事を1日でできるだろ。僕は今31歳、この銀行で成功したいんだ。だから、僕の手足となって出世を助けて欲しいんだよ。これから君にマネジメント研修に行ってもらう。銀行内のあらゆる部門の人たちと接点ができるはずだ。時間の無駄にはならないだろう？　この研修を隠れ蓑にして、君に銀行内の資産売掛債権（アセットファイナンス）を扱う部門すべてに入り込んで欲しい。そして、システム（業務プロセス）の弱点をことごとく調べあげ、毎週報告してくれないか。これで僕はこの部門を強化できるし、君も仕事を楽しめるはずだ。」

レスリーは即座にその話をＯＫし、先入観のない新鮮な目でシステムを見て回り、問題点を見つけ出してきた。さらには、銀行内の重要な人たちに会うことができた。これは後に、起業したときに有益な人脈として役立ったのだ。

レスリーがこの体験から得た最大の収穫は、上司のリチャードが見せてくれたこと、つまり自分が手に入れたいものを交渉するには、相手が関心を持てるようなウィン・ウィンの提案をする、ということだった。これが、プルデンシャルで得たいものを手に入れるときのひな型となった。

さて、話を戻すと、プルデンシャルでのレスリーの上司は、名目上はディック・ギルの部下にあたる。この上司は、部下の育成よりも自分の契約獲得ばかりに夢中だった。動かさねばならないのはディックだと悟った。ディックの専門は新規顧客の開拓である。レスリーは、ディックは新しい見込み客を捜しており、それもこの会社では簡単に見つけられないような見込み客ではないか、とレスリーは考えた。ディックとの交渉次第では、いらいらする事務処理や決まり事などから自由になれ、企業家や投資家たちに会いに行ける。そして、その代わり新規契約をとってきて、ディックの仕事に貢献できるのではないかと考えたのだ。

レスリーの部門はとても小さくて、誰にでも話しかけやすかった。そこで、さっそくレスリーはディックに話に行った。「本部長はこのビジネスの見込み客をすべて把握されていると思います。でも、新しい顧客をもっと増やせるはずです。私がそういった新しいビジネスを取ってきます。それには、ふたつ条件があります。ひとつは時間です。好きにさせてください。もうひとつは事務処理です。私の事務処理をすべてしてくれる誰かを、つけていただければと思います。手続きの書類作成で、無駄な時間を使いたくないのです。もし、このふたつをOKしてくださるなら、これまでにないような契約を取って参ります。その契約がよいと思われるものでしたら、その承認を上層部から勝ち取るための場を設定していただけませんか?」

ディックは、新規顧客を獲得することを証明できるなら、君をサポートしようと言った。それまでのレスリーはひとりで仕事をしていたが、ディックの条件をのむと返事をした。ディックは交換に応じ、レスリーの協力者となった。

結局、レスリーはプルデンシャルに5年間勤めた。彼の仕事ぶりはハードなものだったが、オフィスには滅多に現れなかった。自分がやりやすい仕事の仕方で、その部門最大の貸付け契約を獲得した。彼の仕事ぶりはハードなものだったが、オフィスには滅多に現れなかった。会社の慣習や決まり事に縛られたくなかったのだ。現れたときには、スーツではなくタートルネック姿で、エグゼクティブ専用のダイニングルームに、ブラブラと昼食を取りに行くのだった。彼が新規顧客獲得のために使う経費は、いつも職場で最大だった。また、ディックと楽しげに言葉を交わすのだ。ある日などは、朝の９時にオフィスにふらりと現れ、「今日の予定は何だい？」「もう今日の分は終わりました。２件、取れましたよ。」という具合だった。

レスリーがプルデンシャルを去るときも、『カレンシーの交換』が行われた。５年経ったところで、レスリーはディックのオフィスに行き、そろそろ辞めたいと伝えた。具体的に何をするかは決めていなかったが、自分のビジネスを立ちあげたいと思っていた。ディックに「何かまだありますか？」と尋ねると、ディックは「あと5か月いてくれ。それで君が今の仕掛かりの大きなビジネスが終わるし、君の後任を育成できる。その代わりに、君が自分のビジネスのために使えるように、さらに休暇を提供しよう。最初の月に1日、次に2日という具合にだ。もちろん有給だ。私が保証する。」レスリーは合意した。これはプルデンシャルの就業規則にはない取り決めだが、レスリーとディックは双方が欲しいものを手に入れ、会社も利益を得たのである。

成果を阻む個人的な欲求

何といっても最大の問題は、個人的欲求を組織のための目標と混同することではなく、個人的欲求がその人の影響力をを妨げてしまうことだ。カール・ルッツの事例を見て欲しい。彼は自分の強みすら忘れて昇進に躍起となり、自滅していった。

個人的な欲求を完全に抑えるなどということは、あまりに非現実的で、非生産的だ。人は当事者意識を持てなければ、やる気にはならない。ではどうしたらよいのか。まずは自分がどんな欲求を持っているのかを認識することだ。意識化できれば、少なくとも自分でコントロールが可能になる。つまり意識的に自分の欲求に向き合い、自滅を防げるようになる。欲求にコントロールされないように注意し、良い成果を出してもそれで有頂天にならず、気持ちの手綱は自分がしっかり握るのだ。

人を動かそうという強い願いの背後には、実はその人の個人的な欲求が、その人の行動を突き動かしていることが多い。業務やプロジェクトを〝自分の名を挙げる〟ために利用して、自分自身または所属部門に注目を集めよう、承認や尊敬を得よう、という欲求がひそむ。もちろん、個人的な欲求は困難を突破するエネルギーをもたらし、結果として組織の利益につながる場合もある。先のレスリーは、上司と約束した新規顧客獲得の時間を確保するため、事務処理などの社内手続きから解放してもらうという、通常の組織で認められる以上の自由を求めた。それを彼は、顧客獲得という目標を達成することによって、手に入れたのである。レスリーの事例では、個人的な欲求は仕事上の目標と結びついており、彼にとっては真に不可欠な要件なのであった。その逆がカールだ。自分の個人的な欲求が本来の仕事よりも優先度があがってしまい、そのため問題が起きてしまったのだ。

自分の欲求に気づかないと……

ある大手金融サービス会社での話だ。情報システム部門の本部長カール・ルッツは確実に昇進を重ね、次は役員の椅子をねらうところまで来ていた。ところが、悔しいことに、2度もそのチャンスを逃してしまっていた。カールは頭は切れるが粗野で一方的だと思われており、微妙な政治的駆け引きや共感能力を必要とする役員の職務を果たせるのか、疑問視されていたのだ。一方、カール自身は、組織の上層部の面々の曖昧な言い方には我慢がならなかった。微妙な政治的な関わり方を、〝いつも他人の機嫌を取り、外ヅラばかりに気を遣いすぎて、思い切る勇気に欠けている〟と、悪しざまに言っていた。さて、カールが昇進の機会を最初に逃したとき、上司は昇進できなかった理由を彼に説明しようとした。しかし、カールは昇進できなかったことで頭がいっぱいになっており、耳を貸そうとはしなかった。カールは自分が不公平に扱われているとかたくなに主張し続け、その態度のために「一緒に仕事するのは勘弁してほしい」という印象を周囲の人たちにいっそう強く与えてしまっていた。カールは、フィードバックから学ぼうとしなかったのだ。その結果、ついには会社を去らねばならなくなってしまった。彼の最大の問題は、昇進したいという思いにあまりにもとらわれすぎ、専門の技術分野の難度の高い問題を解決できるという自分の強みを忘れていたことだ。皮肉にも、会社ではカールに主要なシステム設計プロジェクトを任そうとしていた。その仕事でカールは、充実感をもって取り組み、素晴らしい結果を出すことができたはずだった。カールはそのチャンスを逃してしまったのである。

　人間関係上の問題があると、個人的なニーズと組織のニーズの間でコンフリクトが起きてしまったり、互いに結びついてさらに大きな問題になってしまうことがある。相手に個人的に好意を持っているため対立を避けたい場合、苦手と思うため敵対されたくない場合でも同じだ。あなたの仕事は対人関係の問題に対処することを必要としてるのか、多少放っておいても仕事はできるのか？　仕事のために自分の気持ちを脇に置く必要があるか、デリケートな問題を最初に持ち出さなければならないか？　相手の仕事ぶりに困っている時、ことを荒立てずに対応できるか？　感情的な対立抜きにはできないのか？個人的な感情と問題が絡み合っていると、優先順位をつけるのは非常に難しい。しかし、仕事を効果的に進めるため、あるいは気持ちを押し殺して病気になりたくなければ、それは必要なことなのだ。

個人的な欲求が引き起こす問題は、他にもまだある。裏方に徹した方がよい状況なのに、周囲から注目されたい、認められたいという個人的な欲求に振り回されていると発生する問題だ。例えば、新しい仕事の進め方を導入するために力のある上位者の協力を得たいが、彼らはその仕事の進め方を歓迎しない場合だ。自分の企画を彼らに承認させることばかり考えていると、無意識的な承認欲求が働いて相手を刺激し、要らぬ議論を引き起こしたりする。上位者たちを前に自分が場を仕切りたいほど目立ちたいか。それとも、提案の形で利点をきちんと説明し、相手に自分たちが中心だと感じさせる余裕があるか？

個人的なニーズを常に優先させるべきではないとは言っていない。ときには、個人的ニーズこそが重要で、そのニーズを無視することで多大な手間がかかることもある。例えば、次の事例に登場するのマルタは、長い間当然認められて然るべきなのに無視されていると信じ込み、高いスキルを持ちながらも不満を溜めこんでいた。

砕けた麦わら

マルタは入力したばかりの上司宛のメール「私たちは行き詰まってしまったようですので、今月末で辞めさせていただきます」を見つめ、送信ボタンを押した。

長い闘いだった。マルタはもう十分だと思った。彼女は、コンサルティング会社に勤務し、顧客企業の戦略立案を支援するプロジェクトに携わっていた。仕事は楽しく、顧客企業の役に立っていることを実感できるのは好きだった。マルタは、同僚たちとは違いＭＢＡを持っておらず、良い結果を出すことができるのが嬉しかった。

マルタの仕事ぶりにもかかわらず、ＭＢＡを持っていないことが足を引っ張っていた。上層の立案検討会議に呼ばれないことが頻繁にあり、自分は十分担当する技能を持っているにもかかわらず、この仕事を他の人に取られるのではないかと気がかりだった。また、ＭＢＡを持つ男性の同僚よりも給与は低かった。

マルタは他のプロジェクトでも使用可能な、新しい戦略実行の方法を開発していた。会社はその方法を評価したが、戦略策定の新しいアプローチが受けるべき称賛ではなかった。マルタが開発した方法は様々なプロジェクトの前進を促し、会社のボトムアップにつながるほどのものだったが、単なるツールとしか見られなかったのだ。

マルタの会社は業種によって分野が分かれており、マルタはマーケティング部門に所属していた。いくつかのタスクに加え、戦略的ｅコマースに焦点を当てていた。この分野は急速に成長しており、全体で３５００億ドルの規模であった。会社はこの分野に関心を持ち、マルタに取り組むよう勧めた（マルタはそのために資金的な支援があったことを認めている）。

これまで18ケ月間、マルタはｅコマースの戦略分野を成長させてきた。いくつかの部署7つか、８つ分の合計の売上と規模に匹敵するほどになった。この業務はある意味では一時的なものだったので、マルタには課題がふたつあった。ひとつ目はこの業務を主たる担当業務として引き受けるか、ふたつ目はこの業務をマーケティング部門の仕事として取り組むか、独立した部署とするか、であった。マーケティング部門の仕事の一部として取り組むことに何の問題もなかったが、マルタは継続的に支援を受けられるかどうかが心配だった。〝継子扱い（差別）〟をされたりしないだろうか？　彼女は、独立した部署であったら、予算や人員の要請がしやすいと考えた。また、自分の達成したことをきちんと認めて欲しかったし、ＭＢＡを持たずに部署のヘッドになることは誇らしいと考えた。

そこでマルタは上司のピーターにこの考えを話してみた。ピーターは「君は本当に素晴らしい仕事をしたのだから、部署の責任者にふさわしい。誰も君が正式な主担当ということに反対を唱える人はいないと思うよ。」と、そこで言いよどみ、「ただ、時期的に新しい部署を立ち上げるのが良いかどうかは分からないな。新しいＣＥＯは外から来た人だ。就任してまだ7ヶ月、組織全体を掌握しようと頑張っている最中だ。今のマネジメントが不適切ではと不審を抱いているようだ。なので、まずは君がマーケティング部門の中で今の業務を継続するという点から考えてみないか」

マルタは上司に抵抗した。「待って下さい、今回の件は急に降ってわいた話ではないですよね。前も部署を併合しました。恐縮ですが、ピーターさん、私は何か都合のいいように使われているような気がするのです。私は結果を出していますが、他のメンバーと比べて報酬面では評価されているとは思えません。このｅコマース分野で懸命に仕事してきました。これまでで一番といってもいいくらいです。」ピーターはマルタの成果を認め、できる最大のことをしよう、ただ会社は今、足踏み状態だと述べた。「でも、やってみよう。この業務で君が正式担当になるとしたら、具体的にどうなるか検討しよう」

続いての話し合いで、給与と裁量の自由度について合意した。マルタは自分の役職名について質問した。ピーターは「君とＨＲで合意した役職名で構わないよ。ユニット・ディレクターでなければね。ＨＲに行って決めてきたまえ。私が役員会で、独立した部署になることと君の役職名について確認してこよう」と言った。

マルタはＨＲのところに行った。ＨＲは「あなたと役員会が合意した役職名であれば、私たちの方はいいですよ」。マルタは上司にＨＲで聞いた話を明るい気持ちでメールした。上司は前向きに受け止めてくれるだろうと思いつつ。３日後、上司が落ち着かない様子でマルタを呼んだ。

「残念だが、良くない知らせだ。役員会はこの時期に新しい分野の事業を立ち上げることに強く反対している。役員たちは君がｅコマース分野の業務を担当することに支援的だが、新しい役職名はあげられないし、この部署のことで大々的に発表などはしないというのだ」

マルタはショックを受け、落胆して納得できない気持ちを口にした。「でもね、君。大事なことは確保できたじゃないか。この分野の主担当になったし、給与は上がり、裁量の巾も大きくなった。君にとって、役職名はなんだってそんなに重要なのかね？」と上司。マルタは「まったく分かっていないんですね」と言い、席を立った。マルタは自席に戻るころ、彼女の心は決まっていた。

客観的に考えると、マルタの優先順位づけが間違っており、役職にこだわりすぎて躓いたと見えるだろう。結局の所、上司のピーターが言った通り、良い仕事を確保し、自由裁量の幅は広がり、給与も上がったのだ。役職名が何だというのだ。しかし、それはマルタにとっての価値という観点からではなく、外側から見た理解だ（男性の視点とも言えよう）。

マルタには、役職名や独立した部署であることが持つ意味が重要だったのだ。社内でそれまで受けてきた不当な扱いを考えれば分かる。彼女の優先順位は、上司も会社もあまり理解していなかったが、給与の額ではなく〝認められる〟ことにある。もちろん、給与が同僚より低いことも問題だったが、会社が彼女を正当に評価していること、公式に彼女の成果が認められることこそが最も重要だった。

マルタはその点にこだわるあまり、影響力を発揮すべき相手に共通する課題―上司や会社にとって重要なことは何かを軽く見てしまっていた。当時、トップマネジメントは就任したばかりで、組織全体の構造を刷新する必要に迫られていた。その点をマルタは無視していた。前ＣＥＯ時代にできた部署だから構わないはずだと主張したが、組織全体の改革を考えていた新ＣＥＯにとってはどうか、という観点が抜け落ちていた（公式の権限の範囲やおそらく給与等々についても）。さらに、〝正しい〟かどうかは別にして、この会社では学位を持っていることが、成果よりも社内での立場にとって重要なファクターであることは明白だった。新ＣＥＯが、学位のような文化的に強い象徴性をもつものを慎重に取り扱う可能性は高かった。

こういったことすべてが状況を難しくした。不可能ではないとしても、マルタと会社（上司含めて）の両方がお互いの言い分を正しく聞きとり、お互いに優先順位を十分に尊重するのは困難だったのだ。もし、それがかなっていたとしても、この状況下ではどんな交換も成功しなかったかも知れない。

後日、マルタは友人にこう告白している。「あの時、言われたようにしていたら、私は屈辱感で動揺し、仕事がうまく行かなかったと思うの」（この複雑な例はジェンダーの問題も絡みついていた。第８章を参照）

あるカレンシーを使うのに抵抗があると、それを活用しなくなる。例えば、他者と葛藤状態になるのを嫌い、必要なことであっても、賛否の分かれることには一切近づこうとはしない人たちがいる。「あ、これは頼めないな。言えば、議論になって攻撃してくるから」。同様に、他者に好かれることがものすごく重要な人たちは、相手が怒りそうなことは、依頼どころか声をかけることもできない。他方、親しくされるのが苦手な人は、感情や親しさを共有したいと思う人たちには近寄ろうとしない。

最後の問題は、自分自身がそのカレンシーを好まないとか、カレンシーを認めていない、こういったカレンシーを求めるものではないから使わない、という問題だ。権力や独占を求める人に対しては怒りを感じるからかも知れない。誰でも対等に扱われるべきだと思っている人は、相手から地位への野心を示されると途端にやる気がなくなるかも知れない。または、利己的だと見られることを恐れる余り、どんな褒め言葉にも耳を貸そうとしない人が同僚にいるかも知れない。

しかし、影響力は協力が必要なことがあるから発揮するのであって、あなたの好みを相手に押しつけるためにあるのではない。もちろん、そのカレンシーを使って影響力を発揮できると分かっているが、使わないという選択をする自由はあなたにある。あなたは正しいこと（あなたの基準における〝正しい〟）を、効果を出すことに優先しても構わないのだ。結果がどうなるか分かった上で行動するのが重要である。

結果を出すためには柔軟になれ

自分がどのような結果を出すべきかが分かっていても、自分のやり方にこだわりすぎると、影響力が発揮できなくなる。わくわくするような素晴らしいアイデアや達成への強い気持ちのゆえに、視野が狭くなって頑固になる。自分が気に入ったやり方にこだわり、他の選択肢を無視する。そのため相手の考えに歩み寄ればある程度の結果またはよりよい結果が得られるときでも、チャンスをふいにしてしまう。

ある調査によると、重要な変革を起こしたミドル層の人たちには、忍耐力と柔軟性が極めて強く見られるという。（注）彼らは自分たちが描き求める到達地点、つまり目標の核心は譲らなかったが、様々な関係者から協力を得るために、柔軟なやり方をとったという。しばしば、根本的なビジョンですら現実にぶつかりながら変更されるが、その変更によって、それまで分からなかった限界や可能性に光が当たる。とはいえ、最も多いのは、ビジョン自体の変更ではなく取り組み方の変更である。

レスリー・チャームは、自分の会社を立ちあげたいという自分の思いを自覚しており、それを可能にするスキルや人脈を築こうとした。そして、プルデンシャルで働くのは2年間だと最初は思ったが、自分の目標達成のためには経験と人脈が重要だということが分かって、結局5年以上、プルデンシャルで仕事をしたのだった。

役割に関して、自分の期待と相手の期待をすりあわせる

仕事上の関わり方を、役割だけで表面的に考えると、影響力や仕事の進め方の幅が狭くなってしまう。職務記述書は今や、人材の動きを制限するものになってしまった。その理由のひとつは、仕事自体が変化しているからだ。これまでの組織と個人の契約は、「決められたように仕事をすれば、あなたの面倒は会社がみよう」といったものだった。そこでは、決められた範囲内であること、職位のピラミッドを踏み越えないこと、同僚の仕事に干渉しないことが強調されていた。ところが現代では、もはや職務記述書の内容に限定してはいられず、書いてある以外のこともしなければならなくなっている。絶え間のない変化を予測してつくられた規定などひとつもないからだ。したがって、周囲に歩調を合わすのではなく、自ら積極的に行動をおこすことが求められている。

人には、権威を恐れ、萎縮する傾向がある。同僚相手であれば境界を踏み越えられても、上司に対してはそうはいかない。それに、伝統的には、部下と上司との間ではっきりとした交換の形、お互いの立場が確立していた。つまり、「重要な意思決定は私にさせなさい。私は上司であり、君よりも賢い。よって正しい判断ができるのだ。」部下は、難しい問題は上司に任せることができるので、この交換に応じていた。しかし、仕事を忘れず、かつ思いやりがあり、部下の気持ちを傷つけずに間違いを正し、成り行きに任せず部下に自由裁量を与えられる完璧な上司など本当にいるのか？　賢くて万能な上司は想像上の世界にしかいない。これを真に受ければ、希望に満ちた部下が組織という罠に陥り、取り残されるだけだ。では、上司が「上司としてすべきこと」をしないのなら、ポジション的に下位の部下には何ができるのだろうか？

上司を動かすことはできる

上司を動かすことについては第9章で詳しく解説するが、ここでも少し触れておくことにしよう。上司に対する影響力は、本来もっと発揮できるはずなのに、うまくいっていない人が多い重要な分野だ。上司に対して提供できることは、多くの場合、「質の高い仕事を納期内に終える」、「礼儀正しく振る舞う」など限定的に考え、その上司が求めている他のカレンシーには案外と気がつきにくい。レスリーのように上司の最優先のニーズを具体的につかみ、部下の立場からそれに応えようとする人はほとんど見られない。

もしも上司の目標と関心に沿った仕事をしているのなら、自分からも強く上司に要請しやすいのではないだろうか。たとえ反対意見であっても、自分の意見を表明できるはずだ。このように、上司のニーズに応えているときは、上司に要請したり、はっきりと意見を述べたり、上司の行動を変える機会が見つかることが多いのだ。

しかし、上司のニーズをどれだけ知っているだろうか？　あなた自身はどんなカレンシーを使えるのか？　人によってニーズは違うものだとしても、マネジメントする立場にいれば共通して歓迎するカレンシーもある。第3章で示したカレンシー以外のものだってあり得る。あなたには何が使えるのか、考えよう（表5・1）。

表5・1のリストにあがっているカレンシーは、エネルギーを消耗するものかもしれない。しかし、あなたの持っているカレンシーの中から上司が求めているものを提供できれば、単に上司にお願いする（つまり、相手の好意に依存する）以上のことができる。すなわち、こちらの要請と上司の目標を結びつけたり、あとで「カレンシーの交換」ができるような信用を築けるようになるのだ。

表 5.1　上司に対して効果的なカレンシー

- **上司の期待を上回る成果を挙げる**：上司から信頼を獲得する昔からの方法だが、これは基本中の基本。レスリー・チャーム（事例参照のこと）が高利回りの新しい融資先を見つけるという期待に応えて予想以上の結果を出したとき、上司はそれを喜んで評価し、前例のない自由裁量を与えた。
- **部下に任せた仕事に関して心配させないこと**
- **組織の政治的な側面についても考慮する**：社内政治的なことを毛嫌いしないこと。
- **相談相手として頼りになる存在となる**：自分で自分の首を絞めるようなことはしないで済むように、アドバイスをくれる存在は大切だ。
- **社内の他の部門の情報を提供する。特に、現場に関して頼りになる情報源となる**
- **問題をもらさず報告する**：突然の問題報告で驚かさないこと。組織を預かる立場のマネジャーは、マイナスの話であっても信頼できる情報を必要としている。部下の持ってくる情報が信頼に足るものであれば、上司としては事態の予測ができ、先にあるかもしれない地雷を避けられるわけだ。こういう部下は大事にされる。
- **組織の内外で上司を（適切に）立てる**：上司は偏見や誤解に悩まされることなく重要な仕事ができる。
- **創造性や新しいアイデアのヒントを提供する**
- **上司の判断や上位方針を、自分の部下に対して適切に援護し、説明する**：一般的に、組織では厳しい決定を上司のせいにしたり、または身近にいない経営陣のせいにしやすいが、上の判断だからと厳しい決定を押しつけるのではなく、きちんと伝えうまく受け止められるように動く部下が歓迎される。
- **上司の味方として支援し、勇気づける**："上司のチームの一員"となる。トップに立つ人がいつも孤独とは限らないが、難しい意思決定の背景や関係者へのインパクトを、分かりやすく説明できないことがしばしばある。うまくいかないとき、部下が自分の側に立ち好意的に解釈してくれると、上司にとっては嬉しい。タフで厳しいと言われるリーダーたちも、どんなことがあっても常に寄り添ってくれる部下の存在に価値を感じる。ただし、これは部下本人に下心があっては機能しない。純粋に上司の味方になる必要がある。
- **自らリスクをとって新しいことにチャレンジする。問題が起きてから動くのでなく、問題の芽をつぶす**：変化の早い現代では、上司の指示を待って手遅れの事態になるより、自ら行動を起こす必要性がこれまで以上に高まっている。

相手の立場を忘れず、自分のニーズと欲求を意識せよ

この章の冒頭で、私たちはあなた自身の目標と最終的に得たい結果を明確化しておくことの重要性を強調した。極めて重要な状況では、これが相手を動かす第一歩として必要なのである。あまり自分のことばかり考えすぎると、自分の視点だけで交換をとらえてしまい、影響力の戦略としては弱くなる。

自分の求めるものを十分に明確化しており、しかも相手がそれを実行できるとわかっているのであれば、相手の関心やニーズに注意を向けられる。また、あなたがどんなカレンシーを提供できるのか、どのように働きかけると相手が動くかを考えることに自分のエネルギーを傾けられる。相手が求めるカレンシーを提供できなければ、無力のままだ。

自作の落とし穴——影響力のパワーを落とすもの

相手にはっきりと〝貸しがある〟と主張しない

次に示す事例（１３０頁）で、ジムは上司にとって価値のあるカレンシーを作り出そうとした。あなたに〝貸しがある〟のに、それを相手がわかっていないときがある。頭に来ながらも諦めるのか？　はっきりと返せと相手に言えばぎくしゃくする。それが恐いのか？　相手はあなたに〝借り〟があると思っていないか、または分かっていても重要視していない可能性もある。そのことは考えただろうか。相手は、あなたが単に自分の仕事をしただけだと思っているかもしれない。そうであれば、手助けをするためにどんな苦労や努力が必要だったかを相手に示すほうがいい。（その説明を）相手が気持ち良く受け取れるように示せるか？　事実ベースで話せば良いのだ。あなただって、相手にとって重要な存在なのだ。相手は、あなたが関係性にひびが入ることを恐れるように、あなたの好意を失い

たくないと思うのではないか。少なくとも、その確認はしておこう。

別に、カレンシーをため込み、要求ばかりする強欲な人間になれと言っているのではない。カレンシーを提供したのだから、相手に〝貸し〟を返してくださいねと、さりげなく促さねばならないのだ。あなた自身も最低限の努力はすべきである。相手がこちらの恩を忘れているようだったら、率直かつ思いやりのある態度ではっきりと伝えておこう。相手があなたの思いを理解しないと話は通じないのだから。もちろん、確認したからと言って、望むような反応がいつも返ってくるとは限らない。しかし少なくとも忘れ去られないで済む。

個人的なニーズを上司が喜ぶ形に変換する（ジムとウェス）

ジムは上司のウェスとの間で問題を抱えていた。ウェスは情報をため込む傾向があったのだ。ジムは、自分の部下から本社の新しい計画について知らされることがたびたびあり、それで面目は丸つぶれ、影響力が低下するという酷い目に遭っていた。

例えば、ジムは本社がある部門をバッサリとなくす計画があると、部下から知らされたことがあった。部下は、上司のジムが知らなかったことに驚き、困惑していた。

ジムは以前からウェスに情報を早く伝えてくれるよう頼んでいたが、何も変わらなかった。ジムは次第に、ウェスが自分のことを要求が多い不安定な人間だと思っているのではと、心配になった。情報を早く入手するため、ジムはウェスが歓迎する何かを提供する必要があった。情報が欲しいということは脇に置き、ジムはウェスのオフィスに行き、「以前のことですが、私たちは情報と知恵がある部署だとみられることが重要で、最優先だというお話しをしました。あなたご自身が何度も言われたように、〝知っている〟ことで信頼を得られるということ、私もその通りだと思います。これをちゃんと実践したいのですが、ときどき困ったことがあるのです。状況が複雑であるのに上司のあなたから情報が来ないので、私たちの部署は間抜けに見えてしまいます。いかがでしょうか。今後、毎週火曜日の朝10分だけ、本社からどういった情報が来ているか、私と共有していただく時間を設けさせていただけませんか？」

ウェスの（もちろん会社の！）立場から自分の依頼を位置づけ直すことによって、とうとうウェスから情報を聞くことができるようになった。ジムが上司のウェスに提供したカレンシー、部署の評判を保つは、ウェスに定期的なミーティングをするに十分な価値があったのだった。

自分が何をして欲しいかをはっきり言わない

相手に正当なお返しが欲しいとはっきり求めないのは、自分がこの依頼をしたのは、重要な目標達成のためだと伝えないのと同じことだ。相手に指示を出す立場でなかったり、相手が抵抗するときには遠回しな言い方をして伝え損なってしまうことがある。しかし、自分の個人的な栄誉のためではなく、やろうとしていることが重要であり、純粋に仕事上で必要であれば、尻込みする必要もなければ、遠慮する必要もまったくない。約束を守って欲しいと言うだけでは不十分かも知れないが、それでも、自信をもって理解を求めれば相手に響くだろう。

債権回収を遠慮する

シーラ・シェルドンは、大きな美術館の貴重なコレクションのキュレーターであった。彼女は、他部門の長たちの求めに応じているのに、自分の依頼にはあまり応えてくれないと愚痴をこぼした。

「私は常に他の人たちのために、自分のことは後回しにしているんですよ。プロジェクトのためにスタッフを貸したり、質問に対して調査したり、保管スペースをお譲りすることもあります。もちろん、私の方で欲しいことがあるとしても、お手伝いしたのだからそのお返しを頼みます、なんて自分からは言えません。彼らは分かっているはずですもの。良き同僚であれば、それくらいに期待していいでしょう。それなのに、なぜ返してくれないのでしょう？」

シーラのイメージする影響力と人間関係は、同僚たちが彼女の努力や彼らにとっての価値に気づくか、善意から動くことに依存している。しかし、どれも当てにはできないものだ。彼らは、シーラが彼らのためにどれほど骨を折っていたのか知っているだろうか？　もしかしたら、彼らはシーラが自分の仕事をしているだけだと思っていたのではないか？　彼らは、シーラの態度が控えめなので、それほど負荷を感じているとは思っていなかったのではないだろうか？　シーラは苦しんでいても表に出さないので、彼女の努力とそれに対する見返りの必要性に気づかなかったのか、または自己犠牲的な人だから構わないと思っていたのか。はっきりとそのことを口に出さなければ、解決しようがないのである。

自分がどこまで認識しているか、振り返ろう

自分が使える力を最大限、活用するには、相手の状況だけでなく、自分の現状を理解している必要がある。自己理解の度合いをチェックするには、表5・2が役立つだろう。

影響力を最大にしたいのなら、チェックリストの問いをひとつひとつ注意深く考え答えてみよう。カレンシーを交換する成功率があがり、影響力を発揮しやすくなるだろう。

表 5.2　影響力の自己理解チェックリスト

- あなたの担当業務またはプロジェクトの目的、目標は具体的に何か？
- 真っ先に達成すべき最重要の目標はどれか、どの目標は後に回せるか？
- あなたの個人的なキャリア上の目標は何か。それは今の仕事と連動するか、阻害するか？
- 自分が使えるリソースすべてを、今活用しているか？
- あなたには提供できるカレンシーがたくさんあり、カレンシーの交換に使えることが分かっているか？
- 必要に応じて、協調的または対決姿勢を使い分けて相手に働きかけられるか？
- “借り”を返してもらうことにためらいはないか？
- 使うのが苦手なカレンシーはないか？　相手に歓迎されると分かっているときは、素直にそのカレンシーを使えるか？　なぜ、使いたくないのか、分かっているか？

そして、自分自身を最大に活かして相手を動かす能力が高まるだろう。次の第6章では、影響力を発揮するために、どのように相手の信頼を獲得し、関係を築き、修復するかを説明する。

【注】

Rosabeth Moss Kanter, The Change Maters (New York: Simon & Schuster, 1983). 邦訳『ザ　チェンジ　マスターズ—二十一世紀への企業変革者たち』（長谷川慶太郎訳　二見書房　一九八四年）

第6章

人間関係を築く

――味方を見つけ、育てる

人間関係の問題

相性のいい人や価値観、目標、好みが同じ人とは、信頼関係を築きやすい。着眼点やものの見方が似通っているからだ。たとえ相手が賛成しがたい行動を取る場合でも何をどうするか想像がつくし、どうやって働きかければ相手が反応するかも見当がつく。しかし現実の組織の中は、自分とは異なった部門や上司の下で仕事し、自分とは全然違うものの見方をする〝見知らぬ人〟ばかりだ。自分とは仕事内容が違い、上司が違い、または性別、年代、民族、出身地が異なる。教育訓練歴や経験が全然違うこともある。すべては、組織の複雑な問題のために、多様な専門能力が不可欠になったからだ。現代の企業は、幅広い人材、バックグラウンド、ものの見方を必要としている。帝国主義時代のイギリスの役人たちは、本国から遠く離れた植民地をつつがなく統治するために、女王と同じように考えることを訓練された。そういった役人たちは、同じ狭い社会階層の中から選ばれていたため価値観も盲点も似通っており、そもそも相違を克服する必要もなく、交流も難しくはなかった。しかし現代は違う。協力し合わなければならない相手は、多種多様なバックグラウンドや価値観を持つため、うまくつきあうには努力が必要なのだ。どのような状況においても、友好的でオープンな信頼できる人間関係は重要だ。その主なメリットを以下にあげよう。

・コミュニケーションがとれているので、相手のニーズやカレンシーを把握しやすい。
・相手はこちらの話を信じ、動いてくれることが多い。
・相手が求めるそのものではなくても、カレンシーの幅を広げてあとで借りを返せばよい。
・相手と関わりがある時は、個人的なカレンシーがいっそう重要になる。より幅広くカレンシーを考えることができる。

カレンシーの交換が双方にとって明らかにメリットがあるときは、人間関係自体はさほど大きな意味を持たない場合は多いが、一般的には人間関係がよくないと影響力は損なわれる。例をあげておこう。

・相手の協力したい気持が萎える
・お互いに相手のカレンシーと意図を誤解する。
・以下について、裏付けがほしくなる。
―相手の仕事ぶり
―約束の履行
―交換に何を提供して貰えるのか（こちらが提供するものの価値）
―お返ししてもらえる時期
・交換するカレンシーの内容が対等かどうかを厳しくとらえる。
・好意的な気持ちを失い、非難めいた態度が強くなる「あんな奴を助けるくらいなら死んだほうがましだ！」

人間関係は、良い状態から滞った状態まで連続性がある。以前、一緒に仕事したことで仲が良くなった人もいれば、あなた自身とある分野、またはある人との間で難しい関係が続いている人もいる。ラーキン・メータの例を考えてみよう（第5章）。大学院を卒業して配属された職場で、「お前」呼ばわりする中年の男性同僚と良い関係を築かねばならなかった。彼女には屈辱的なことだった。原子力機関の職員との関係改善を目指す連邦検査官もいい例だ。原子力機関と行政とは長年冷たく、非協力的な関係が続いている。

相手の世界について最初の見立てをした後、何が相手にとって重要か、あなたが得たいことをどのように示すと良いか、どんな困難があり得るかを見定めるために、相手との関係性について考える。ふたつの視点でとらえるのだ。ひとつは、これまで述べてきたように、あなたとの人間関係がどんなものかということ。もうひとつは、相手側がどのように関わられるのを好むかのあなたの印象だ（出会った頃にあなたが感じたことを振り返る必要があるだろう）。

まず、中立的な関係の場合。相手とはそれほど頻繁な接点はなく、少し知っている程度としよう。ここでは、その相手に協力を求めようとしているのだから、相手との関係を良くするかどうかではなく、相手がどのように関わられることを好むかを理解することが焦点になる。

お互い、どのように関わり合いたいのだろうか？

友好的な人間関係を築くときに手がかりとして使いやすいのが、相手のワークスタイルだ。どの人にもワークスタイル、つまり慣れ親しんだ問題解決の仕方、他者との関わり方、仕事の進め方がある。行動を起こす前に注意深く状況を分析するのを好む人たちがいる一方、まず行動し問題が出てきたらその都度解決する人たちもいる。マネジメントの仕方にも、ワークスタイルが反映される。問題に対処するにあたって、あるマネジャーは部下に結果報告だけを求めるが、別のマネジャーは自ら解決に関与することを望む。仕事上の人間関係を築くにも、ある人は仕事を始める前に相手について知ろうとするが、仕事に一緒に取り組みながら相手との関係を築く人もいるのだ。

個人的な話から入るのを好む人もいる。最近のプライベートでの出来事、社会活動、家族の近況、そういったことを話した後に、仕事の話に入るのだ。これを好まない人にとっては、仕事が終わるまで不快な思いが続く。仕事上の関係を築く際、ある人は仕事内容よりも仲間となる同僚の人柄を知ろうとするが、仕事で良い関係になって初めて親しく関わる気になるという人たちもいる（表６・１ワークスタイルの違いの例を参照のこと）。

こういったワークスタイルは、これまでに受けてきた教育訓練や経験、仕事上の要請、そして個人の性格などから形づくられる。文化もワークスタイルに作用する。アジアやラテンの国の中には、個人的に親しくならないと仕事に取りかからないという習慣をもつ国が多く、逆に米国では、仕事に取りかかる前に夕食に誘おうものなら、その意味が理解できずいらだつ人が多い。

客観的には、人と関わる唯一の正解といったものはない。しかし、人は感覚的に自分のやり方が正解だと思っている。しかも、自分がそう思っていることに気づいていない。自分にとってはあまりにも当たり前なので、これ以外のやり方に目が向かないのだ。しかし誰かを動かしたいときは、自分のスタイルがどういうものかを意識し、相手のスタイルを把握することが非常に重要になる。

ワークスタイルが異なっていても、組み合わせによってはうまくいくことがある。〝大きな絵〟、ビジョンを描くことに関心のあるＣＥＯは、細かいことを管理するのが得意なＣＯＯと良いコンビになることがある。ただし、役割とスタイルが逆の場合は問題が多い。しかし、多くの場合、ワークスタイルの違いは問題のもとになりやすい。特に、その違いについて話し合ったり、対応を考えておかない場合

表 6.1　ワークスタイルの違いの例

物事に対して、足りない方に着目する（例“コップに半分しか水がない”）	↔	物事について、満たされた方に着目する（例“達成できたこと”）
発散型思考（新しい可能性に目を向ける）	↔	収束型思考（取捨選択や結論を早く出す）
構造化を求める（約束や決め事の設定を好む。事前準備し、ハプニングを嫌う）	↔	曖昧さが気にならない（ルールや決め事で縛るのを嫌う）
分析した後、行動開始	↔	まず、行動。分析検討はその後
全体像に焦点を当てる	↔	部分や物事の細部に焦点を当てる
論理的、合理的（事実やデータを求め、直感的なことは自他両方とも信じない）	↔	直感的（勘や自分自身のひらめきに頼る。データや事実には重きを置かない）
リスクを求める（チャンスをつかみ、失敗を恐れない、新しい方法を試す、など）	↔	リスクを避ける（慎重、実証されたもの、事実だと分かっていることを重視）
権威を重視する（既存の権威に対して抵抗しないなど）	↔	権威を軽んじる（既存の権威に対して抵抗、または反対する）
対人関係を優先させる（良い感情を維持するために仕事のクオリティを犠牲にするなど）	↔	仕事優先（良好な対人関係より仕事をかなり強く重視する）
葛藤や反対を求め、その価値を尊重し、違いをはっきりさせることを勧める	↔	葛藤や反対を避ける／封じ込める
競争的（競うことを好み、勝つか負けるかで考える）	↔	協力的（協調を好む、双方に利があることを求める）
まず、自分のニーズを満たすことを優先させる	↔	まず、他者のニーズや気がかりに応えようとする（自分のことは後で）
コントロールを好む（方向や活動の本質を決める。自分が最終承認したい）	↔	他者にコントロールされることを好む（決まったことを受け入れる）
楽観的（状況の変化に対して、成功の可能性の方に気持ちが向く）	↔	悲観的（状況の変化に対し、失敗の可能性に目が向く）
ひとりで仕事することを好む（プロジェクトでも）	↔	他者と共に仕事することを好む

は問題が起きる。

拡散思考をするタイプの人を例にしてみよう。新しく発想することを好むジーンは、収束的な思考をするサンディと一緒に仕事をしている。サンディにはジーンの発想がブレーンストーミングのやりすぎだと感じ、いつもまとめようとしてしまう。ほどなく両者は対立するようになる。ジーンはサンディのまとめようとする傾向を感じ取り、時間が余れば次々と新しく３つのアイデアを出してくる。サンディはその新しいアイデアには耳をふさいでしまう。ふたりともフラストレーションが溜まり、関係にひびが入ることになる。

ワークスタイルの問題に対処するには

このような問題が起こらないようにするには、どうしたらいいだろうか。起きたとしたら、どう対応すれば良いのか。まず、相手のことを考えるのを止め、自分自身を振り返ることだ。「ワークスタイルの違いの例」の表を用い、自分がどのスタイルか確認しよう。次に、相手のワークスタイルがどれかを見つけ、比べてみる。ふたりの違いが、共に仕事をする上で問題を引き起こしてはいないかだろうか？もし、そうであったら、できることはあるのだ。選択肢の１つ目は、あなたのやり方を少し調整することだ（例えば、常に新しいアイデアを出さなければならないのか？）。相手の好むスタイルにすべて合わせなければならないということではない。もちろん、合わせるのも１つの方法ではある。それが２つ目になる。

３つ目は、相手が協力してくれるなら、お互いのスタイルの違いをふたりで話し合い、ふたりとも納得できる方法を見つけるやり方だ。しかし、気が合わない相手の場合はどうするか、だ。その場合は、考え方を変える必要がある。

ワークスタイルを考えるメリットは、考えるべきは行動なのであって、お互いの性格／人格ではないという点である。たとえば、ジーンが先の問題をサンディの性格が悪いからだと思うと、「あなたが頑固で肛門期固着だからだ！」等と罵りたくなってしまう。これでは関係が悪くなる一方だ。

性格を責めれば相手を防衛的にしてしまう。たとえ、防衛的にさせなくても、そもそも性格を変えるのは時間がかかるし、大変に難しい。一方、行動は性格よりもずっと制御しやすい。人の性格よりも、行動の調整は遥かに簡単なのだ。ジーンは、サンディの行動にイライラしていることに気がつけば、この難問がお互いの関わり方から生じていることが見えるはずだ。そして、先ほどの言い方ではなく、次のように言えるのではないだろうか。

「サンディお互いの仕事の仕方について話し合えないでしょうか。今は、お互いにとって苛立つやり方をしているように思うのです。あなたは速やかに決めるのが好みでしょう。だから、私が新しい可能性を探そうとすると気が狂いそうな気持ちになり、とにかく結論を出そうとする。それで私はイライラしてしまうのだと思う。それぞれの傾向を建設的に活用するにはどうしたらいいか、話をしませんか？」

これで、悪口の言い合いを止め、ふたりで問題解決に取り組める。

もちろん、話し合っても上手くいかないことはある。そういう場合は、お互いに少し距離をとることだ。今のプロジェクトで、ジーンはアイデアを出し、サンディは実行するといった役割分担はできないだろうか？

相手にこの問題に真剣に取り組んで貰う選択肢の最後は、正面から対決し脅すこと。しかし、この本で随所で述べているが、この方法を使う場合は、相手が意固地にならないように、細心の注意を払って臨む必要がある。

建設的に対決するには、毅然とした態度だけでは足りない。使える〝弾〟（カレンシー）なしでは、うまくいかないか、こちらが自滅してしまう恐れがあるのだ。あなたに熟練した能力があってこそ、使える方法なのだ。それがなければ、あなたひとりが騒ぎ立て、相手は冷ややかな態度でかわすという、惨めな状況になってしまう。

ワークスタイルの違いはときに深刻な問題を引き起こすが、他に、意見の中身の相違から起こることもある。たとえば、自分の頭のよさに自信がある人たちの間で、戦略的な方針について意見が割れたとしよう。お互いに自分の見解を強く確信しているので、どこが違うのかには目もくれない。相手側の頭の悪さばかりを問題にするのだ。これでは合意形成など望むべくもない。率直な意見の相違は、ワークスタイルの違いの問題とは分けてきちんと対処しなければもったいない。意見の相違に、お互いのワークスタイルの違いによるコミュニケーションの問題を混ぜ込んではいけない。意見の相違を解決すること自体が十分に難しいことなのだから。

いつでも、誰に対しても――ワークスタイルの幅を拡げる

カレンシーを限定的に考えすぎると影響力は低下する。また、自分の好みのスタイルだけで対応しようとしてもパワーを損なう。状況によって表６・１に示したアプローチが使える。これらは行動レベルなので、習得可能でもある（好き嫌いはあるかも知れないが）。状況に適した方法を使う力をつければ、発揮する影響力も大きくなる。最初は居心地が悪いかも知れないが、相手が好むスタイルに合わせられるよう幅を拡げて欲しい。特定の相手に合ったスタイルがスムーズにとれるように、信頼できる同僚を相手に練習するのもいいだろう。

表6.2　関係改善への取り組み

仕事を通して改善	直接的に関係の問題を解消
・敵対感情が強くないとき	・敵対感情が強いとき
・敵対感情があっても仕事はできる	・感情的対立のため仕事ができない
・仕事で成功すれば感情もなごむ	・仕事で成功しても感情は良くならない
・組織の風土はあまりオープンではない	・組織風土では率直さに価値をおく
・相手はストレートに言われると戸惑う	・相手は直接的な対応を好む
・自分のスタイルはストレートではない	・自分はストレートなスタイルを好む
・この仕事での失敗は両方にダメージだ	・この仕事の失敗は相手を傷つけない

相手との関係が良くない場合は状況を変える

ここまでは、相手との関係が良くも悪くもない場合に、仕事が進めやすい状況をどのように築くか説明してきた。では、個人的に良くない場合や部門として対立している場合など、関係が最初から良くない時はどうしたらいいか？

目指すのは、憎い敵を魔法のように親友に変えることではない。味方とは、双方が、異なる目標とスタイルを持ってはいるが、ある範囲内では相互に有益な関わりができるということだ。

過去の傷を癒やし、仕事を進められるようになった結果、副産物として友人になることもあるが、お互いにやるべきことができる関わりを作り出すので十分だ。

そうすると、（一時的にでも）感情を脇に置いて仕事に集中するか、または関係を良くすることに努力するかが課題になる。仕事がうまくいくことでお互いの理解が進み、決めつけがなくなり、良い関係になることはある。ただ、そもそもの問題があまりに大きいと、よい結果を生み出すのは困難で、関係が悪化するだけの場合もある。人間関係の改善から始めることで、仕事を終えられる可能性は高まる。しかし、どんな相手でもそれが叶うわけではない（表6・2はいつ、どの方法を使うとよいかのガイドだ）。

敵対感情の強さ

相手に対する敵対感情が強ければ、いずれにしても一緒に仕事するどころではない。ささいな行き違いが引き金となって、仕事に支障をきたす。意思決定は滞り、お互いに相手がいかに悪いか、自分がいかに正しいかを示そうと躍起になるだけだ。一方、敵対感情がそれほどでもない場合は、仕事の難しさが感情の問題を越えさせてくれるかも知れない。その場合は、双方とも仕事に〝関心が向く〟ので、感情の問題は保留のまま仕事は進む。

仕事の相互依存度はどの程度か

業務によっては、先にジーンとサンディの例で見たように、分担が可能だ。それによって、接触を最小限にできる。業務が簡単に分けられる場合はこの方法は使える。しかし、業務の性質上、相互依存度が高く、必要なコミュニケーションの形が流動的で定型化しにくい時は、やはり否定的感情が障害となる。

組織風土（どの程度オープンか）

オープンで様々な考え方をぶつけ合う組織風土を推奨する企業が増えている。各自が自分の考えを表現すべきであり、自分の考えを他者に言えないのは弱く、我慢しすぎだとされる。

残念ながら、このようなオープンで率直な組織風土の会社はそれほど多くない。ほとんどの組織には、言いたいことをはっきりと言わせない風土がある。伝統のある銀行や保険会社、サービス企業などでは、慎重に振る舞うよう、反対意見を口に出さないよう、社員同士のぶつかり合いを避けるよう教育される。このような風土では、反対意見は恥をかかないように〝さりげなく〟隠され、人間関係について率直に話し合うのは良くないと考えられている。

率直に話し合うためのスキル

人間関係について率直に話すことが上手な人もいれば、不器用で、関係修復のため歩み寄ってきた相手を傷つけるような言い方をしてしまう人もいる。潜在的な協力者の中には人間関係について率直に話すことを好む人もいるが、苦手な人もいる。もっとやっかいなのは、相手が何を好むのかをつかむのが下手なだけでなく、逆にとらえてしまう人がいることだ。相手が熱心な様子だと「やりたくないのだろう」と思ってしまったり、逆に黙っていると「本当はやりたいのではないか」と勝手に想像したりする。

第5章で登場したレスリー・チャームは、保守的な社内にも関わらず、極めて直接的なアプローチによって、仕事上の関係を築いた。レスリーは上司自身が仕事柄、交渉に長けた人であることを見抜き、話に乗った。そういったレスリーのストレートさが歓迎されたのだった。レスリーが監査担当者のように遠回しに言っていたら、話し合えなかったかもしれない。

人間関係の問題を率直に話し合うことへの恐れ

人間関係の問題を気難しい味方と正面から話し合いたがらない理由はたくさんある。相手が抵抗するという理由以外にもあるのだ。相手を傷つけるのではないか、相手を怒らせるのではないか、仕返しされるのではないか、後で嫌な思いをするのではないか、気にする方が悪いとズケズケと言われるのを恐れて、動けなくなる。面倒な相手と口をきくのすら嫌な人もいるだろう。しかし、うまく仕事を進められない苛立ちを味わい続けることと、相手と人間関係の問題を話し合う気まずさを味わう可能性とを比べたら、どちらが自分にとってよいかをよく考えてみよう。一般的には、問題に真正面から取り組むことは、想像しているよりもひどい事態にはならないものだ。やはりストレートに向き合うことをお勧めする。この本でノウハウを身につければよいのだ。

初期診断

最初の一歩は、注意深く診断することである。悪感情の背景にある、状況的な要素に焦点を当てるのだ。これまで繰り返し強調してきたように、相手が愚かだとか悪意があるとすぐに決めつけることだけは、意識して避けてほしい。これは簡単に陥る落とし穴だからだ。しかも、間違っていることが非常に多い。振り返りをする際には、あなた自身の言動についても、「自分の言動がその問題の一部を担ってはいないか？」と振り返ろう。

相手がこちらの期待に反してばかりだと、うまく進まないのは相手のせいだと思いたくなる。しかし、そういうときこそ、自分自身の態度・行動を振り返ってチェックする必要がある。自分こそ相手を否定的に決めつけてしまい、働きかけられなくなってはいないか？　私たちが何度も強調してきたように、まず相手の価値を受け止めるオープンな姿勢が必要なのだ。心の中であっても、相手に対して否定的な見方でいると、それは知らないうちに態度に出てきて、相手は嫌な気持ちになるものだ。

相手に不信感を抱くと、その相手を避けたくなる。そうすると、相手について知らなかったことが分かる機会、好ましいと感じるきっかけも失われる。相手を好ましいと思える機会がなければ、不信や否定的な決めつけはさらに募り、おぞましい否定的なサイクルにはまってしまう。どうにかして、その悪循環を断ち切らなければならない。

このサイクルにはまるもうひとつの問題は、一度相手を否定的に決めつけると、その決めつけの証拠となることばかりに目が向き、他は見なくなることだ。人間は、期待する（そして見たい）ことを見、自分が正しいことの裏付けを見つけ出して自分は正しいと思う傾向がある。なので、この傾向に陥っていないか、さらにあなた自身が相手の気に入らない行動を引き出していないか振り返ってほしい。例えば、ワークスタイルの事例を思い出して欲しい。こちらのリスクを好む姿勢が、相手から慎重な構えを引き出していないか？　または、その逆が起きていないだろうか、と。

次に、何がこの問題を引き起こしているかをつかむために、相手の世界を注意深く吟味するのだ。第４章に、相手の世界を知るうえで、相手の社内での状況をできるだけしっかりと把握することを勧めた。そうすることによって、相手が価値を置くカレンシーを知るだけでなく、あなたとの間で問題となり得る言動についてもつかめる。相手がそうする理由が分かれば、ちょっとの我慢や思いやりが持てる。憤慨するのでなく、相手に同情や共感を感じることができれば、建設的な関わりをもちやすい。もちろん、原因が分かるからといって、良くない行為の言い訳にはならない。良くない行為には確かにあなたにも反論する権利がある。しかし反論したところで相手との関わりが向上するわけではない。

感情の問題を軽視して仕事に取りかかると…

相手との関係が良くない場合には、相手への気持ちを脇に置き、仕事に集中することで関係改善をしようとするものだ。仕事で協力して成功すれば、信頼は増し関係が良くなるからだ。しかし、関係が良くないうえに立場的に上下がないような場合には、そういった機会はあまりない。たとえ、双方が共に仕事することに合意したとしても、それで関係が改善する保証はない。

残念だが、人間関係のまずさによって生じた問題が、業務での協力を妨げてしまう。これは関係のこじれた夫婦が、仲良く離婚条件を話し合おうとしているようなものだ。もし相手と冷静に話ができるのなら、財産を分けるのは難しくないだろう。しかしきちんと話ができるのであれば、そもそも離婚する必要はないはずだ。

そうはいっても、状況によっては一緒に仕事をしなければならないことがある。違いを脇に置かざるを得ず、その結果として関係性が良くなることもある。そういう時は、良好な関係を築いていける。しかしながら、そういったケースはそう多くないのが実情だ。

人間関係の改善から始めない場合でも、最初にお互いの関係があまり良好とは言えないことを認め、良い仕事のために必要な最低の関係は築きたいと相手に伝えるのは有益だ。

さらに、仕事の進め方について、細かいところまで合意する必要がある。というのは、相手方の真剣さに疑いを持ちやすいからだ。加えて、合意したやり方を細かいところまできちんと守ることがさらに重要だ。合意した内容をきちんと守ることの積み重ねによって、お互い相手への信頼感が生まれるのだ。特に、どのように交換をするか話し合う際、相手の期待を上回って誠意を示せれば、信頼関係づくりに大いに役立つ。

ここでは、合意の通りにできないと相手との関係が悪化し、将来にわたっていっそう改善が困難になることがリスクだ。それでも、すべてがダメになるわけではない。とにかく、相手が悪の権化で信頼のできないヤツと決めつけないように自制してほしい。本当に何が原因なのか調べるのだ。単に忘れやすいのか？　決めたことが曖昧だったのでは？　問題が起きた時に話し合うことから、良き変化が生まれることは多いものだ。

人間関係の問題は率直に話そう

原則的には、私たちは、可能な時はいつでも、人間関係の問題は率直に提起すべきだと思っている。誤解を減らし、決めつけを修正したり、その言動の背後にある、その人なりの理由を知るためだ。たとえ、相手が否定的な見方をしていても、だ。

関係が良くないと、自然と相手を避けるのが人間だ。それゆえ人間関係の問題を解決するには、まず相手と話す機会を増やし、まず障害を取り除くことが必要だ。これがうまくいけば、お互いの関わり方が大きく変わる。

私たちが見るところ、組織では人間関係の問題に率直に向き合おうとはしない。仕事を進めながらその問題を解決するか、向き合う方がよいかどうかは、個人的な好みだけではなく他の様々な要因によって決まるのだ。

先に仕事を進めるか、関係改善の率直な話し合いをするか

先に仕事に取り組む

まずは仕事を進め、関係がどうなるかを様子見する方が良いと見立てたとしよう。見立てでは、あなた自身が気づかないうちに問題を引き起こしそうなことをしているかどうかもふり返っておく（例えば、情報共有をしないとか、相容れないワークスタイルを使っている、など）。

そして、相手への否定的な感情を脇に置き、潜在的な味方だと考えられると見立てたとする。感情を脇に置くとは、その感情を否定するわけでも、忘れるわけでもない。ただ、相手と言葉を交わす際にその感情に左右されないこと、対立した時にキレてしまわなければよい。

この時点で滞った関係に取り組まなくても、自分は相手に良い感情を持っていないことを認めることは重要である。例えばこう言えばいいのだ。「ケーシー、昔はお互い折り合いが良くなかったことは認める。でも、この仕事のためにその気持ちを脇に置いて取り組みたいと思っているんだ。この仕事は私にとっても君にとっても重要だから。」

ただ、最初に合意できたからといって、それが仕事を終えるまで続くとは限らない。もし、関係の悪さが繰り返し障害になるようだったら、関係について取り組むタイミングだ。その時は、こう言うといいだろう。「言い合いが多くて、このままでは仕事が進まない。一度立ち止まってお互いが思っていることを話し合わないか。その方がすっきりして仕事も進めやすいと思うんだ。」

もちろん、そういったことは起こらないかも知れない。この世の中、仕事はそれなりに進み、双方にとって益のある結果を出し得ることはある。そういった場合は、成果を出した後で、今後も同様にうまく結果を出せるように相手との関係について何が良かったのか、双方で話し合うと良いのだ。

相手との関係改善に取り組む

もうひとつは、相手との関係改善に取り組むことだ。あなたの初期の見立てによって、このままで仕事を始めるには大変すぎるので、まずは仕事を一緒にする方法を改善したいと思ったとしよう。この場合も、問題の一端を自分も担っているという前提に立つのだ。

また、相手との話し合いの到達点を明確にしておく。そうでなければ、仕事上の関係性を改善するという最重要な目標からはずれやすい。例えば、ケーシーとの過去の問題はケーシーの方に責任があると認めさせたいのではないか？　多くの点で変わって欲しい？　あなたが正しいことを証明したい？　自分が何を望んでいるかを踏まえておけば、味方になるはずの相手を激高させたり、居心地の悪い思いをさせたり、混乱させたり、不必要な苛立ちを与えたりすることを防げる。

率直な依頼：ストレートに話してうまくいった例

トム・ジーターは、同僚のマーク・スタッブが自分について言ったことを上司から聞かされ、頭にきていた。トムはマークに電話し、「今、時間あるかい？　さっき、君が私とのことで困っていると聞いたところだ。そのことをはっきりさせたいんだ。できたら、君自身から聞きたかったところだけど、話をしないといけないと思って。会えないか？」。マークは気まずそうだったが、すぐにトムに同意し、ふたりは会った。ふたりは話し合い、これをきっかけに仕事上で良い関係を築いていった。そして、長く友情を交わす間柄となった。

状況の厳しさを認める：お互いの意図を理解し合う

〝率直な依頼：ストレートに話してうまくいった例〟で描写したように、現在の状態を認めることが大切だ。現状を否認しては誰のためにもならない。しかし、〝認める〟とは攻撃してよい、ということとは全く違うのだ！　「私たちはうまくいっていない」とは、「あなたが悪い」と非難することとは異なる。これまでの状況を認めると、あなたの意図、つまりどうしたいかを伝えられる。「私はうまく一緒に仕事をしたいから言っているのです。私たちの間で何がうまくいっていないのか、話し合えませんか？　繰り返したくないんです」

こういった提案は、落ち着いた冷静な話し合いで始めたいところだ。しかし、パンドラの箱を開けてしまい、激しい非難を浴びせられる可能性もある。ケーシーは切り返して「そんな大きな声で、けんか腰で言うなんて。あなたは単に自分が支配して上手に立ちたいだけだ。」というかも知れない。形勢は逆転だ。最初は相手に悪意があると思わないようにしようと努めていたのに、相手の方が決めつけてくる。しかも、自分のせいではないのに（あなたはそんなことは言う気はなかったが）、すべてはあなたのせいだと言っている。

このように言われるのはきつい。そのつもりではなかったのだから。誤解されたと感じると人は傷つき、仕返ししたくなる。「でも、少なくとも新しいアイデアを出しているのは私だ。あなたときたら、ただ座って私の言うことひとつひとつに嫌みなケチをつけるだけではないか！」。そうなると言い合いはエスカレートし、関係がさらに悪くなってしまう。

こういった言い合いはせずに、相手の言い分の中に前向きな何かを見つけられないか？　相手の言葉から、本人にとって重要なことがわかる。弁解する前に、なぜ相手があなたのスタイルや行動を厄介だと思っているか探してみようではないか。相手の言い分に賛成する必要はない。そうではなく、相手を理解することが重要なのだ。この姿勢で臨むと、相手は憎悪を減じやすい。

これによって、自分自身についても見えることがある。潜在的な味方である相手が嫌うことを、なぜ自分（あなた）がしてしまうのか？　例えば、上司からプレッシャーがあるために、焦りがあるのかも知れない。あなたが相手を理解しようと努めたように、相手にあなたの事情を伝えられないか？受け入れてくれないとしても理解して貰えないか？　これは、最初に相手の立場に理解を表明しておくと、一層やりやすくなる。

話し合いは困難なものになるかも知れないが、相手がそもそも話し合いを拒否したり、風向きが悪くなった場合は、止めるべし。対人関係の問題で対立をよしとすることはかなり危険だ。問題が水面下で煮えたぎり、大事な局面で爆発する恐れがあるからだ。

そうではなくて、そこがカレンシーの話をするタイミングなのだ。現在の問題状況のせいで双方が払っているコストはどのくらいか、解決することで得られる利点は何か？　ケーシーは意思決定が遅れることへの苛立ちについて文句を言っていただろうか？　問題に取り組みたいけれど躊躇していたと言っていただろうか？　ここで目標は、うまくいっていない関係を改善したいという思いを大きくすることだ。あなたから相手に、良くない関係のままでいることにこだわるコストが、解決するコストを遙かに上回ることを説明するのだ。

過去から学び、これからの仕事に焦点を当てる

相手と話し合う目的は、仕事上でよい関係を保つために何が必要か、何がうまくいっていないのかを理解することにある。責任の所在をはっきりさせるのではなく、これから何を変えるかを見出すことがゴールなのだ。たとえ、初めの頃は嫌な気持ちでお互いのせいにしていたとしても、そこに留まらず、前に進むことだ。「これまでのことが誰の責任かが分かっても意味がないと思う。これを繰り返したくないと思いませんか？　今後うまくやっていくためにどうしたらいいでしょうか？」

相手がこれまでどう思っていたのか、耳を傾けるのは有益なことだ。話して貰えば、相手の懸念が分かるだけでなく、相手もそのことへのこだわりが減る可能性が高い。もっと大切なのは、相手が何を重視しているかを話して貰うことだ。そして、相手のクレームをよく聞こう。相手のクレームは、その人にとって否定的なカレンシーであり、繰り返し受け取りたくないものなのだ。

問題解決に共に取り組むために：合意に至る

この話し合いの目的は、業務の中でウィン・ウィンの交換をするための条件設定だ。人間関係の問題に取り組む際、コーエン・ブラッドフォードの「影響力の法則」モデルを使ってほしい。まず、お互いに潜在的に味方になれる存在だと考え、現状認識を共有し（例えば、何のゆえにうまくいかないのか）、それぞれ何が懸念（カレンシーで解消したいこと）かを提示するのだ。それで、ウィン・ウィンな交換のための条件設定ができる。一緒に仕事を進めるために、それぞれ何を求めるだろうか？

時には、相手についてしっかりと理解するだけで十分なこともある。もし、相手が、あなたが意図

的に失礼な態度を取っているのではなく、熱心になるあまり声が大きくなってしまったことが分かれば、それで席を立つことはないかも知れない。同様に、相手が話を聞いてくれないことを憂慮しているのが分かれば、あなたの方も共感できるし、威張り散らすように見えないよう気をつけることができる。

これは、行動や振る舞いを調整するタイミングだと考えればよい。相手が改善しやすいように、あなた自身の言動や振る舞いをどうに調整できるか。相手に協力して欲しいことはあるか？　ここでの目標は、相手との人間関係を改善することで、業務の目標達成に向けて双方が建設的にカレンシーの交換ができるようになることである（フィードバックのもらい方については、私たちのウェブサイトにある〝交換としてのフィードバック〟のセクションを見て欲しい）。

具体的に解決策を決め、振り返りをすることの大切さ

話し合いが困難だった場合は、とにかくさっさと終えてしまいたい気持ちになる。しかし、早く終えてしまいたいという気持ちは、無意味な一般化「私は前よりも努力する」につながる危険がある。関係がこじれるほど、決め事はより具体的に特定的にすることが重要だ。当然のことだが、約束した通りに振る舞った場合にのみ、関係は改善していくからだ。

例え、両者が合意した決め事を守ると誓ったとしても、崩れてくるのは自然なのだ。ゆえに、どちらか一方が相手はきちんと守っていないと感じたときにどうするかも、きちんと話し合っておかなければならない。気になっても黙ったままでいれば、相手への不信が生まれ、やはり信頼できないヤツだという信念を強めてしまうだけだからだ。

相手を味方にするときの落とし穴

仕事上の信頼関係を構築する際に、避けるべきことをあげておこう。

問題が起きるまで、相手との信頼関係づくりに目を向けない

わだかまりがあると、信頼関係を築くのはかなり難しい。うまく人を動かせる人は、何かの集まり、委員会、プロジェクト、情報収集の機会、偶然、昼食時の会話も含め、あらゆる機会を活用してネットワークを築いている。何か起きてから初めて関係づくりするのではないのだ。

何もしないことで事態が良くなると考え、待ちすぎてしまう

一般的に見て、前向きな関係をつくりにくい人もいる。ぶっきらぼうな人、すぐ脅す人、孤立している人、自信過剰で野心的な人などには近づきたくない。こちらの働きかけに応じてくれそうもないように感じるからだ。しかし、どんなに近づきにくく見える人にも感情はあり、人は関わりを求める存在である。ゆえに、そういった人たちを避けていると、後で必要になったときに関係構築はいっそう難しくなるのだ。

我慢しすぎて爆発する

厳しいことを言いにくいからと難しい人に言わずに我慢していると、事態は停滞し深刻化していく。しかも、何かささいなことで堪忍袋の緒が切れてしまうと、その相手との関係づくりは本当に難しくなる。腹が立ったとき、相手に文句を言う前に十数えるのは悪くない方法だ。しかし何百万回まで数えてはいけない。問題に気づいたら、早めに関係は改善しよう。

相手の言動に不審を感じた時、否定的な仮定に戻りがち

これは警告してもしきれないほど重要だ。ある人や部署に影響を及ぼそうとして、どうにもうまく行かない場合でも、相手側に問題があると思わないでほしい。誰かを愚かだとか、自己中心的とか、会社のことを考えていないとか、何か欠陥があるなどと言いたくなるとき、気がついたら即座に止め、立ち止まって振り返るのだ。「あの言動の背景に何か別の理由があるのではないか？」と考えてほしい。あなたの依頼に相手側からの反応がない時、きつい上司から圧力を感じているのではないか？　または、役割の範疇を超えているのでは？　そういった発想を持つことで、不審を否定的な非難にせず、相手を知ろうとする支援的な態度で話しあうことができる。

ナポレオンの言葉「無能を悪意と勘違いしてはいけない」を踏まえ、自分自身を振り返ろう。ナポレオンは、意図的に否定的な行動を取っているように見えるものには、案外もっと単純な理由があって、相手を傷つける狙いはなく、気がつかない、できない、見落とし、間違った理解、情報が正しくない、などの場合が多いことを理解していた。あなたも、相手側の意図を〝確信〟する前に、ナポレオンの視点から考えて欲しい。真に悪意をもつ人々はそう滅多にいるわけではなく、いたとしてもすぐに化けの皮はがれるので、その時は必要に応じて応戦体制になれば良いのだ。

この点については、ブライアンとデニスの事例が我々のウェブサイトに載っている。彼らは金融サービスをグローバル展開している持ち株会社のパートナーで、悪くなってしまった関係をカレンシーの交換によって改善することに成功した。〝Partners Making Exchanges to Improve Their Relationship（カレンシーの交換によって関係改善した監査法人のパートナー達）〟を参照して欲しい。

結　論

目標は、誰とでも親友になることではない。問題のある関係であっても、仕事はやり遂げられる。そうは言っても、関係に問題があるときはそれが深刻な障害となって、すぐれた仕事の成功を阻んでしまう。したがって人間関係を改善する努力をした方が得策なのだ。「影響力の法則」を実践すれば、改善は可能になる。

さて、ここまで人を動かすためにカレンシーの交換をどのように行うか、「影響力の法則」を具体的に説明してきた。第７章では、継続的にカレンシーの交換を成立させ、影響力を発揮しつつ、同時に信頼関係を強化する方法について説明しよう。

第7章

交換の戦略

「人は自分が尊重されていると感じれば、助けてくれるのです。でも、一度でもガミガミと責め立てれば、その人は二度と手は貸してくれません。〝ムチより飴〟なのです。協調的に物事を進めるには時間がかかることがありますが、私は今、この会社で生きているのですし、その人と会う機会は大いにあり、将来どこかで共に仕事しなければならない可能性もあるのです」

――メアリー・ガレット

IBMグローバルサービス社マーケティング部門バイスプレジデント

ここまで、交換するまでのプロセスのひとつひとつについて説明してきた。相手の世界を知ること、自分自身の目標と使えるリソースを明確化すること、信頼関係を築くこと、自分のリソースから相手が歓迎するカレンシーをみつけることだ。以降の章では、交換の実際の例を取り上げて説明していく。まずこの章では、ウィン・ウィンの結果に至るための戦略について詳細に取り上げる。交換の多くは良好な関係にある同僚相手であり、事前に戦略を立てておかなくても自然にうまくいく。ここで取り上げるのは、注意深く検討する必要がある場合だということを覚えていて欲しい。

カレンシーの交換は様々な形で行われる。〝お返し〟にも同様に多様な方法があり、それによって複雑な様相を呈する。たとえば、依頼にOKをするという手間のかからないものもあれば、時間やリソースを大量に必要とするものもある。その大半は一度きりではなく、継続的に交わされる。

交換は、カレンシーのやり取りが行われる前から始まる。実際のところ、前の段階を通して行われているのだ。一度にすべてを説明するのは困難なので、別の章で分けて取り上げよう。影響力を発揮するために味方になるであろう相手に対する行為はすべて交換だと言っていい。初めて会った時に笑顔を浮かべるとか、相手から協力を得るために相手の関心事を知ろうと誠実な努力をするとか、相手とのあらゆる関わりがこの交換をうまく進める土台を培う。

相手を動かすことに成功するには、あなたの全般的な評判や相手との人間関係に加えて、どのように相手と関わり、相手が価値を置くものを見つけるかなど、カレンシーを交換するプロセス自体が重要になる。こちらが何をどのように相手に尋ねるか、どう相手の言うことに真剣に耳を傾けるか、何に興味を示すか、相手のニーズにどれだけ真剣に応えようとするか、そのすべてによって相手は動くのだ。相手の関心事をどう把握し信頼関係を築きあげるかは、あなたの働きかけや態度次第だといえる。

カレンシーの交換はウィン・ウィンの交渉と似た部分がある。目標が双方向の話し合いから双方にとって益がある状態に至るという点が共通しており、学べることがある。しかしながら、組織の仕事における影響力では、ふたつの目標がある点で異なっている。具体的な目標を達成することだけでなく、相手もしくは部署と良好な関係を維持または望ましくはより良くすることも必要な点だ。

信頼関係が強まれば、オープンな関わりが増え、可能性を模索しようという前向きさも生まれるので、あなたは組織（またはあなたの組織が関わる領域）内で動きやすくなり、得るものも多くなる。時には、最終手段として正面から対決する必要に迫られることがあるかも知れないが、単に〝勝つ〟のではなく、信頼関係を築く気持ちで始めて欲しい。

表 7.1　状況ごとの交換戦略

戦　　略		状　　況
直接的に交換を申し出る（自由市場的な交換）	⇒	お互いに相手が欲しいものを持っているとき おおまかには同等の価値の交換のとき 信頼関係があるとき
ここで協力すると相手の目標達成に役立つと教える	⇒	両者の利害が合致するとき
見えていなかった価値を示す	⇒	予想外のメリットを見つけられるとき
コスト／手間を解消する	⇒	相手の求めるものを持っていないが、相手のコストが分かっており、他のカレンシーで補えるとき

どのようなものでも、交渉ごとでは計画が最も重要だ。状況を見誤ると、素晴らしいテクニックも役には立たない。これまでの歴史と競争を考えると、ボストンのレッドソックスは好敵手であるニューヨークヤンキース相手では、どんなにうまく説得しても、取り引きしそうにない。ゆえに、用意周到に計画する必要があるのだ。同時に、相手とのこれまでの関わりを踏まえて、やりとりがスムーズに進むよう、また今後に向けて関係性を向上するには、どのように実際に交換をするか、検討する必要はある。これは、実際のやり取りがすぐに終わるとしても、そこに至るまで非常に複雑なプロセスを経るということだ。

カレンシーを交換する戦略を立てる

すでにカレンシーの交換の戦略についてかなり触れてきたが、重要なことなので、ここでもう一度、どのような場合にどの戦略を採るべきかを振り返っておきたい。影響力を効果的に発揮するためには、適切なカレンシーの交換戦略をとることが肝要なのだ。

カレンシーの交換が難しいかどうかは、こちらの関心と相手の興味とがどれだけ近いかに関係している。まずは、こちらが依頼に応えればそれが明らかに相手のメリットになる状況を取りあげよう。次にそうではない場合、つまり依頼に応えることの利点を相手が理解していない状況について解説する（表7・1は状況ごとの交換戦略のサマリーを示す）。

自由市場的なカレンシーの交換──お互いに利益のある場合

お互いにこの交換のメリットがはっきりと分かり、しかもお互いが受けるメリット、問題、リソースがだいたい同等であるときは、あたかもお店に行き、値札のお金を支払って買い物するように簡単だ。何かを購入するのに似たやりとりとなる。もし相手とよい関係にあれば、相手の意図を警戒する必要もなく、無理に相手のために頑張る必要もない。対等なカレンシーの交換ができる。こういった自由市場的なやりとりは、相手と深い信頼関係がなくても可能であり、お互いに同等だと思えれば、どんなカレンシーでも活きてくる。もちろん、すぐさま相手側にも同等なカレンシーの交換だとわかるとは限らないので、十分な検討と計画が必要なこともある。つまり、相手の世界やニーズをしっかりと理解することが常に重要なのである。

また、副次的な利点もある。ウィン・ウィンの交換では、相手が協力的で再び取り引きすることが可能な人であることが分かったり、それによって評判が上がって、いっそう良い関係になっていくこともある。

自由市場的な交換には、それでも的確な見立てと注意深い計画が必要だ。相手側が、こちらの提案が彼らのニーズにどのように合うのかをすぐに理解してくれるとは限らないからだ。ゆえに、相手側の世界やニーズをよく理解することは常に重要だ。

ここで協力すると相手の目標達成に役立つことを示す

相手の協力が相手の他の目標達成にどのように役立つかを示せれば、両方とも動きやすくなる。こんな例がある。ある地区担当マネジャーは、情報を抱えこむ上司に困っていた。ビジネスの現状をもっと知りたいが、批判しているとは思われたくない。そこで、支店長に地域の方針を浸透させるためにもっと情報が欲しいのだ、と言うことにした。方針の浸透は上司の今年の目標であったため、地区担当マネジャーが定期的なスタッフミーティングを提案すると、上司は時間つぶしではなく、役に立つものとして受け入れたのだった。地区マネジャーは上司にとってカレンシーが何かが分かっていたので、自分の依頼を上司に利のある形にして協力を求めたわけだ。

見えていない価値を見せ、交換する

ときには、お互いにとってのメリットが分かりにくいこともある。そのようなときは、多少の努力が必要になる。あるベンチャー企業の生産管理のマネジャーの例だ。このマネジャーは工場を自動化する技術の導入に、ゼネラルマネジャーの承認を得たいと思っていた。投資回収に関する標準的な分析結果は、省力化の点であまり説得力がなかったので、受注し損いの予防の点から、より早い応答時間による業績へのインパクトを分析した。この革新的な設備投資効果の算出方法によって、工場の自動化は部門の利益になると、ゼネラルマネジャーを説得できた。

このように、見えにくい価値を明らかにする方法は一般的になってきている。以下は例だ。

・離職によるコスト

・過剰在庫の保管コスト
・従業員満足度と売上の関係
・顧客ロイヤリティがもたらす価値
・障害やサービスの遅れによるコスト

相手のコストをカバーする

もうひとつの戦略は、相手にはコストがかかるが、そのコストをあなたにカバーする用意があることを伝えるのだ。交換では、同等な価値をもつカレンシーがなかなか見つからないことがある。しかし、この方法によって、どうしても相手に利益を示せない時であっても、カレンシーの交換が可能となる。たとえば、分析を担当するグループにレポートを頼みたい場合、すでに手元にあるデータからラフな下書きをつくったうえで依頼するなどだ。これによって、どのような視点から分析するのか、どんな形式のレポートが必要なのかのメドがつき、分析グループは手間が減ってレポートをつくりやすくなる。

どんなケースでも、依頼先が負担する手間、つまりコストを見積もっておけば、あなたが手間を負担できるかどうかを見極められる。たとえば、上司は秘書に必要な時にはオフィスにいて欲しいと思っているが、秘書は朝の出勤時間を自由にしたい場合を検討しよう。秘書が見るところ、上司にとって朝よりももっと重要度が高いのは、緊急の業務が発生した時に快く仕事に取り組み、残業して終えることにあった。そこで秘書は、朝、母親のデイケアを手配する必要があるときには、10~15分くらい遅れる等の裁量を許容してもらえれば、必要な時は残業することに同意した。双方が自分にとって価値のあるカレンシーを交換し、求めるものを手に入れられるのだ。この場合、上司にとって秘書が早朝わずかな時間不在になることがあるという負担と、厳しい状況での秘書のサポートというカレンシーを交換して、バランスを取ることができる。または、パソコンとネットワークアクセスを会社が提供してくれる条件で、ある仕事は家ですることを交渉できよう。彼女にとって、上司にとって、会社にとってウィン・ウィンな形だ。

見えていない負担／コストをどのように示すか

公平な交換かどうかを判断するために、相手はまずあなたの依頼がどの程度重要なものなのかを知ろうとする。つまり、断った時にどんな負担があなたや会社に発生するのか、だ。あなたの方も、相手にとってどんなコストが発生するかを知りたいのと同じだ。相手側は、あなたのコストではなく、自分たちにとってどういう手間が増えるのかを考えるものだ。負担のかかる交換の相手が上司のときは特に難しい。上司にはこちらが泣き言を言っていると取られたくないし、かといって脅しに聞こえて欲しくない。相手が同僚の場合でも、相手にもどんな手間が発生するのかについて情報が必要になる。あなたには自明のことでも、彼らはあなたの見立てを知らないし、あなたの世界やニーズを知るわけではないのだ。

あなたが依頼に対して素早く対応していたとしたら、周囲の人はあなたを取り巻く状況の複雑さや背後の努力に気がつかないものだ。こういった場合は、これまで負担したコストと、依頼を聞き入れてもらえなかった時にあなたが背負う負担について、きちんと伝える方法を考えておくのだ。たとえば、どういうステップをたどって依頼に応えているのかを表などで描いてみせることはできるだろう。相手のために夜遅くまで仕事したり、週末も使うことを気取らずに相手に言えるか？　魔法の杖があるんだよ、などとジョークを言うことで、逆に背後の手間を間接的に伝えることもできる。ただし、負担について明示したからといってすべての人が考慮してくれるとは限らない。しかし、相手とそれなりの関係を築けていれば、伝えることは役に立つ。

見えていない負担を示す方法は、相手がカレンシーの交換を持ちかけてきたときにも有用だ。感じの良い態度で接することは大事だが、こちらが負担する手間、コストに注意をむけさせるのだ。「おやすいご用だ」と安請け合いしすぎるのはいかがなものか。とはいえ、依頼に応えるのにどんな手間や負担がかかるかを並べたてるのも効果的ではないだろう。重要なのは、双方がこの依頼ですべきことは何なのかを理解することだ。たとえば依頼に応えるために、必要なアクションや障害になりそうなこと、諦めることになることなどを、相手に聞こえるようにブツブツとつぶやいてみてもいい。その後で、ＯＫするのだ。こちらの負担を知らせ損なえば、あなたが受けとれるものは思っていたよりも少ないかもしれずその結果、その後相手との関係がぎくしゃくする可能性もある。

時間をカレンシーとして使うときの戦略

仕事上の良好な関係を築いている相手には、こちらがお返しする時期や方法を柔軟に考えられる。しかし、良好な関係にない相手からは、あなたがどう振る舞うかがシビアに見られる。外から見ている人には不思議に見えることだろう。ある人の援助の依頼には快く真摯な態度で努力を傾けるのに、別の人には慇懃無礼に抵抗する。これまでの担当者同士、部署同士の関係でどのような経緯があったかによって、依頼やお返しの価値と負担が異なってくるのだ。過去の経緯を含めて状況が非常に複雑なために、重要であるにもかかわらず不可能だと諦めることも実際にしばしばあるのだ。

1　すぐその場で：お返しとして、その場ですぐにカレンシーを提供する。カレンシーは依頼に直接関わるものでも、直接的でなくてもどちらでもいい。

2　過去のことも考える：相手の信頼を勝ち得るために、過去の自分の努力を引き合いに出すことができる。逆に過去にまずいことがある場合は、それを乗り越えなければならない。

3　将来に向けて：後でお返しすることを約束する。何をどうお返しするかは決めても決めなくてもいい。ここで相手側がこの後払いを認めるかどうかは、お互いの間のこれまでの信頼の蓄積が左右する。

戦略的に考える上では、得たい結果を出すためには過去と未来も含めることが鍵となる。味方との連携においてもこの考え方は有益だ。

信用を得る――もしもの時のために貯めておく

昔のジョークで言ったものだ。『銀行は、こちらがお金を借りる必要のない時に貸したがる』と。ここにも一粒の真実がある。借りたのなら必ず返さなければならないということ。ゆえに、将来必要になった時に引き出したり、借りることのできるよう、現在の資産に投資することを怠らない賢さが求められる。同様のことが組織内の交換でもあてはまる。あなたが頼みたい時に依頼できるように、可能なときはいつでも聞ける頼みは聞いておくことだ。実際に交換する前から、将来に備えて実際に積みあげておくというわけだ。将来への備えだといえる。

多くの人が求めるリソースを提供できる業務を担当しているのであれば最も簡単だ。情報システムの担当者は、情報システムの優先順位を決めたり、生産スケジュールを管理したり、現場のマネジャーに必要な情報サービスなどを提供している。彼らは、システムの優先順位を特に相手に都合がよいように調整したり、相手が喜ぶプラスアルファのサービスをするなどして、相手から信頼を集められる。将来、仕事で助けてもらうために今役に立つ仕事をするのが、信頼を勝ち得るベストの方法である。相手を動かすことそのものが目的にならず、仕事に役立つことに集中できるわけだ。

むろん、あなたのプラスアルファの努力や特別な配慮を当然のように思ったり、それが業務の一部だと勘違いされる危険性はある。したがって、プラスアルファの努力であることが相手に分かっているかどうか、さりげなく観察することも必要だ。中にはそういった注意が必要ないこともある。貴重な貢献は伝わることが多いものだから。

もっとも、このように有利な立場に立っていなくても、他者の役に立つ何らかの方法は見つかるものだ。人によって価値を置くところは異なるので、相手の立場に立った、思いやりのある援助の機会が多くあるはずだ。やる気があり、他の人たちが何に価値を感じるかを見つけることができ、様々な人たちとのつながりを大事にしていけば、ちょっとした手助けをすることによって、日常の職場の中で信頼を築くことができる。

たとえば、あるミドルマネジャーは仕事に関連した記事を〝お知らせ〟という形でピックアップして社内の知り合いに送り、気づかないうちに信頼を得ていた。彼は、仕事に関することや面白かったことなどで周囲の人と気軽に会話するのを楽しんでいた。また、自分が読んだ様々な雑誌や新聞からニュースや面白い話をひろい出し、周囲に送って喜ばれていた。彼は意図的に自分の支援者を増やそうとこの〝お知らせ〟クリッピングを送ったのではないが、周囲からよく考えている人だと信頼を集めたのだ。

その結果として、彼は後に自部門や自分の関わるプロジェクトで協力を得られるようになったという。

自分らしい強みを思いだそう。何か他者より知っている分野があるとか、ユーモアがあるとか、記憶力がよいとか、共感性が高いとか、そのどれかが他の人にとって歓迎されるかもしれないのだ。早い段階からそういった強みを活かす機会を見つけるとよい。

やりすぎないことが肝要

相手が仕事に関するカレンシーのどれも受け入れず、協力を得られないときもある。そういう場合、相手と信頼関係を築くために、預金のように個人的なカレンシーを貯める必要が出てくるだろう。気遣いやユーモア、ちょっとしたスナックを振る舞うなどの個人的カレンシーは、社会的潤滑油となり、相手をなごませる。

しかしながら、仕事に無関係なことで相手に貸しをつくるのは、やりすぎると危険な面もある。一度、自分から進んで頼みをきいて貸しをつくり、レシプロシティの口座に貯める威力が分かると、個人的なカレンシーをどんな状況でも使いたくなりやすい。しかし、個人的なカレンシーの活用は、自分の評判を損なう危険性も伴うのだ。

つまり、〝親切の押し売り〟のようになるのだ。特に、相手が恩を売られるのではないかと警戒しているようなときや相手が迷惑そうな様子の時は、やり過ぎになりやすい。かつて、デール・カーネギーは、友達になることで影響力を発揮するように勧めた。特に相手の名前を素早く覚え、会話の中で名前を頻繁に呼ぶとよいと述べた。誰でも自分の名前を呼ばれるのは嬉しいからだ。しかし、自分の名前が連呼される状況を考えてみて欲しい。「そうですね、セイモアさん、確かにどんよりしたお天気ですよね。セイモアさん。セイモアさん、あなたは本当に素晴らしい方ですね、セイモアさん」これでは、カレンシーの価値も劣化してしまう。また、誠意がこもっていなければ、相手と信頼関係を築くはずのカレンシーの利点も、マイナスに転じるのだ。

　これらは、〝将来に向けて信頼を築く〟ことの、興味深いパラドックス（逆説）を示している。将来に向けて使えるように〝口座に貯める〟ことは役に立つ。しかし一方で、やりすぎると、当人の真意を誤解したり、疑いを感じさせる可能性も出てくる。いつか〝お返し〟を求めてくるのではないかと懸念を感じれば、相手は逃げてしまうだろう。では、このパラドックスから抜け出すにはどうしたらよいか。ガイドラインがふたつある。

1　自分の意図をはっきり示す。意図をきちんと説明することで、そういった疑念が解消されることがある。「今、ちょっと時間があるのでお手伝いしますね。第２四半期になって期限に迫られて汲々とした時は私からお願いすることになると思うのです」など。交換を持ちかける少し前に、先日の借りを返して貰えないかとサインを出すのもある。

2　会社の目的を前面に出す。これまでも述べたが、相手から見て、組織のためになると分かるように伝えれば、あなたの依頼も受け入れて貰いやすくなる。

過去の〝借り〟を思い出してもらう

　自分が動かしたい相手にすでに〝貸し〟があり、依頼したいことがその手助けでしたことより大きすぎない場合、その相手との交換はそう難しくない。相手はかつての借りを覚えていれば、似たような負荷だと分かっているからだ。良い関係にあるなら、以前の貸しよりも負荷の大きなことも頼める可能性もある。信頼関係のある相手では、状況によって貸したり借りたりするのが常だからだ。

この本の考え方は、影響力に関することであればどんなことでも当てはまる。組織の中では、多少の違いはあれ、ほとんど自動的に交換が行われていると言ってよい。それが仕事の一部だからだ。交換を成立させるためにわざわざ相手と話し合うのは、いつもと違うことをする必要に迫られた時だ。その場合は、早い段階からあなたの頼みたいことが特別であり、注意する必要があることを相手に伝えておくとよい。いつもの仕事ではなく、時間を取る必要があるほど重要なのだと伝えておこう。

〝借り〟があることを相手が認めない場合

しかしながら、興味深い問題も起きる。あなたが〝貸し〟のある相手に〝借り〟を返してもらおうとした時に知らん顔をされるという事態だ。あからさまな交換を嫌い、礼儀正しさと忠義を重視する組織では混乱が起きるだろう。過去に貸したことのある方は返してもらえると思うが、借りる側は過去にしてもらったことが相手の通常業務の一部だと思っていれば、借りはないと思ってしまう。過去にしてあげたことがあるから、今回の依頼をするのだと仄めかしたにも関わらず「そんな大袈裟な。君は仕事だからしてくれたんだろ。」と言われると気が滅入る。この相手が上司であれば、こちらが注いだ苦労を実はあまり理解していなかったことがわかって、いっそうやる気が失せる。

「私はあなたに貸しがある」とはっきりと言うのは、品がないと考える組織風土もあるだろう。その場合は、さりげない伝え方が必要だ。また一方、大都会の組織（ニューヨークの会社や病院を見よ）では、世の中はそれぞれ自分本位に動いており、ほしいのならはっきりと求めるべきだと言われる。言い方は組織の風土に合わせる必要があるだろう。新入社員であれば、周囲を常に注意深く観察し、誰がどの程度直接的な言い方をするかをヒントにするとよい。

貸しや借りについて話しにくい組織では、貸し借りの認識の違いを話し合うのは結構難しい。「私が特別な配慮したことを認識していただけてなかったのはショックでした。あなたに負担をかけたくなかったもので（返して貰えばいいと思っていたので）言わなかったのですが。少し配慮していただけないでしょうか？」と言う代わりに、間接的な形で、「実は厳密にいうとあれは私の業務の範疇ではなくて。他にも責任のある仕事がヤマほどあるものですから」と伝えることができるかも知れない。ただ、さりげなさ過ぎると相手には伝わらず（相手が行間を読む力が優れていなければ）、納得できないまま諦めなければならないこともあり得る。

したがって、相手から確実に返してもらえるようにするには、前もって手を打っておいた方がよい。その組織風土に合った、お返しの期待を表明する言い方があるはずだ。ある消費財の会社では、重要な問題の場合には、組合が関係していなくても「これはストライキものだ」という言い方をするそうだ。別の組織では「この件では自分は全力で戦うつもりだ」、他の会社では、依頼が通常業務の範疇外の場合、メンバーは「これは大仕事だ」と言うのだそうだ。いずれにしても、その組織らしい言葉で、この協力がいかに重要かを伝えるのだ。しかし、〝オオカミ少年〟にはならないように。大げさに言っているわけではないと、きちんと伝えることは大切だ。こういった場合、長く勤めている同僚にどうすればいいか教わったり、仲介役を頼むのもひとつの方法だ（もちろん、この場合、新しくその相手に借りが発生するが）。

相手があなたのカレンシーを信用しない場合 ——「愛してると言うくせに、一度も花をくれたことはないわね」

直接的に交換について話せる場合でも、お互いの貸し借りに関する認識がずれることもある。カレンシーの交換では、換算レートに客観的な基準はないのである。「私は貸しがある」とあなたが言い、相手も同意するかもしれないが、あなたの考えるように相手が考えている保証はない。ときには、相手の依頼に応えるときのこちらの手間がわからないために、相手がそのことを認めない場合もある。また、緊急でもないのに、あたかも組織の将来がかかっているように対応する人がいる。依頼主にとってはさほど緊急ではないのに、勝手にドタバタと大騒ぎして応えようとする。こんなことをすれば、自分がお返しを求めたときに、「おやおや、落ち着いてください。私は提案しただけなんですよ。そんなに大騒ぎをするものではないのです。ですから、私のせいにしないでくださいね」と言われてしまうだろう。

逆もまた少なくない。誰かのために常に走り回っていながら、お礼を言われると、自分の努力を「たいしたことないよ」と謙遜してみせる。敏感な依頼主であれば、プラスアルファの努力を評価するだろうが、誰もがそうとは限らない。結果として、努力した方は本音では損したと感じているのに、依頼した方は無邪気にもその人の恨みに気づかないという事態が起きる。

相手に何か貸しがあるときは、さりげなく、でもきちんとそれを知らせよう。苦労したのにそれを隠すのでは苦労が泣くというものだ。誇張しないで相手に自分の努力が伝わるように表現するのは、いささか難しいが、やってみる価値はある。

努力は伝えたいが、義務感でやったとは誤解されたくないものだ。さりげなく信頼を積みあげる能力を持っている人はとても少ないが、非常に重要なスキルなのである。ぜひ身につけておきたい。自分の会社ではどうするとよいか、信頼できる同僚に相談するのも方法だ。私たちが実際に会った中で最も強力な影響力の持ち主は、ある幹部のアシスタント的な立場にある人だった。彼はそれを活用し、魔法のように依頼者の期待に応え、幹部を動かしていた。しかも、大変そうな素振りを全く見せずに。その会社は官僚的で、幹部たちを動かすのはとても難しかったので、助けてもらった人は尊敬の念と〝借り〟を強く感じたのだった。重要な部門が新しく設置されたとき、彼は資格や学歴などの公式な資格は他の候補者より見劣りしたにもかかわらず、多くの人に支持され、その部門長のポジションを獲得した。

信用借り——支払いの据え置きと担保

相手に貸しをつくれなかったり、相手が求めるカレンシーを用意できなかったり、そのための調整する時間がない場合、後での支払いを頼む必要があるだろう。あなたがそれなりの信用を得ているなら後で返すからと頼めるだろうし、または、特定の物を提供する約束をしたり、後でどのように返礼するかがはっきりしていなくても借りることを頼めよう。ただし、過去に相手との間で行き違いがあった場合は、かなりよい担保を差し出さなければならない。相手との関係が対立的でなければ、少なくとも後で返すことを条件に協力を求めることができる。

この信用借りについては、組織変革に関する研究で有名なロザベス・カンター教授によると、変革を成功させたミドルマネジャーたちも、後で返礼する約束で協力、リソースの提供、予算の付け替えなどを依頼していたという（注1）。彼らは、後でよりよい支援の提供、つまりプロジェクトが成功したときに協力者として感謝を公に表したり、他の形のカレンシーで返すことを申し出ていた。ときに彼らは、「可能なときでいいのでリソースや支援をいただきたい」と言い、協力の約束だけを求めることもあったという。そして、彼らは支援の輪を広げ、その時〝投資〟を約束してくれた人たちにお返しをし、協力者にさらなる支援を取りつけていった。貸し出しを約束した人たちは、自分たちが欲しいと思っていたものを手にできるだけでなく、早期に手助けをしたということでよい評判も得られたという。

しかし、あなたの真意が疑われたり、十分には信用してもらえない場合は、〝担保〟のようなものの提供を検討する必要があるだろう。たとえば、相手に協力してもらう前に、誠意をもって義務感からではなく相手を支援すると、皆の前で言うこともできる。これを口に出して言うのは照れるかもしれないが、依頼をはねつけられたり、かわされるよりもよいのではないだろうか。あまりよいとは言えない人間関係にある相手に、「私に抵抗を感じているのは分かります。それを変えていただきたいのです。私の誠意を分かっていただくにはどうしたらいいでしょうか？　たとえば、〇〇は役に立ちますか？」と自分から申し出ると、お互いの意地の張り合いのような状態が解きほぐされることもある。このように問題の存在を認めることで、困難を解消するための話し合いを始めたり、望ましいとは言えない関係であっても仕事の話ができる可能性が生まれることがあるのだ。

戦略上の他の注意点――誰に、どこで？

影響力を発揮するための交換戦略には、まだ検討すべき要素がある。

カレンシーの交換を働きかける相手を決める

状況が複雑な場合は、複数を相手にする必要がでてくる。その場合、それぞれに同じカレンシーを使うわけにはいかない。個別対応だ。この種の状況では、誰とは率直に話をすべきか、基本的な合意で十分なのは誰か、慎重に対応すべきは誰か、避けるべき人は誰かを見極めることが戦略上重要になる。半端なやり方では影響力は発揮できない。大規模な変化を伴うプロジェクトでは、様々な立場の人たちを相手に注意深く交換しなければならない。相手にカレンシーの交換を単刀直入に働きかける際の注意点をあげよう。

相手の社内でのポジション

・相手にどれくらいの力があるか？　力には、役職以外のものも入る。その人がコントロールできるリソースには何があるか？　それはその人だけが使えるのか、他の人も使えるか？　自分の成功にその人がどれだけ必要か？　他者はその人の意見をどの程度考慮するか？　もし相手を怒らせてしまったら、こちらのプロジェクトはダメージを受けるか？

必要な努力や信頼の度合い

・相手とすでに知り合いなのか、それとも最初から関係を築く必要があるか？　仕事で協力する程度の関係を素早く築けるか？　それとも、時間がかかりそうか？

・相手はこちらが提供できないカレンシーへのこだわりがありそうか？　相手の求めるカレンシーを提供するのは、あなたにとってどれくらい負担になるか？

・相手は、こちらが相手を尊重する態度を示して時々ご機嫌うかがいをしていれば、あらたまって頼みこまなくても大丈夫だろうか？

他の方法

・相手に協力を促してくれる人はいないだろうか？　あなたが相手に直接的に頼めない場合には、誰

図 7.1　相手に対するパワーと戦略

		相手に対する依存度	
		高い	低い
相手に対するこちらの力	強い	相互の交換	後にまわす
	弱い	依頼し、手に入れる	友好的に無視する

がその人を動かせるだろうか？

・もし、相手の動きをめざす方向に変えられない場合、その動きを止めることはできないだろうか。相手の反対に配慮したり、相手の最大の懸念を回避するようにプロジェクトを修正できるか？

一般的には、相手に比べてあなたの力がどの程度強いのか、または相手への依存度はどの程度なのかが重要になる。

図７・１にあるように、戦略を四象限で図式化することができる。

相手に対してこちら側にそれなりに力がある場合、この本で説明してきたように対等なカレンシーの交換を働きかけられる。

しかしながら、立場的にあなたの力があまり強くない場合（第５章で扱ったカレンシーの幅を広げる方法を活用した後でも）、しかも相手の協力が不可欠なときは、相手に従順な戦略をとるか、またはその人に影響力を発揮できる別の人を見つけるしかない。相手に従順な戦略とは、相手の善意に身を委ね、同情を得る方法だ。はったりを言うこともできるが、自部門内で行うときはあまり効果が続かない。それどころか、かえって同情による協力を得にくくなり不利になる。

一方、こちらの力が強く、相手の協力が不可欠というほどではない場合は、後にまわしてよい。最後に、力もないが同時に相手への依存度もさほど強くない場合は、相手を気に掛けなくてもよい。友好的な態度で情報を伝え、相手を動かすことにあまり労力をかける必要はない。これまでも強調してきたように、理不尽に非友好的に振る舞ったり不快な態度をとってはいけない。後でその人が重要な立場に立つかもしれないからだ。それより、現時点で限られた自分のエネルギーを必要なところにいかに集中するかが重要なのだ。

どこで頼むか——相手の場所か、こちらの場所か

また、戦略上、実際に交換を持ちかける場所をどこにするかを考慮する必要もある。よく知っていてよい関係にある同僚であれば、場所はあまり関係しない。車の中であっても、ビジネスの話を成立させられる。会社の廊下で素早く話し合うことに慣れており、最初の働きかけは小さくコンパクトなものを好む人もいる。一方、まず最初は文書の形を好む人もいる。もちろん簡単なことを頼むとき、場所はさほど問題にはならない。しかし、初めての相手だったり、過去に行き違いがあった場合は、場所選びは重要になる。

人は一般的に自分の領分にいて自分のペースを保てるときに、最もリラックスできる。相手のオフィスでは会話が中断されることが多く、話に集中しにくいこともある。そういった場合は、どちらの領分でもない会議室か、オフィスから離れて昼食の場を使うとよい。会社の規定に反しないなら、一杯やりながらでもよいだろう。いずれも、自分のオフィスに呼びつけるよりもましだ。アポイントを取って所要時間を伝えることも、相手にとっては受け入れやすく、対等な印象を与えることができる。

相手に、陽の当たるまぶしい側の椅子を勧めて落ち着かなくさせるといった、見え透いた交渉テクニックは使わない方がいい。いずれどこかの時点で、もう一度、頼まなければならなくなるだけだ。

カレンシーを交換する場で対処すべき5つの課題

交換の最中に、いくつかの課題に対処する必要が出てくる。以下の５つの難問を見てみよう。

１　強く出るか、後退するか？
２　率直に全部話すか、一部だけにするか？
３　当初の予定通りに進めるか、その場に合わせるか？
４　ウィン・ウィンで行くか、否定的な交換にするか？
５　仕事中心でいくか、関係重視でいくか？

強く出るか、後退するか？

相手が〝貸し〟を返そうとしない場合には、少しずつプレッシャーをかける。相手が意識的に応じようとしないのでなければ、協力を誘いかける程度から始めることだ。相手は理由があって応じられないかも知れない。相手側が費用対効果分析をしているか、依頼事項の（あなたにとっての）重要性を理解していないからかも知れない。もし、相手が自己本位的な理由で〝貸し〟を返さないようなら、あなたが納得する程度の厳しさで相手に求めるか、または相手との関係が壊れることは覚悟のうえで締め付けを強くしていく。

締め付けを強める形として、まず相手にあなたが相手に貸しがあると思っていることをはっきりと伝え、なぜ返してくれないのか、答えてくれるように求める。相手の態度が乗り気ではない場合、あなたは本当はしたくないが、先々で相手に協力することを控えると伝える。さらに、周囲の人たちにあなたが借りを返さないことを知らせたり、相手の協力がないとプロジェクトが遅れたり、失敗するかも知れないことをはっきり言う。

このように段階的に働きかけるのは、爆発的な形の手立てを最後に回すためでもある。しかしすべてやってもダメな時は、声を荒げたり、怒りを表したりして、相手が渋々でもこちらの求めに応じるように仕向けていく。そうする場合、交換するカレンシーが変わる。つまり、怒りをあらわにすることを抑える、というカレンシーだ。相手が応ずる程度に合わせて怒りを抑えて見せるのだ。

しかしながら、このような感情的な脅しは相手がそれを好まない時にのみ効果がある。通じない相手に使ってみても、さらに相手の抵抗を強めてしまう。相手との関係を根こそぎ壊していいのかどうかの決断が求められる。

もっとも、この方法を絶対に使わないと決め込むのも早計だ。相手によっては、この方法が必要なこともあるからだ。相手が騒ぎをひどく嫌がるときには、この種の感情的な交換が効果をあげる。そういう相手に遠慮していると、それは相手の思うつぼであり、何も得られないことになる。まずこちらの要請を周囲にも明らかにし、プレッシャーをかける。最初は友好的な態度を崩さないところから始めるが、相手の反応がよくないときはいらだちを表し、感情的になっていく形だ。仲間の目前で微笑みながら、〝この人はもらってばかりで返そうとしない人〟というメッセージを周囲に伝えられれば、相手はさすがに拒否できなくなる。この方法は、誰からも好まれないので、相手が明確な意図をもってこちらを踏みつけようというときにだけ使うべきだ。

率直にオープンに話すか、一部だけにするか

「双方が最大の利益を得て、コストは双方とも最小」というカレンシーの交換が理想的だ。お互いに

相手が持っている価値を求めており、それを交換してお互いに大きな利益を得る。結果についても関係についても良い気分で元の持ち場に戻れる。

外交官の3つの約束
　嘘は絶対につかない
　真実も絶対に明かさない
　疑念が向けられたら、トイレに行く
（出所不詳）

しかしながら、自分の方の負荷を大袈裟に見せたいという誘惑が潜んでいる。もし相手にこちらの負担が実際よりも大きいと思わせたとしたら、相手はよい価値の交換だったと思い、同時にこちらに対して〝借り〟を感じるだろう。そこで誘惑が起こってくる。最小の負担で自分の目標を獲得したいがために、自分の方の負担が大きかったと見せ（相手の負担を小さくとらえ）たいという誘惑だ。

その上、こちらが相手の想像以上に多くのリソースを持っていたらどうだろうか。相手から欲しいものを楽に引き出せると分かっているのに、相手に手の内を教えなければならないのか？　それらは他の件で使うまで取っておくこともできるではないか。しかし、カレンシーを出し渋ったり、迫られるたびに小出しにするとか、こちらの手間を大げさに言っていると、メリットのあるカレンシーの交換の機会を失ってしまう可能性がある。

情報の出し惜しみや使い分けは、次のふたつの点でマイナス効果を生む。(1) 創造的な解決策を生み出すために、あなたが何を重視しているかを相手はあまり理解できなくなる。もっと悪いことに、(2) 相手はこちらが公明正大でないと感じてカレンシーの交換を拒否したり、隠した宝がこれ以上ないことを確かめたくなるだろう。抜け目のないことで収穫があるかもしれないが、誇張や隠蔽をすれば、結果的に相手からも同様にされる可能性が生まれるのだ。

　役者さながらに自分の感情を隠し通せる人たちは確かにいるが、マネジャーの多くは自分の演技力を過信している。私たちがこれまでコンサルティングで関わったどの組織でも、隠しごとをするマネジャーたちはやがて信頼できないと思われるようになり、重要な仕事から徐々にはずされていった。ひどいと思われている人が昇進したり、上司のお気に入りになることはたまにあるが、そんな人は組織で長くは持ちこたえられない。いつもよい人が最初にあがるとは限らない一方、嫌なヤツもそう滅多にあがれるわけでもない。少なくとも、他のメンバーの協力なくして仕事ができない状況ではそうだ。だまされまいとして自己防衛が過ぎると、自滅してしまうだろう。

　どんなカレンシーの交換においても、お互いに自分の負担を誇張してみたくなるものだ。不幸にも片方がこれを始めると、もう一方も同じようにしなければならないという気持ちになり、お互いに相手への不信が高まっていく。だからといって、やらなかったとしたら、誇張する側の立場がいっそう強くなるので、誘惑は断ちがたいのだ。この点については、兆しが出てきた時に指摘すれば止めることができよう。それによって、お互いの信頼が強まる。どのように誇張が生まれ、信頼関係が傷つくかを説明するとさらに良い。お互い誇張はなしでいこうと相手に言おう。

　しかし、もうひとつの自己開示によって、信憑性と信頼を高められる。相手とあなたとのやり取りの中で何が起こっているかを明らかにするのだ。たとえば、相手が優位に立とうとして本音を言わないときに、どれだけ自己開示するかというジレンマ、こういう状況下でオープンになってともに問題を解決しようと情報を開示することの難しさ、協力的なプロセスを好むけれども騙されたくはないこと、などを開示するのだ。こういった〝メタレベル〟の開示によって、不要なリスクを背負うことなく自己開示の雰囲気やレベルを変えることができ、さらにあなたがどのように物事を進めるのを好むか、相手方に伝えられる。私たちは、これを「ゲームに名前をつける」とよび、双方とも抜け日なく賢く振る舞おうとすることを避ける方法として勧めている。そのままであれば、疑念と不信がうずまき、創造的な共同型問題解決ができなくなるからだ。

計画通りに進めるか、その場の状況に合わせるか

第3の課題は、相手の関心やスタイルに合わせる計画を立てておくと同時に、耳に入ってくる新しい情報に臨機応変に対応する用意もしなければならない、ということだ。自分の計画ばかりを考えていると、話の中で相手が示す情報やデータを見落とす危険がある。

交換では、次のふたつの条件が重なると失敗することが多い。ひとつは影響を及ぼしたいと思っているのに、相手が価値を感じるカレンシーや好みの関わり方に気づかないなど、準備が不十分であること。もうひとつは、自分の考えやプランに夢中になってそのプランありきに陥り、相手方にとって重要なことがはっきりと示されているのに気付かず見落としてしまうことだ。

相手のサインに気づかないことはゆゆしい問題だ。難しい相手の場合、その人から協力を得るためのヒントが、例え出してくるとしても10ほどの違う表現で示される。しかし、影響を及ぼしたい当人は、決意も固く自分のプランにこだわって相手の真意に気づかない。

ここで難しいのは、十分に準備していたがために、話し合いの中で相手の関心、目標、懸念に関するヒントなど発信されているにも関わらず、焦点を合わせられなくなることだ。その結果、あなたの狙いは露と消える可能性があるのだ。ゆえに、相手からの反対を苛立ちではなくヒントだと思い、相手が抵抗を示し始めたら貴重なヒントが潜んでいないか話を止めて耳を傾ける必要がある。郊外にハイキング

に行く計画を立てる時、地図に載っていないからといって大きな岩を回避せず無理に登る道を選んでは、ハイキングを台無しにしてしまう。予想外の障害を道しるべとして対応しても、目的地には到達できる。

ウィン・ウィンで行くか、否定的な価値の交換にするか

　4番目の課題は、協力のために話し合うか、予想されるコストの負担について議論するかのどちらにするかを決めることと、それをいつ切り替えるかだ。マイナスのカレンシー（〝○○をしてくれなければ、こちらも△△はしない〟）は絶対に交換しないと決めてしまうと、頑固に抵抗する人に打つ手がなくなってしまうし、かといっていつも後ろ向きでは、将来のカレンシーの交換にダメージを与えるような悪い評判が立ってしまう。天真爛漫と皮肉屋の間によい落とし所を見つけるのは楽なことではない。

　相手との相対的な力関係や依存度によって、協力しないことを盾に脅しの姿勢をとるかどうかが決まってくる。相手よりもこちらに力がなければ、プレッシャーをかけてはいけない。もちろん、相手の率直さと反応の程度によっても、マイナスのカレンシーの交換が必要なのか、効果的かどうかを判断できる。また、将来は協力しないなども検討できる。相手によっては、こちらは同じ組織の仲間だということを思い出させる必要がある人もいれば、その必要のない人（そういう人に対する後ろ向きの議論は、失礼極まりないということになる）もいる。

仕事中心でいくか、人間関係重視でいくか

　5番目の課題は、相手と仲が悪い場合に浮かび上がる。この場合、仕事を進めるためにカレンシーを交換をするのか、それとも、仕事がスムーズに進むように相手との人間関係の改善に取り組むのが先

か。第6章で見てきたように、難しい問題だ。仕事と関係改善とで行ったり来たりをする必要が出てくる。どちらを先に取り組むかは前の章で説明したとおりだ。

交換の始め時、やめ時

相手が好む関わり方に歩調を合わせることは重要なカレンシーであり、どのタイミングで交換を持ちかけるかも非常に重要だ。相手側のワークスタイルや差し迫った期限で考えるとどの時点がいいのか？相手にとっては、その日の仕事が終わってからがいいのか、週末の前か後か。その場ですぐ判断するのを好むか、決める前にたっぷりと考える時間を持つ方がいいのか。相手のペースに合わせれば安心感を与えられる。

いつ交換を始めるか、いつやめるかの見極めは一種の職人技だ。ゆえに探ってみる価値はある。相手との力の差や双方にとってのこの課題の重要性、将来の相手への依存度、激しいぶつかり合いを避けられるかどうか、検討しておく必要があるだろう。

相手が自分よりも遙かに力があり、将来はその人の好意に甘える必要性が考えられるときは、激しく争うのは得策ではない。あなたの依頼が相手に否定的な感情を引き起こすようなら、相手の協力がどの程度自分にとって重要なのか、他の可能性はないのか、検討する必要がある。他に方法がないのであれば、カレンシーをゆっくりと交換しながら、相手が否定的な感情を持つ理由を理解するよう努めるとよい。そして、敬意を払いながら相手の言い分に耳を傾け、その否定的な感情が自分に向けられているのか、それとも何か具体的な気がかりがあるのかを確かめるのが望ましいやり方である。

カレンシーの交換を働きかけているとき、何があなたの急所になるのかにも注意を払おう。ベテランの交渉人によると、意図的な場合を除いて、交渉では決して激昂してはいけないという。このアドバイスは、敵対者との一度きりの交渉について述べており、味方としてつきあいが続く相手と異なる面があるものの、十分に参考になる。激昂しやすいようだと、やり手の相手は直感的にそれを感じ取り、神経に障るようなことを言ってあなたを刺激するだろう。

だからこそ、自分がどういう状況で怒ったり、堪忍袋の緒が切れるかをつかんでおくとよいのだ。そうすればその状況に至ったときには、タイムアウトを取り、熱くなるのがよいか、または後悔しないように気持ちを落ち着けるのがよいかを決められるようになる。

カレンシーの交換では、ときに強い態度で臨むことも必要になるが（第16章の強硬策をとる事例を参照のこと）、個人攻撃となるようなひどいことを相手に決して言ってはいけない。そう言いたくなったら、まず少し相手と距離を置き、10から１００、数えるのだ。必要なら１０，０００数える。そうすれば、自分が本当にしたいことにハッとする。意図的に、相手自身を傷つけることなく、厳しく率直に相手に向かっていくことはできるのだ。率直な気持で行うカレンシーの交換であれば、たとえ痛みを伴っても、相手は傷つける意図があるときとは違う反応を返してくるだろう。

カレンシー交換の後――クールダウンのプロセス

うまくいかないときもあるが、交換の目的は常に相手側をも満足させるウィン・ウィンな解決策である。この点は長期の関係が続くことが多いゆえ重要なのだ。再びどこかで交換を求める費用が出てくるかもしれない（交換の狙いの2番目は、関係の構築や強化であることを思い出して欲しい）。

特に困難な交渉を経てきた場合は、合意にうまく至った後も、どのようにして相手に敬意を払い、結果に良い感情を持てるか考えよう。相手があなたに使われたと感じるようなら、それは失敗なのだ。複雑なやり取りをした時は特に、振り返ってどうだったか確認することが役に立つ。

・相手側はあなたと同じように納得して同意したのか？　最終的な交渉では神経質になるため記憶は歪みやすい。注意が必要だ。
・双方とも細かいところまできっちりと合意しているか？　素早く振り返って後悔をなくそう。
・相手は別の考えをもっていなかったか？　相手は予想以上の負担を引き受けたと思っていないか？　相手方が気づいていない面倒さはないか？　後から騙されたとか、後悔してほしくはないものだ。
・相手との人間関係について話したいと思うかもしれない。関わりあいがうまくいっていたなら、相手に感謝を伝えることが大切だ。
・もし、何かひっかかりがあるようなら、話し合うべきだ（ひっかかりが悪化しないように）。

相手側が交換に応じた場合でも、達成のためのやり取りが激しかったときは、関係を再構築して双方向の満足と信頼を抱けるようするべきだ。次に交換する機会に貴重な時間の節約になる（この例として、ウォレン・ピータースのケースがある。このマネジャーがどのように危険が山積みの複雑な交換をやり遂げていったのかが描かれている）。

満足のいくカレンシーの交換を行い、落とし穴に気をつける

交換は、相手との間に信頼とお互いについての理解があれば簡単に済む。自然と相手に合うように依

頼を調整できるし、双方とも喜んで相手の裁量に任せることができる。

そういった関係にないとき、相手の負担が非常に大きい場合、そうは言ってはいられない。

ここまで、厄介な交換相手から協力を引き出す様々な方法について見てきた。もし、相手があなたを搾取しようとするなら、あなたは毅然とした態度で立ち向かう必要がある。次第に声を大きくしたり、周囲に知らしめたり、正面からを受けて立つなどは選択肢として持っているとよい。もちろん、使わないに越したことはない。そういった手法はできるだけ奥にしまっておき、どうしても必要な時にだけ使う。

最後に、あなたがこの交換に関し相手にどれだけ依存しているかで、働きかけ方を決めよう。あなたが求めているもの、まさにそのものを得るためには、この相手だけが頼りなのか？　この人の善意にすがるしかないのか？　どうだろうか。とは言え、どれだけリスクを引き受ける覚悟があるかも戦略の決定要因のひとつであり、長期的な成果と短期的な成果のどちらをあなたは望むかで修正されよう。

すでに建設的な関係があれば満足のいく交換が妥当な期間で得られる可能性が高いので、素早くネットワーク人脈を築くのだ。今、すぐ会える人はいないだろうか？

最後に、交換する際に避けるべき落とし穴を以下に挙げる。

交換時に注意すべき落とし穴

・相手側が重要視する可能性の高いことは何かを事前に調べておかない。
・新しい情報が出た時、事前の分析結果をその場で修正しない。
・問題解決する際に自分のやり方にこだわる（問題が解決することではなく、自分のやり方に執着）。
・相手より立場が下の場合、虚勢を張る。
・否定的な反応を恐れるあまり、交換で使える方法すべてを使わない。

・今後も相手と接点がある可能性を忘れ、関係を犠牲にしてでも自分が勝とうとする。

【注】

1　Rosabeth Kanter, The Change Maters（New York: Simon & Schuster, 1983）. 邦訳『ザ　チェンジ　マスターズ―二十一世紀への企業変革者たち』（長谷川慶太郎訳　二見書房　一九八四年）

2　Erving Goffman の古典的な論文“On Cooling the Mark Out: Some Aspects of Adapting to Failure,” Psychiatry（1952）を参照。

Part 3

「影響力の法則」の応用

Part 3は、あなたが直面している影響力の問題の実際的な解決法のパートである。第2章から第7章で説明した考え方やモデルを使って、組織内でよく見られる影響力の問題をどのように解決するか、その事例をお見せしよう。章の後半に行くほど、複雑な問題を扱っている。分かりやすいように、他の章の内容も用いながら説明したい。能力を最大に発揮するのを妨げる障害を取り除き、あなたがさらなる成功を得られることを願っている。

第8章

ジェンダーと影響力

——ナン・ランゴウィッツ（バブソン大学教授）

はじめに

すべての人があなたのような人であれば、影響力を発揮するのは簡単だ。しかし、技術革新と人口構成の避けがたい変化にともなって、職場の多様性は飛躍的に高まっている。この章では、ジェンダーに焦点を当てる。多様性が増す現代では重要な側面のひとつだ（他に、人口動態、民族、性的傾向、文化的民族的な生育背景によっても、影響力は左右されるが、今回はジェンダーに絞る）。本章を通じて、影響力の発揮とコーエン・ブラッドフォードモデルの使い方に、新たな発見があることだろう。男性優位な組織で女性が味わっている不公平を並べ連ねるのが本章の目的ではない。現代社会では、影響力の発揮の仕方でも、男性と女性、男性同士、女性同士で様々だ。「正しい」アプローチはひとつではないから、〝ひとつの正解〟は見当たらないだろう。また、人に関することでは、その出会い、体験、関係は一人ひとりに個別なものだ。経験や人気のある本や記事に書いてあるからといっても、「女性とは」「男性とは」と、ひとくくりに言えるものではない。偏見やステレオタイプに陥るだけだ。

あなた自身の経験から、共通するパターンがあると感じているかもしれない。しかし、あなたはすべての男性が同じ行動をとるわけではなく、また女性も同様であるとわかっている。それでも、正しいか正しくないかはともかく、以下に示す事例や日常の経験や調査結果からわかるように、ステレオタイプや伝統的な性別による期待が影響力の発揮に影を落としているのだ（注1）。

米国のコメディアン、ウィル・ロジャースの言葉「知らないことでトラブルに巻き込まれるのは少ない。知ってることで足を取られるんだ」を思い出したい。男女とも、お互いにそれぞれどう振る舞うかを知っていると思っている。そして、次の世代にもそういうものだと教え込む。最近の研究では、男性、女性の振る舞いについて、非常に多くの神話や正しいとは言えない信念が存在することが明らかになっている。例えば、女性は昇給を要求しない（注2）、すぐに別の会社に移ってしまう（注3）、厳しいフィードバックを好まない（注4）などである。そういった性別による思い込みのせいで、男女とも伝統的なやり方で対処され、問題や葛藤が生じている。本当はそうではないのに、期待に応えた行動を取ってしまう場合もある。この章が、ジェンダーに関わる複雑さを理解し、知らぬ間に同僚に対して持っている思い込みや仮定を振り返るのに役立てていただきたい。

注意深く気をつけていても、友人や同僚が「女性というのは」「男ってこうだよね」などと言うのを聞くと、古い思い込みやステレオタイプに逆戻りしがちだ。専門職の男性はしばしば会議で女性を遮るか？　女性は対人関係について話すのを好むか？　もちろん、そういう人はいるだろうが、全員ではない。ある特定の人がそうだとしても、その理由は様々だ。ゆえに、結論を出す前に自分自身の思い込みを検証することについて学ぶ価値はある。同僚にあなた自身をパートナーとして観察してくれるよう頼むのもいい。

この章では、ジェンダーの潜在的な傾向や言動がもたらす、対人関係構築上の課題についてとりあげる。ジェンダーを意識することは、リーダーとしての成長を助けるだけでなく、「影響力の法則」を活用して人を動かすときにも役立つ。目標は、建設的な協力関係を構築し、ものごとを成し遂げる能力を高めるためのツールをもうひとつ提供することにある。最初に、ジェンダーが社会的な交流にどのように作用しているか、その主要なメカニズムについて簡単な解説から始めよう。これによって、相手との間で今何が進行しているのかをつかみ、建設的な話し合いのための事前準備ができる。

ジェンダーは対人関係にどう影響しているか

ジェンダーとは、社会が作った男性らしさ、女性らしさのことで、生物としての特性とは無関係だ。[注5] ジェンダーは社会的に受け入れられている行動の規範であり、自分自身や他者についての見方に影響している。ジェンダーは社会的につくられている規範なので、地域や状況によってかなり異なり、変化もする。単純明快に男性は男性、女性は女性という意味で使われながら、微妙な違いもある。ジェンダーのもつ社会的な規範は、その社会で男性または女性として受け入れられる行動や態度を定義づける根拠となっている。その結果、男性らしさであれ女性らしさであれ、自動的に振り分けられるのだ。権威主義的な特徴（支配的、独立独歩、競争的、野心、攻撃的など）は男性らしさと結びつけられ、分かち合いや協力的な特徴（友好的、愛情深い、優しさ、繊細さ、同情的など）は普通は女性らしさに結びつけられる。[注6]

こういった自動的な関連づけは、幼少期から社会文化的に刷り込まれており、他の情報がない場合は、他者について無意識の自動的な仮説をもたらす。私たちの脳はもともと素早く分類しようとするので、こういった関連性や仮説は無意識的な偏見をつくりやすい。[注7] 相手との関係を考える上で、実際の体験よりも社会的な仮説に頼る危険性があるのだ。私たちは、実際に起きていることよりも、〝見たい〟ことを〝見る〟傾向がある（そうするように訓練されている）。また、〝自分と似ている〟人の方が自分と同じようなニーズをもっており、味方になると決めつけやすい。

職場にあっては、現代の企業や非営利組織では、伝統的に男性らしい（と想定された）言動に価値をおく階層的組織が多い。リーダーに対する期待は、責任を引き受けるといった男性的なモデルに基づくことが多いため、女性がリーダーシップを発揮する、あるいは権威主義的な言動をとると、男女に関わらず人と役割の不一致を感じることがある（注8）。〝管理職といったら男性〟という感覚が組織に深く浸透しており（注9）、現代の組織では女性の管理職が存在感を非常に高めているにもかかわらず（注10）、リーダーは男性だというステレオタイプが存続しているのだ（注11）。

これは、リーダーシップ的な役割を目指し、引き受ける女性にとって、困難の原因となる。さらに厄介なのは、女性たち自身が一般的なステレオタイプをうのみにしていることだ（注12）。例えば、〝女性は数学が苦手〟という思い込み（事実ではない！）によって、財務関係の判断において自信を持てないかもしれない。こういったステレオタイプにあらがい、女性の中には数量的思考ができることを〝証明〟するため、財務分析のデータを見直すよう求める人もいるかも知れない。ステレオタイプにはまらない人が組織の中で責任のある役割を引き受けると、強い感情的反発、肯定的と否定的両方の期待や誤解が、あらゆる方面から押し寄せる。これは、様々な仕事における女性の割合（とくに管理職）や雇用形態が話題になることから明白である。この章に関しては調査をする前から、このテーマは荷が重いことが分かっていた。しかし、私たちがジェンダーについて関心を持っていることを口にするだけで、組織で仕事する男女を問わずほとんどの人から強い反応が来ることには驚いた。

男性もジェンダーに対する期待が変化していることで影響を受けている。女性の同僚が男性たちに何を期待しているか、立ち止まって考える必要はないか？　自分はジェンダーにこだわらない関係を支持していても、こだわる人たちが男女問わず存在することに気づいているか？　女性が男性よりも感情的だと思っていなくても、厳しい話をすると女性は泣き出すかもしれないと内心で思っていないか？　女性の同僚に対して、自分が考えるジェンダー的に適切な振る舞いに合わせることを期待していないか？

男性の方が適応しているか？　何が適切なのかを話し合うことができるか？　特に、対人関係に関して、どのようなことなら話し合えると思っているのか？

私たちは、関連文献の研究に加え、組織のさまざまな階層の女性たちにジェンダーの問題の経験について、集中的にインタビューを行った。彼女らは、時に見事な対応したり、時に大変な苦労をしていた。これらインタビュー（※引用）を読めば、自分はどうすれば良いのか判断ができると思う。これまでの歩み、置かれている状況、リスクや結果を受け止める準備度合い、スキルのレベルなど他人には分からないところまで、自分については自分自身が一番よく知っているのだから。インタビューに応じてくれた女性たちの多くが、伝統的な社会的強制力に気づいてはいたが、支配はされてなかった。

数え切れない女性が、『影響力の法則』モデルを使うことによって、組織内にあるジェンダーの障壁にどのように立ち向かうかを決められたと語ってくれた。また、多くの男性が、思い込みを捨て去ることで彼ら自身と女性の同僚にとって利益をもたらすと分かってくれたという。

実際どのように取り組んでいるのか、〝ベターワールド〟という名前の非営利組織（仮称）の経営企画部門で働く〝アンナ〟の例を紹介しよう。〝ベターワールド〟は、年若く妊娠したり、学校を辞めなければならなくなった少女たちの支援をするＮＰＯだった。

ベターワールドの変革をリードしたアンナの例

ベターワールドは、組合連合の形をした組織だ。執行部を中央におき、実際の業務は全米で５００を超える各支部が行っていた。各支部は少女たちを勇気づけ、自分たちにもできることがあると感じさせるプログラムを開発し実施していた。全米的な組織として資金を集めていたが、地域のプログラムで必要な資金は各地域で調達されていた。

アンナの上司、ジャックは経営企画の責任者であり、執行部のメンバーでもあった。彼はこれまでのやり方が時代遅れになっていることを感じていた。多くの少女たちを惹きつけるためにプログラムが動いていたが、問題の核心を解決するには結びついていなかった。毎年、同じような問題が生まれていたのだ。家庭内や地域社会の根本的な問題に対応できる手立てはないのだろうか？　ジャックはこの問題に対する別の方法を考案し、執行部の会議で提案した。彼らは関心を示したが、それだけでは不十分だ。複数の決議案が可決されたとしても、支部のリーダーや地域で寄付をしてくれている協力者たちを納得させられなければ、変えるのは不可能だった。

執行部は、翌年の年次大会においてプログラムと戦略を大きく変革するのを決めた。毎年、年次大会では、６００名以上の支部のリーダーおよびそのアシスタント、そして２００名の篤志家が参加する。この新しい提案で、支部のリーダーたちと篤志家を引きつけることが重要だった。彼らが乗ってくれることで変革がかなうかもしれない。年次大会の計画立案は、ＣＯＯのジェーンの部下８名で毎年担当していた。ジェーンは執行部が新しい戦略で変革を進めるのを決定したとメンバーに伝えた。そして、年次大会の内容構成を工夫して、参加者をわくわくさせやる気にさせるよう、求めた。

アンナは、計画立案グループがこの仕事をやり遂げられるかが、気がかりだった。ほとんどのメンバーは10年以上もこの業務を担当しており、毎年変わり映えしない内容構成ばかりだったからだ（ほとんどがパーティといくつかの講演だった）。革新性のなさの背景には、この組織にリスクを避け安全第一を歓迎する文化があるからだった。アンナは、今回の年次大会の計画を、この慣習を壊して真に参加者を惹きつける内容にできるのだろうかと気がかりだった。アンナの恐れは的中した。ジェーンが計画立案グループに革新的な内容にするよう指示したにもかかわらず、出てきたプランはこれまでとあまり変わっていなかった。執行部はこのプランに否定的な反応だった。「このプランには情熱が感じられない。私たちは参加者の心に響くものが必要なのだ」。会議後、役員がジャックを呼び、「必ず革新的な内容の大会にしてくれ」と言ったのである。

約2週間後、ジャックとアンナはタクシーでホテルに戻る途中のこと、ジャックはアンナに「計画立案グループに入ってみないか？」と尋ねた。アンナは「それは提案ですか、命令ですか？」と聞くと、ジャックは「命令だよ」と笑った。

アンナは後にこう振り返ってくれた。

「もし、私自身がこの命令を受けたくないと心から思っていたとしたら、断ることはできたと思います。命令とはいえ、引き受けるかどうかは私自身の決めることですから、引き受けないという選択もありました。私にとってリスクが高い仕事でしたので。執行部の期待に応えられなかったらと考えました。それに、ジェーンが私がグループに入るのをどう思うか分からなかったですし。そのグループは全員男性でしたので、女性がひとり入ることになるのでした。最もやっかいなのは、ノームというメンバーでした。彼は非常に影響力があり、しかも新しいアイデアに大変拒否的なことで有名でした。他のメンバーも、私が加わることに良い気持ちはしないことが想像されました。私の上司のせいでプランの作り直しになったのですから。一方で、私自身は挑戦が好きでしたし、自信はありました。この件は自分にとってリスクがあることは分かっていましたが、何もしなければこの組織にとってのリスクはもっと大きいと思っていました。さらに、上司のジャックは、私を信頼して指名してくれたわけですし、ジャックも挑戦を好んだので、私の新しいアイデアを支援してくれると思ったのです。なにより、この「ベターワールド」という組織がしようとしていたことを信じていましたし、新しい方向性にコミットしていました。そこで、自問自答したのです。『もし、引き受けたとして、最悪の事態とは何かしら？』この組織が好きでしたが、執着しているわけではありませんでした。必要ならいつでも辞めて別の組織に移ろうと思っていました。」

アンナには、今年の大会〝人々の心に響く〟では、洗練された広報活動が必要だと分かっていた。しかし、広報はアンナの得意分野ではない。この仕事を引き受ける際、アンナはジャックに支援を頼むと、広報グループのリサが任命された。これだけで問題が解決したわけではない。アンナとリサはつきあいがなく、最初に会った時のリサの反応は乗り気とは言えなかった。「失敗するように仕向けられている気がする」。アンナにはリサがしなければならない仕事に圧倒されていると分かったので、「大変かもしれないけど、計画立案は私の得意分野なの。やり遂げられるように具体的な進め方の全体図を描きますから」と説得した。

これは少しは助けになったが、アンナは計画と実行は別物だと分かっていた。リサが、自分たちがやり遂げられると確信する必要がある。アンナは、サンフランシスコの裕福な篤志家に連絡をとり、ベターワールドの理事長と主要メンバーが出席する食事会を開くことを持ちかけた。この食事会は大成功し、リサは理事長の情熱に触れて本気になってくれたのだ。

次に、アンナはジェーンとの関係の課題に取り組んだ。執行部の会議の後、理事長がジャックに年次大会の計画をやり直すよう指示したわけである。ジェーンはそのことで憤慨してはいないだろうか？　アンナとジェーンの接点は僅かだったが、整えるべく行動を開始した。

「できる限り、ジェーンと昼食や休憩のコーヒーを一緒にしました。ふたりともミズーリ州の出身だったので、ふるさとの話に花を咲かせました。また、私は数字に強い方で彼女は得意ではないことを知りました。（ジェーンは実際、執行部会で別のプロジェクトで定量分析の結果を出さなかったため、窮地に立ったことがあったのです。）ジェーンがその点で私を頼りにしてくれれば関係を強めることにならないかと考えました。」

ノームは、計画立案グループで最も抵抗を示す人物で、少し手強い存在だった。会議でのノームは腕組みをして椅子にふんぞり返り、協力的な態度ではなかった。ノームを巻き込めれば、他のメンバーがついてくることがアンナには分かっていた。彼が30年間もこの組織にいることは、大変な影響力を彼に与えていた。長年かけて、ノームは支部のリーダーや篤志家たちと強い絆を築いていたからである。彼はその年に引退することになっていた。アンナは、彼がリーダーや篤志家たちとの関係を台無しにしたくないことが分かった。

「今年がノームにとって最後の年だったので、最高の形で退職し、この組織に不可欠な存在であることを示したいと思っていることは明らかでした。ノームの強みのひとつは、篤志家や支部のリーダー達との信頼関係づくりでした。そこで私は、年次大会に篤志家候補となる人々を連れてくるよう、彼に依頼することにしました。私が目立つ必要はありませんでした。私は目的達成のために努力することにコミットしていたので、喜んで裏方に回りました。これはうまくいきました。ノームはこの年次大会の成功に本気になってくれました。ノームが積極的に関わると、他のメンバーも続きました。」

アンナは、大会の開始直前にジェーンからやっかいな話を持ちかけられた。当初の計画では、アンナとリサがオープニングを担当するはずだったが、ジェーンは急に他のふたりに担当させたいと言い出したのだ。「はっきり申し上げて、あのふたりは私たちほど情熱がないと思います。新しい方向性にコミットしているかどうかも分かりません。あのふたりがオープニングを担当したら、新しい方向性にふさわしい雰囲気を出せるかどうか心配です。私が前面に出たいからではないのです、すべきことをしたいのです」とアンナはジェーンの話を毅然と断った。ジェーンは諦めた。

しかし、まだ問題はあった。リサは年次大会の広報で素晴らしい仕事をしたが、８００名もの大勢の前でこれまで自分がしてきたことを説明するのに不安を感じていたのだ。アンナはリサにはできると確信していた。「私たちは新しい道筋を示す声になるはずでした。だから、私たちが担当し、一緒に皆さんの前に立つべきでした。私は、やってきたことがリサの自信になること、しなければ努力が台無しになることが分かっていました」。リサは渋々承知した。

前日、すべての準備が整い、アンナはホテルの部屋に入って一息ついていた。深夜のこと、電話が鳴った。「アンナ、リサです。私の部屋に来て」というのだ。アンナは急いで衣服を整えて部屋に行くと、リサが不安発作に襲われていた。呼吸ができなくなり、痙攣していた。救急隊員が病院に連れて行くところだった。リサはアンナに一緒に来て欲しいと頼んだので、アンナは病院につきそった。

2人は1、2時間ほど救急の待合で待った。銃で撃たれた患者が先に入っていたからだ。朝の4時、やっとリサは緊張をほぐす点滴を受けられるようになった。医師は、朝までに症状が治まるだろうが、あと2時間は点滴を受けるようにと言った。アンナは「私は戻って2時間は眠ってくる。8時半に会場で会いましょうね」。リサは仕方なく頷いた。

オープニングセッションは素晴らしいものだった。リサはアンナが思っていた通りにきちんとやり遂げたのだ。オープニングでは、少女たちの話や合唱、マルチメディアを活用したプレゼンテーション、新しい方針によって開かれる可能性が説明された。参加者はただ説明を聞くだけでなく、小グループに分かれて戦略的な方向性について討議し、意見を述べ合った。これらすべてが参画意識を高めていった。このセッションはこれまでのものとまったく異なり、参加者を感動させた（理事長は舞台裾で喜びの余りダンスした！）。彼らは本当に〝人々の心に響く〟ことができたのだ。

アンナは〝良い気分〟だけでは十分ではないことを知っていた。執行部は具体的な数字で示されるのを好んだからだ。彼女は大会後にアンケート調査を行い、参加者の感想だけでなく、各支部で新しい戦略に転換するかどうかをアセスメントした。結果、本当に新しい方向性にのっとった転換が始まっていた。翌年の寄付は過去最高だった。加えて、組織の文化にも変化があった。異なるやり方やリスクをとることが歓迎されると、メンバーたちには分かったのである。また、アンナとリサが協力して取り組んだことで、部門の壁が壊れ始めていた。

アンナが「影響力の法則」モデルを、ジェーン、リサ、ノーム、執行部に対して、どのように効果的に使っているか、注目して欲しい。アンナは、なにがその相手にとって重要かを見極め、それと自分が求めるものと交換しているのだ。

ジェーンに対して

恨みを買わないように、アンナはジェーンに個人的に近づき彼女を理解しようとし、アンナの強みである数量化の能力を活用した。アンナはジェーンに個人的に近づき彼女を理解しようとし、

リサに対して

リサは失敗するのではないかという恐れでいっぱいだった。アンナは、自身の強みである計画立案の能力を用いて具体的なアクションステップを描き、どのようにすれば実際にできるのかを示して見せた。また、有力な篤志家やベターワールドの理事長との食事会を設定し、リサをやる気にさせた。リサが大勢の参加者の前でプレゼンテーションする際には、彼女を励まし支えた。

ノームに対して

この長く役員を務めてきた彼は、強く抵抗していた。アンナは、ノームが近く引退すると知り、出資してくれそうな篤志家を年次大会に招いてくれるように頼んだ。引退の花道を飾れるようにしたのだ。

執行部に対して

経験したことのない大会構成に慣れていなかった。アンナは顧客を巻き込み、参加者が交流できる大会とし、大会後のアンケートで、大会が効果的な影響をおよぼしていることを数量的に実証した。

この事例や他のインタビューから、共通した多くの課題が見えてくる。

自分の売り込みより、目的を優先できるか

成功裏に変革を成し遂げる基本原則のひとつに、自分以外の人に〝花を持たせ〟、自分は求めないことがあげられる。(注13) 自分がまったく前に出ないという意味ではない。成功した功績がすべて自分にあるとはせず、他の関係者の貢献をきちんと示すことである。これは男女を問わない。とは言え、アンナのような女性は、謙虚でいるよう、集団優先に振る舞うように躾けられているため、ときに自分の努力と苦

労に触れず、他の関係者を褒めるだけである。こういう人たちは、他者の目標達成を手伝うのと個人的な利益を交換するわけではなく、より高い目標達成のためにしているのだ。例えば、インタビューに答えてあるマネジャーは言った。「業務重視でいますので、私は仕事に重点を置いて（相手が成功するように手助けして）います。私が注目を浴びたり、私が優秀であることを証明するためではないのです。私は男性にとって脅威になるのをとにかく避けています。男性よりも女性自身が、自分のエゴを脇に置く必要があると思います」

このようにしてエゴを抑えられれば、他者からの嫉妬や競争心を減らし、信頼関係構築に役立つ。また別のマネジャーは、「これは見返りを期待しないこととも繋がります。女性は一般的に、要請するよりも〝提供〟するよう社会的に躾けられていることが多いので、そもそも要請すること自体、女性にとってリスクが高いかも知れません。」と述べた。女性の中で自分自身に対して疑問を持つ場合、いっそうこの傾向は強まるだろう。本当に成功したいのか自信がなくなってくる。

アンナがそういった落とし穴には落ちなかったことに注目したい。彼女は、オープニングセッションの担当を譲らず、リサにもやり遂げさせた。繰り返すが、このときアンナはより大きな目的（執行部のメンバーたちに情熱を持たせる）のためにしたのであり、自分を目立たせるためではなかった。

人間関係が中心

インタビューに協力した多くの女性たちは、人間関係がどのように重要であるかを語ってくれた。影響力を発揮する手段としてだけでなく、関係性そのものも重要だという。信頼関係は彼女らにとってそれ自体が貴重なカレンシーであり、その価値が下がることを理由に、手段として考えることすら好まなかった。

私は相手のことを考えます。これは何かのためという手段ではないのです。たとえ、それで私の求めるものが手に入ったとしても達成したという気持ちにはなれません。私の視点では、「私はその人たちを手助けできたかどうか？」が大事なのです。この組織のことも、所属部署も、チームも、同僚も大事ですし、もちろん、やり遂げる必要はあります。

この姿勢には、次の利点がある。

・相手との人間関係の課題に喜んで取り組む気持ちを強める。アンナがジェーンとの関係を築くために自分のやり方を変えたように。
・相手の立場を理解したり相手にとって価値のあることは何かを理解する努力を惜しまなくなる。アンナはリサが仕事を続けるために何が必要か、ノームのニーズは何かを見出した。そして、相手の世界をさらに深く理解していくことができたのだ。リサが不安発作に襲われたとき、アンナは、リサがこの担当に不適だとしてはずせる立場にあった。しかし、アンナはリサをより深く理解していたので、リサ自身が不安に感じていたときでも、リサを支えオープニンセッションをやり遂げさせた。

これが積極性を支えている全般的な姿勢なのだ。例えば、クリスタル・ブライアンが影響力を獲得したやり方にも見られる。彼女はFirst Republic Bankの副社長兼会長およびＣＥＯの首席補佐官だ。彼女の専門性は財務ではなかったが（彼女の大学での専攻は音楽だった）、ものごとを成し遂げるために対人関係能力を活かしている。

私の部下はごく僅かで、私からの指示を必要とする人も少ないので、この点に関しては誰に対する権限もありません。でも、私には信頼関係がある人々がいます。人に行動させようとするなら、指示するよりも動機付けることの大切さを学んできました。関係をつくり、信頼関係を築き上げることは、私の領域では影響力を発揮するうえで大きいのです。私は様々な部署から人を集めて仕事をやり遂げてもらいます。私が取り組んでいる仕事に関わりたいという気持ちのある人は、私が仕事を依頼しても断りません。その人のやり方で貢献するよう励まし、彼らがすることの価値を高めるように私も懸命に努力しています。相手を個人として理解し、何を必要しているのか把握するよう努めています。そして、彼らの助けになるよう私の人脈を使っています。あることを成し遂げるのに支援できるのであれば、組織のなかの点と点をつないだり、ＣＥＯから素早く返事をもらったり、手に入りにくいリソースを得られるようにします。それで関わる全員に利益がもたらされます。私は見返りを期待していません。組織のためにしているのですから。私たちは同じ組織の仲間なのです。

これまで指摘してきたように、女性だけでなく男性も、仕事を成し遂げるために「交換」ができる信頼関係を築いている。信頼の〝口座〟に貯めることで長期の信頼関係を築き、必要に応じて引き出せる良い関係を保つ。これが、まさに組織で仕事する達人たちがしていることだ。（注14）それにもかかわらず、人間関係は短期的なやり取りのためにこそ重要だと考える男性、女性も少なくない。彼らは全般的に影響力が弱く、あまり信頼されていない。女性が、高い割合で関係性を優先度の高いカレンシーとして関係性自体の価値を重視するのは、社会的な要請のせいか、本能なのか。両方なのだろう。これが潜在的で長期的な影響力を発揮する源になるのだが、それほど理解されていない。

もうひとつ、疑問がある。女性は感情が関係する問題に男性よりもうまく取り扱えるのか、というものだ。社会的要請によってそうであるなら、あり得ることだ。あるマネジャーからの示唆を紹介しよう。

会う前から相手を理解しようと努め、話に耳を傾けても、その人が抵抗しているときは十分ではありません。もっと深く掘り下げる必要があるのです。しばしばその問題は感情的な何かが関わっているからです。男性は理屈で議論を続ける傾向があり、掘り下げようとしても事実や論理に留まる傾向がありますが、私は女性の方が、男性が避けがちな感情的な問題にうまく取り組めると思っています。

より関係性に目を向け焦点づけることに、そういったメリットがあるとして、関係を構築し維持するのが難しいと感じた場合、対人関係以外の成果より関係性の方を優先してしまうマイナス面があるのではないだろうか。

私は女性が、私の場合はそうなのですが、承認、受容、建設的な対人関係に大きな価値を置いていると思います。その結果、ときには、自分に「これによる負担はどれくらいだろうか？　私は求めすぎではないだろうか？　公平だろうか？」と自問します。自分の利益を第一に考えることが難しいのです。私が気になってしまうのは、自分が利用されているかどうかではなく、私が相手を利用しているのではないかということなのです。

女性が人間関係を築くことを好む限り、パワーや影響力から遠ざかるのだろうか？　他の人々は女性にそれを期待し、その傾向を利用しようとするか、あるいは女性がそうでなかったら動揺するだろうか？

加えて、部下や同僚と親しい間柄の場合、仕事で厳しい要求水準を維持することが難しくなるのではないか？　管理職の多くは、部下に対して客観性を保つために少し距離を取るべきだと考えている。こう考える傾向は男女ともにあるが、そのために影響力を弱め、自身の効果を減じてしまう。

相手を思いやり、親しい関係を保ち、かつ高い要求水準を維持することは可能だ。ＧＥのＣＥＯ、ジャック・ウェルチと、ウェルチの後継者となって後にＣＥＯになるジェフ・イメルトの話がそれを裏付けている。ウェルチとイメルトはよい友人であり、しばしばバーベキューをするなど家族ぐるみのつきあいがあった。ある役員のオフサイト会議で、ウェルチはイメルトを脇に呼んでこういった。「ジェフ、私が君のことを兄弟のように大事に思っていることは知っているね。でも、ＧＥプラスティックスのこの四半期の業績を次も続けるようなら、出て行って貰うことになるよ！」(注15)

ジェンダーの規範は、親しい関係と厳しいフィードバックのバランスをとるというリーダーシップ行動に、男女で異なった難しさをもたらすかも知れない。あなたにとってはどうであるか、考えて欲しい。

関係性（と関係構築のプロセス）に関する問題

もし、女性的ジェンダーへの期待があるために、女性が関係構築に秀でるのであれば、それは影響力を発揮する土台作りに大いに有利である。最近のＥＱ（感情知性）に関する調査研究では、ＥＱが様々な職業での成功を支える主要な決定要因であり、女性はこのより大きな社会的な利点とスキルを活用することで優位に立てることが示されている。(注16) ただ、同時に面倒な事態も作り出すだろう。インタビューに協力してくれた数名の女性は、女性は男性よりも危ない橋を渡らざるを得ないと話してくれた。

男性は関係性のスキルが低くても、業務遂行優先であれば、それで〝許され〟る。しかし、女性の場合はそうはいかない。〝冷たい／冷酷〟とか、お高くとまっているととられてしまう。女性は人間関係の問題にうまく対処できるはずという期待があるために、そうではない場合は男性よりも厳しい目で見られるのだ。

では、働き方の違いがあっても協力して仕事ができる能力、という点ではどうか。第6章で見てきたように、誰もが仕事をやり遂げるうえでの自分なりの流儀がある。意思決定の仕方、影響力の発揮、影響の受け方もしかり、である。問題に焦点を置く人、可能性に目が向く人。周囲が分析を重視していないときでも、あれこれ分析するのが好きな人もいる。影響力を発揮するとは、相手がどのように関わって欲しいかを理解することも含まれている。

・社会化の結果、文化や生育環境、ジェンダーが同じだと、共通に認識していることが多い。すなわち、どのように関わりあうかについて一連の約束ごとなどが、少なくとも表向きには共有されやすい。男性同士では、どのようにつきあっていくかについて、ある程度の共通理解があって始まる(女性も同じだが)。ジェンダーが異なるとこれは通用しにくい。

・人は相手の反応をみて、何がうまくいき、何がうまくいかないかをつかむ。時には、どのように一緒に仕事していくかを話し合うことがある。

・理想的には、双方が相手側に合わせ、それぞれが自分にとって重要なものと引き換えに、相手が価値を置くものを与えあう。

しかし、これらはいくつかの要因によって修正される。ひとつは力である。力の弱い方は強い方に合わせる傾向がある。部下は上司のやり方に合わせることはあるが、上司が部下のやり方に合わされることは少ない。もうひとつがジェンダーなのだ。世の中は変わって来てはいるが、伝統的に女性が男性に合わせることが多い。家庭でも、仕事でも。ある人の話だ。

> 男性とやり取りしているときは、相手が不快にならないように注意します。私は仕事中心に考えるようにしています。仕事がうまくいくことで私は満足感が得られますし、男性の力も楽だと思うからです。

もちろん、これが女性すべてにあてはまるわけではない。ＥＱ（感情知性）が強調されたことで、多くの男性が、影響力を発揮して成果をあげるには社会的スキルが重要だということを学習した。女性もこのＥＱの側面を強く認識したとしたら、鬼に金棒になるか？　相手の世界やニーズ（カレンシーも）にさらに気づきを深めれば、ウィン・ウィンの交換をする能力が高まるのでは？　それとも、〝関係がうまくいく〟ことを気にするあまり、最初から諦めてしまわないだろうか。ある女性がこう語った。

> 男性は、男性に反対されるよりも女性に反対される方が辛いでしょうか？　男性は、自分の方が答えを出すべきだと思っているようです。私は最初は注意深く構えます。ただ、これまでの経験のせいで相手を警戒しすぎないように、私自身について注意しなければならないのです。

別の意見では、

> 男性にとって、議論で女性に〝負ける〟というのは、同性に負けるよりも〝敗北感〟が強いように思います。そこで、ときどき、男性側が恐れを感じないように、どの程度自分の意見を強く押せるか

考えます。強く主張しすぎると、後戻りができなくなるのではと思って。

もちろん、ときには相手の主張を押し戻す必要もある。当時、フリーランスのコンサルタントだったジュディ・ワイズは、あるコンサルティングのプロジェクトで仕事を失う危険に直面した。しかし、彼女は怯まなかったという。

また、女性が男性の意見に反対するときは、その場面の状況に注意が必要だという意見もあった。

私は誰かに反対意見を述べるときは、その場面の状況に注意を払い、しかも1対1で話をします。相手が男性で、他の男性がその場にいる時はさらに注意します。というのは、同性の面前で私から反対されることで、その男性がどう感じるのかが心配だからです。

慎重であることは大事だが、人が集まっているときでは、反対意見を言いにくくなるかもしれない。しかし、他に選択肢がないときもある。影響力を発揮して男性の問題行動を指摘するには、どうすればいいのだろうか？　ここで困難だった事例を示そう。保険会社の社内トレーニングの開発と実施を担当している女性社員の話だ。この保険会社では、医師を対象とするトレーニングの講師を医師にさせている。医師は時にかなりやっかいな参加者である。

私は講師になる医師を対象に、会議でのファシリテーションの仕方について教えていました。困難な状況での対応の仕方も含まれた内容です。このトレーニングの最中、ある医師が大声をあげながら入室し、私をじろじろ見て教材を取り、折り曲げ、私をにらみ付けて着席し、腕組みしました。そして、他の参加者に、なぜこんな会に出席しなければならないのか文句を言い始めました。私はそこで「はい、休憩にしましょう」と声をかけました。別のある医師ひとり近づいてきて、申し訳ないと詫びたので、そう言ってくれたことに謝意を伝えました。先の医師は何も言いませんでした。会を再開した際、私は「ときに、誰かが遅刻して入ってきて、あなたをじろじろ眺め回すことがあります。参加する全員が好意的とは限りません。たとえば医師は、医師ではない人からトレーニングを受けることを歓迎しないものです。そういうとき、あなたならどうしますか？」と問いかけたのです。いい討議になりました。先の無礼な医師はテキストを開き、真面目に取り組み始め、それ以降は問題を起こしませんでした。

この事例で巧みな点は、彼女は問題を避けず、失礼な言動を学習の機会に転換したことだ（ディスカッションの形で、他の参加者に先の問題行動について間接的に話をさせた）。

「この件でお話しできませんか？」言いにくいことをはっきり言う

これまでこの本を通して触れてきたように、同じ土俵で取り組むため、障害となる問題をオープンに討議するのは大変重要なのだ。

ただし、あなたが〝難しい対話〟をするスキルを持っており、しかもオープンに話すことが正当であると見なされることが前提だ（ここまでの事例には挙げていないが）。伝統的には、〝私たちの関係について話す〟のは、そもそも女性的でウェットなことだと考えられてきた。では、女性がこの話題を正面から持ち出したら、弱い人だと見なされるだろうか？　そうばかりとは言えまい。

リーダーシップ・ワークショップの講師をしている女性社員の事例だ。ある日、ワークショップを終了後、彼女と参加者がまだ残って会話していたところ、日頃から男らしさを前面に出しているＣＥＯから、いきなり大声で怒鳴りつけられた。彼女は驚き、また怒りも感じたが、その場では立ち向かって行かなかった。翌日、その社員はＣＥＯの部屋に行き「昨日、あなたが他の人たちがいる前で私にしたことには納得できません。ふたりだけの場合でもごめんです。誰からも昨日のようなことはされたくありません」とはっきり伝えたのだという。ＣＥＯは驚き、口ごもって言い訳した。その後、ＣＥＯはその女性の悪口を言わなくなり、関係が良くなった。ＣＥＯには相変わらず性差別的なところはあったが、彼女に対しては敬意を払うようになったのだ。

この事例では、彼女は他の人々のいる前でＣＥＯに対決しなかったが、それは彼を窮地に陥らせたり、ひどく辱めることになってはまずいと思ったからだった。しかし、その懸念よりも自分の尊厳を損なわれた思いが勝り（彼女は最悪の場合、別の会社に転職できるという自信もあった）、翌日、ＣＥＯに直接的に先の行為は受け入れられないと伝えた。彼女は「あなたは私の気持ちを傷つけた。なぜそんなに失礼なことをしたのか話し合いたい」などと行為の説明を求めず、端的に「あれは受け入れられない」とはっきり伝えたので、彼は引き下がったのだ。

その他、考えられる選択肢は、伝統的なリーダーシップ理論でも言っていることだが、今回彼女が敬意を払ってもらいたいと表明したように、「私があなたが好まないことをしているようでしたら、フィードバックされることは構いません。受け止めます。でも、公衆の面前であのように罵られるのは、無益ですし、はっきり言って傷つきます。受け入れられません。」とはっきり言うのだ。彼女の場合、ＣＥＯが自分の言動の言い訳をしようとした際に、このように言うこともできた。正しいことは誰にとっても正しいのだと。もちろん、仕打ちを受けているその場で、言いたいことを的確に言葉にするのは簡単ではない。

状況の重要性：ジェンダーの比率はどうか？

対人関係の構築に関しては、その部屋や状況に誰がいるのかが考慮すべき点だ。これには、力や役割、ジェンダーなどがあげられる。女性の割合（または、その集団に他のマイノリティーの人たちがいるかどうか）が脈絡を作り出す。女性が一人または少数の場合と、男女がより均等に混在した集団のなかにいるのではまったく違う。（注17）前者の場合、意識的にせよ無意識的にせよ、男性は関わり合いのルールを決めようとすることが多い。その場合、女性の影響力は制限されることになる。

ナンシーは、社内のあるスタッフグループで唯一の女性という状況にあった。

> 私は社内コンサルティング・グループで唯一の女性スタッフでした。他は男性7名、社内の様々な部署の相談に乗り、援助する仕事をしていました。組織としては新しく、他の部署に私たちが役に立つ存在だと示すことも仕事の一部でした。依頼は少しずつ増えてきましたが、私たちはもっとやりたかったのです。
>
> ある日のスタッフミーティングで、このグループの人数を12名に増やすべきだという話になりました。50％の人員増になります。「そうだ、それで行こう」「仕事をつくれば、人は増やせるよ」などの意見が出ました。でも、私は、この会社の経費負担のシステムが、それぞれのグループ毎に自分たちの費用をまかなうようになっているのが気がかりでした。人を増やしても仕事は増えていないので赤字になってしまうからです。これは会社が嫌うことでした。

そこで私は、この点が心配だと意見を述べたのですが、大声で言い負かされてしまいました。「我々の意見をもっと真剣に聞くべきだということを示そう」。まるで、男子高校生が男らしさを誇示するかのようでした。でも、そんなことは言えません。この件は仕事として討議されたというより、もっと個人的な話し合いのようでした。私は他のメンバーと仕事上の良い関係を築いていましたが、彼らの動機を疑うようなことは言えそうにもありませんでした。特に、彼らの動機は。

仲間と距離ができ、グループ全体への影響力を遮られそうだったため、彼女は別の戦略を使ってみた。

そこで、ミーティングで意見を述べるのではなく、メンバーと個別に話していこうと考えました。スティーブがキーパーソンのようでした。そこで、彼に影響を及ぼせれば、他のメンバーにも伝えられると思ったのです。私はスティーブに、あのやり方だと、自分たちのために他の部署から仕事をせがんでいるように映り、私たちの立場を貶めることになるのではないか、と言いました。仕事があふれていれば、他の部署は私たちが勢力拡張を狙ってるとは考えず、増員に対して支援の立場に立ってくれると思うと。

しかし、スティーブは聞く耳を持ちませんでした。かえって、私を説得しようとしました。「君は心配しすぎだよ。できる自信をみせれば成し遂げられる」というのです。他のメンバーも同様の反応でした。そして、4人を新たに採用することが決まりました。

ナンシーが恐れていたとおり、次の2年間、12名のメンバー全員の費用をまかなうほどの仕事は作れなかった。ナンシーは自分のためではなく、この部署のために反論した。彼女自身は、依頼でいっぱいになるほどに、社内での良い関係を構築していたが、グループとしては費用の問題に苦しめられていた。ナンシーの言動によって、他メンバーとの仕事上の関係が損なわれることはなかった。「グループの仲間とは良い関わりを保っていましたし、スティーブと一緒にしたプロジェクトでも良い成果を収めました」

しかし、ナンシーはこの問題がずっと気になっていた。

私には、きちんと考え抜かれた行動とは言えない、思いつき的なあの案への抵抗感は続いていました。私は彼らに恥をかかせたくはありませんでしたが、この件をそのままにするのも嫌でした。「もし、私が男性だったら、彼らの〝男自慢〟はうまく行かないことを上手に指摘できたかも」。でも、それでは他人行儀だし、弱腰に見えたでしょう。

それでしばらく差し控え、年末に費用関係の数字が出てきた時、スティーブに微笑みながら声をかけました。「費用の問題、解消しそうかしら？　ここ2年間、予算未達になってるけれど」。スティーブは笑いながら答えました。「ご覧の通りさ」

このやり取りで、この問題を指摘したかったという気持ちは満足できましたし、引き続きグループのメンバーとうまく続けていきました。私が引っ掛かっていたのは、あの場で言いたいことが言えなかったこと、個別に話すという方法を採ることになったことの腹立たしさでした。男性だったら、もっと直接的にできたはずだからです。

クリスタル・ブライアンもグループ内での男らしさの規範のゆえに、似たような状況に直面したことがあるという。でも、彼女の対応は違った。

私はインディアナ大学で音楽を専攻していました。トロンボーンには40~50名が在籍していましたが、〝女子〟は私ひとりでした。女性のトロンボーン奏者にとって、日々挑戦でした。それらを乗り越えるよい方法は、一番うまく演奏できることです。でも、それは簡単なことではありません。上手に演奏できることで尊敬はされますが、だからといって受け入れられるわけではないからです。もっと個人的なことなのです。もし、〝他の男どものひとり〟であれば、ひどく簡単なことなのです。音楽家の多くが、個別契約の仕事で生計を立てています。つまり、信頼関係が重要なわけです。人は一緒に仕事したいと思う人を雇う傾向があります。もちろん、私もそう思われたい。私は逆立ちしても〝男子〟にはなれませんが、仲間と良い関係を築き、楽しく公平な友だちになることはできました。そんなに彼らと私が違うわけではないことは明らかでした。一緒に飲みに行き、笑い、ジョークを言い合いました。オペラマラソンのＤＶＤを観たり、オーケストラの録音を聞いたり、深夜まで室内楽の演奏をしました。今日まで、彼らは私にとって最も親しい友人ですし、その中のひとりと結婚しました。

ＧＭのＣＥＯメアリー・バーラは、ハラスメントを巧みに指摘し（そして止めさせ）、信頼関係を築いて、影響力を発揮し、また重要なキャリア上のスキルを磨いて存在感を高めた。

エンジニアリング分野の新入社員として、彼女の仕事は組み立て工場で働く労働者とのコミュニケーションをよくする方法を見つけることだった。彼女は、工場に行くたびにある特定の労働者から耳をつんざくような口笛を吹かれ、他の労働者たちから軽薄なヤジを飛ばされ、じろじろ眺め回されていた。何度かそういったことがあった後、彼女は立ち止まり、口笛を吹いた人に何をしているのかを尋ねた。彼は驚き、彼女の関心を惹きたいのだと答えた。彼女は答えて、もし、気を惹きたいのなら、ただ「こんにちは」と言えばいいし、そうしてくれれば自分も答えると話した。彼は「こんにちは」と言ったので、彼女は「こんにちは」と返した。その後、工場に来るたびに同じように挨拶しあったところ、まもなく他の労働者たちもヤジを飛ばさなくなった。

この経験はバーラが自分のリーダーシップスタイルを形成するのに役立った。そのひとつは相手の立場からものごとをとらえようとすることだった。バーラがジョアン・ルブリンに語ったことは、「人は誰でも極めて合理的だと私は確信しています。……相手が何に動機づけられているのかが分かり、相手が動機づけられるものを変えれば、物事を達成できるのです」（注18）。

キャリアの早期の段階ですでに、メアリー・バーラは不適切な嫌がらせを受けた時でも、その従業員を〝潜在的な味方〟だと仮定して相手に向き合い、本当に味方にすることによって回避していた。こういったとらえ直しは、短絡的なステレオタイプや決めつけを突破する非常に有益な方法だ。ユーモアで返すのもいい。既述したように、やり取りの最中に平静でいるのは容易ではないが、繰り返し取り組めば慣れてきて素早く良い対応ができるようになる。

うまく対応する方法はいろいろあり、適応するあるいは学ぶことが可能だ。本人にとっての負担も様々だろう。クリスタルやメアリ・バーラは〝自分の魂を売った〟とは思っていないが、他の女性たちは思うかもしれない。いったん後ろに下がって、使える選択肢を検討できるかどうかだ。思っているより、方法は他にあるものだからだ。〝これ以外はない〟という思いにとらわれずに、相手が求めているだろうカレンシーは何か、なぜそのカレンシーを求めているのか、そして、どのように相手に応えることができるかを考え続けることだ。

自信という問題

この本にある事例は、新しい何かを取り入れようとした際、問題にどのように対応したかを示している。こういった問題でしばしば公式の権限が十分に得られない中で、反対や抵抗に対してどのように対応したかが描かれている。多くの場合、変革による利益だけでなく、それに取り組もうとする人の能力に疑いの目が向けられる。忍耐も必要だ。

疑問を感じるのは当然のことなのだ。初めての挑戦的なプロジェクトで、しかもステークホルダーが抵抗しているなかでは、誰であっても成功を確信できないものである。しかし、もし、これがベターワールドのアンナのように、まったく新しいことであったらどうだろうか。アンナは成功できる確証は持っていなかった。もし、アンナが失敗し、年次大会のオープニングセッションが酷い状況になっていたらどうなっただろうか？　解雇されなかったかもしれない。では、彼女の立場や評判はダメージを受けただろうか。将来的に影響力が薄れ、おもしろい仕事（または昇進）のチャンスを失っただろうか？

リサはあの状況で大きな疑問を持っていた。そもそも、リサとアンナは〝人々の心に響く〟プログラムを作り出せただろうか？　できたとしても、８００名もの大勢の人の前でリサはオープンニングのプレゼンテーションができただろうか？　（アンナの揺るぎないリサへの支援があったからできたのだが、常にそういった支援があるとは限らない。）

女性と同様、男性もそういった疑念を持つが、ジェンダーによる躾けやそれまでの経験によって、女性が自信を持ちにくいのかもしれない。ある成功したリーダーはその点を認めている。

> 大きな問題のひとつは自信のなさです。新しい仕事を受け持つとか要望するとき、私は「その仕事

をするだけの力が自分にあるだろうか？　私はふさわしいだろうか？」と考えます。こう考えてしまうのは、これまでの教育のせいだと私は思っています。教師は女子より男子の方を頼りにします。男性は女性よりも話を途中で遮られることはありません。男性は、女性よりも意見を述べて無視される経験は少ないですし、一度無視されても10分後にもう一度言えば、認めてもらえます。(注19)これらすべてが、〝私にはどれほどの価値があるのだろうか？〟という、私たち女性に内なる疑念をもたせるのです。

もちろん、すべての男性、女性にこれらが当てはまるわけではない。アンナは挑戦することを好んだし、計画立案グループが最初よい計画を出せなかった時に担当を引き受けることにした理由も挑戦だった。

あからさまな行動は状況を台無しにする、とケイト・マッコーンスイート（大学教授）は報告している。

私は、プロクターアンドギャンブルに工学部から新卒で入社した時、60名のメンバーのいる生産部署の責任者として配属されました。メンバーは全員私よりも年上、30～60歳の人たちでした。15名ずつグループになっており、工場のラインにリーダーとアシスタントリーダーがひとりずついました。第3シフトのラインリーダーは私に話しかけようともしませんでした。私は彼の上司でしたけれど！　私がその人に話しかけようとすると向こうに行ってしまうのです。彼が担当するラインは1番成績が良かったのですが、なぜうまくいっているのか、話してくれませんでした。

ケイトは、無礼なだけでなく不服従にも直面していたのだ。

私は頭にきてしまって彼を無視しました。その状況を、性別よりも年齢のせいだと考えて、まずは信頼を得なければと思いました。私は夜遅く彼がどのように仕事しているかを見に行くことにしました。彼は設備の応急処置をしていたのです。しかし、彼は事務仕事を嫌っていたので、私はそういった部分を担当してやり、彼の信頼を得たのでした。私は感覚的に彼の扱い方をつかみました。

もちろん、私は必要な時に対立を避けたわけではありません。あるとき、彼のお気に入りの部下が大失敗し、大きな品質上の問題を引き起こすことがありました。私はその部下を引きずりだし、厳しく叱りつけましたが、首にはしませんでした。そして、その部下を解放した後、例のラインリーダーを叱り、「もし、同じ事が起きたら、ただでは済みませんよ!」と言い置きました。その後、ラインリーダーは相変わらずあまり私に話しかけてきませんでしたが、ある程度の信頼は得られたようで、必要なことはするようになりました。あれは、私が叱ったことでかなったように思います。

ケイトの例は、なぜ一部の人(男性も女性も)は自信を持ち、他は自信がないのか、の問いに答えているわけではない。アンナは「なぜかって、この意義を信じているからです(それに、彼女は転職できることも分かっていた)」。クリスタルは、他のトロンボーン奏者の誰よりも上手であることから自信を得ていた(また、おそらく同僚から受け入れられていたことからも)。リサは、アンナの支えを得て、大勢の人々の前でプレゼンをやってのけた。しかし、人は胸の内に自己疑問の悪魔を抱えており、男女の区別なく誰でもこの自己否定と戦う必要があるのだ。

最近の調査によると、女性は、誰か他の人の代理をする時、ジェンダーによるステレオタイプな反発を気にする必要がないので、力を発揮しやすいという結果が出ている。女性たちは、そういった懸念をそれほど意識していないかもしれないが、自分のために最大の力を発揮するよう求められると、自信が揺らぐ（注20）。マッキンゼー社の研究によると（第2章の注2）似たような調査で、〝女性が周囲からどう見られるかについて形容詞で選ばせた。同じ状況下でも、女性は、威張った、攻撃的、威圧的と見られる可能性が、男性に比べておよそ30％高かった〟という。まったく、ジェンダーというのは複雑である。

自信を獲得するジレンマ

以下のふたつの自信を獲得するために、近道があることを願っている。

1　相手にとって何が重要かを喜んで調べるために必要な自信を獲得すること。たとえ、状況によっては悪いことが起こりそうに見えるとしても。

2　あなたの影響力が減じる行為を、押し返せる大きな自信をつけること。それに悪意があってもなくても（特に、抵抗がジェンダーに基づくもので不適切だと感じた場合）。

自信をつけられるかどうか、ジェンダーの力学によって微妙な違いがでる。自信を強めるためには、事例で紹介した女性たちのように、実際に困難な状況下で行動をおこして成功するか、最低でも生き残るという経験が必要だ。特にジェンダーへの期待は変化しているので、ジェンダーの力学と複雑さを強く意識していることは、役立つと信じている。質問していく姿勢も大いに役立つと思う。相手の考えや意図を確かめもしないで結論づけるのではなく、中立的な姿勢で質問し相手の反応を注意深く見て耳を傾ける習慣をつけることだ。それによって、影響力を発揮する入り口に立つことができる。

結論

この本では、権限がない時に影響を及ぼす方法が説明されている。ジェンダーに関して応用すると、以下のことが挙げられる。

・相手を潜在的な味方だと考える：たとえ相手が自分と非常に異っていたり、抵抗したり、敵意を見せてきても、味方だと考えよう。事例にもそのような内容があった。相手について知らないままに非難するような言い方はしないこと。相手方はあなたをジェンダー的に決めつけているだけかも知れない。逆もまた真なりである。

・相手の立場を十分に把握する：組織内に働く力学や状況、例えば、何で評価されるのか、褒賞されるのか、上司の期待は何か、相手の所属部門の文化はどうなのかも考える必要がある。

・自分自身の（最も重要な）目標をしっかりと認識する：自分自身が何を求めているのか、相手方があなたの目標達成とどのように関わっているのか？　どんなリスクであれば喜んでとるだろうか？　直近ではどのような結果であれば受け入れられるのか？　業務遂行と対人関係のバランスをどうとるか？

・相手との対人関係の本質は何かを理解する：相手はどんな関わり方を求めているか？　あなたはそれに合わせられるか？　対人関係について話し合うことに慣れていない相手と、不愉快な雰囲気にならずに相手との関係性について話し合えるか？

・ウィン・ウィンの交換とは何かを明確にする。自分の目標達成がかない、相手も達成できる交換はどのようなものか？　相手がひとり勝ちしようとしているときでも、協調的に交換することを交渉できるか？

この本では、これらすべてをやり遂げるのは簡単ではないことが示されている。しかし、この章で説明したように、ジェンダーとジェンダーにおける男性と女性の関係を考慮に入れればやりやすくなるだろう。ジェンダーによって働いている力学が状況を複雑にする。とはいえ、誰にでも通用する方法を提示するのはおこがましいというものだろう。ジェンダーについて、男女ともに見方は様々で幅広いからだ。それでも、あなたが考える手がかりとなる側面や命題を示せたと思う。その手がかりで、あなた自身のやり方で解を見出して欲しい。

靴音で選抜？

かつてオーケストラでは楽団員のほとんどが男性だった。年度のオーディション中、「オーケストラでは男性が演奏すべきだ。なぜなら女性は同じようには演奏できないからだ。我々は客観的に判断している」と審判員が考えているはずがない。そこで、男性ばかりが選ばれないようにするため、目隠しをしてオーディションを行うことにしたが、合格者のジェンダー構成はあまり変わらなかった。しかし、審判員が無意識のうちに女性をハイヒールの音で判別していることが分かったのだ。裸足でオーディションをしたときは、女性が選ばれたという[注21]。

この章は、女性向けの内容に思われたかもしれないが、男性も同じように、ジェンダーによる思い込みや期待に向き合い、自分の可能性が制限されるときに、それをどのように説明するか、抜け出すか、見つけ決めなければならない。

用心深くふるまおうとしても、自分自身についての理解を深め、好奇心を消さないようにすることだ。この章が、丁寧に注意を払うべきことは何か、仮説を試すのはどこか、明確化のための質問はいつするのか、自分自身の盲点はどこか、仲の良い同僚にアドバイスを求めたり探索的な質問をするのはいつかなどを考えるときに、読者のガイドとなれるだろう。仲の良い同僚は、あなたがこういったことについて彼らの視点を必要とするとき、喜んで協力してくれるだろう。ジェンダーは影響力の戦略上のひとつの視点だということを忘れないで欲しい。これまであまり関心を向けていなかったとしても、今は関心を持ってくれていることを願う。

いずれにしても、私たち全員が引き続き探求し、学ぶ必要のある領域であることに変わりはない。幸運を祈っている。

【注】

1　この章で私たちは、ジェンダーがスペクトルであり、単一の立場で完全に同一性を持っている人ばかりではないことを認識し、「女性」および「男性」というジェンダーという用語を使用している。

2　Mckinsey and Co., "What's Stalling Progress for Women at Work" 2016, http://mckinsey.com/global-themes/women-matter/whats-stalling-progress-for-women-at-work. より。

3　Mckinsey and Co.　前出　"What's Stalling Progress for Women at Work"（2016）

4　Mckinsey and Co.　前出　"What's Stalling Progress for Women at Work"（2016）

5　Mary Holmes, What is Gender? Sociological Approaches (London: Sage Publications, 2007)

6　A.H.Eagly and L.Carli, Through the Labyrinth: The Truth About How Women Become Leaders

(Cambridge, MA: Harvard Business School Press, 2007)
7 A.G. Greenwald and M.R. Banaji, "Implicit Social Cognition: Attitudes, Self-Esteem, and Stereotypes," Psychological Review 102, no1 (1995): P4–27
8 Alice H. Eagly, and Steven J. Karau, "Role Congruity Theory of Prejudice toward Female Leaders," Psychological Review 109, n.02 (2002): P573–598
9 V.E.Schein, "The Relationship between Sex Role Stereotypes and Requisite Management Characteristics," Journal of Applies Psychology 57, no. 2 (1973): P95–100
10 伝統的な男性的ヒロイックなリーダーシップを超えたリーダー像のこと。責任共有のリーダーシップ。「POWER UP－責任共有のリーダーシップ」（デビッド・ブラッドフォード、アラン・コーエン著　高嶋成豪ら訳　税務経理協会、２０１０年）
11 Anne M. Koenig, Alice H. Eagly, Abigail A Mitchell, and Tiina Ristikari, "Are Leader Stereotypes Masculine? A Meta-Analysis of Three Research Paradigms," Psychological Bulletin 137 no. 4 (2011): P616–642
12 C.M. Steele, "A Threat in the Air: How Stereotypes Shape Intellectual Identity and Performance," American Psychologist 52 (1997): P613–629
13 カンター「チェンジマスターズ」、A. コーエン、D. ブラッドフォード "Influencing Up" (Hoboken, NJ: John Wily & Sons, 2012) P211–218
14 スティーブン・R. コヴィー、「七つの習慣」（キングベアー出版、１９９６年）
15 スタンフォード大学経営大学院にてイメルトが語った話。
16 ダニエル・ゴールマン、「ＥＱ こころの知能指数」（講談社、１９９８年）
17 ロザベス・カンター、他、「企業の中の男と女―女が増えれば職場が変わる」（生産性出版、１９９５年）

18 Joann S. Lublin, Earning It: Hard-Won Lessons from Trailblazing Women at the Top of the Business World, (New York: HarperBusiness, 2016)

19 Deborah Tannen, “The Power of Talk: Who Gets Heard and Why”、 Harvard Business review, Sept/Oct 1995. 最近では、 Alice Robb, “Why Men Are Prone to Interrupting Women”、 http://nytlive.nytimes.com/womenintheworld/2015/03/19/google-chief-blasted-for-repeatedly-interrupting-female-goverment-official/

20 Emily Amanatullah and M.W. Morris, “Negotiating Gender Roles: Gender differences in assertive Negotiating Are Mediated by Women’s Fear of Backlash and Attenuated When Negotiating on Behalf of Others”, Journal of Personality and social Psychology 98, no. 2 (2010): P256–267

21 Claudia Goldin and Cecilia Rouse, “Orchestrating Impartiality: The Impact of ‘Blind’ Auditions of Female Musicians”, American Economic Review 90, no. 4 (2000): P715–741

第9章

上司を動かす

私には〝イエスマン〟は不要です。私がみんなに求めているのは、真実を伝えてくれること。たとえそれが彼らにとって不利なことであったとしてもです。

サミュエル・ゴールドウィン（映画プロデューサー）

本章のねらいは、上司を動かせるようになること、あるいは目標達成に役立つ強いメッセージを受け取れるようになることである。上司との関係を変えたら、もっと自由を、もっと支援を、もっとやりがいのある仕事を得られないだろうか？　上司のマネジメントスタイルに影響をおよぼしたくはないだろうか。例えば、上司にはもっと幹部を巻き込んでほしくはないか？　重要なのは上司との関係を悪化させず、むしろよい関係を築きながら、あなたの影響力を高めることである。あまりにも多くの管理職やリーダーがよい上司とは言えない。よい上司なら、もっとよい上司になれるはずだ。

権限の力が限られているあなたは、いたずらにあなたの力を手放さないように注意してほしい。あなたを誘惑するのは、ヒロイックなリーダーシップ、すなわちリーダーがすべての責任とコントロールを握るべきだという思い込みである。この誘惑に陥ると、組織の目標達成に主導権をとることなく、言われたことだけすればよいことになり、なんでも「上司任せ」にしてしまう。もうひとつの誘惑は、上司に完璧な解決策を期待することだ。そして期待通りにならないと、上司を非難するわけだ。（注1）

上司にリーダーシップを発揮させるのは、あなたの仕事の一部なのである。上司任せにするのではなく、あなたがイニシアティブをとれる。これは現在の組織の基本的なマインドセットなのだ！　あなたにも、上司がもっとよいマネジャーになるのを助け、あなたにとってよい上司になるのを助ける責任がある。あなたや上司がどう考えていようと、あなたと上司は、あなたの部署やチームがよい結果を生み出すためのパートナーなのである。

・あなたの上司は必要な情報の半分しか持っていない。すべての上司があなたが欲しいものを知っていて、黙っていても届けてくれるのであれば、それは素晴らしいことに違いない。しかしそれはありえない。上司はあなたの心を読めるわけではないのである。あなただけが、自分の能力を発揮する方法を知っているのだ。

・世界は複雑になっており、上司はすべてをコントロールしたくてもできない。上司にはあまりにも大きな負荷がかかっているうえに、さまざまなスタイルの部下がいる。さらに、優れた成果をあげるのに欠かせない知識と専門能力は、部下の方が握っていることが多い。

・上司のねらい通りにあなたがマネジメントされているかどうかを知っているのは、部下のあなたである。上司が明確に方向性を示したいと思っているとする。しかし、あなたが理解したかどうかは、あなたしかわからない。上司はあなたを必要としている、ということである。

私たちは、マネジャーとメンバーの関係を、古い「上司対部下」（何でも知っている支配者と無知な被支配者といった意味）から、パートナーシップの関係に変えることを提唱している。[注2] 階層による違い、組織上の上下関係が残っているとしても、パートナーシップを成立させることはできるのだ。

では、パートナーとしての部下は、どのようにふるまえばよいのか？　まず「パートナー志向」であること。地位の違いにかかわらず、パートナーは、

・パートナーに大きな間違いを犯させない。
・パートナーが悪く見えるようなことはさせない。
・パートナーが知るべきことを知らない場合、それを伝える。
・シニアパートナーの目標に忠実である。
・さらに、パートナーは、（それが禁じられるまで）
　―短期的な利益よりも、組織の利益を優先する。

　―異なるスキルやものの見方を尊重し活かす。

　―お互いの弱点を許容する。

　―誤った振る舞いは、悪意からではなく、間違った情報や不適切な解釈のために起きていると考える。パートナーは、基本的に知的で有能で組織のためにベストを尽くそうとしていると考えるのだ。


よいパートナーは、自分のパートナーがたとえ上位者であっても、相手が損失を出しそうになったり、重要な機会を見落としそうなとき、または、成功に不可欠な重要な情報を取り損ねそうなときに、黙って見てはいない。パートナー関係では、個人的に不愉快なことでも、恥ずかしいと思うことであっても、できるかぎり責任を果たさなければならないのである。

この責任を果たすのは、あなたにとって負担かもしれない。しかし、あなたは部下にこのような姿勢を求めたくはないだろうか？　上司との関係においてあなた自身の責任を受け入れよう。あなたがもっと生産的であれば、上司とあなたの双方に利益がある。これが、上司を動かす梃子（てこ）の支点にな

図9.1　「影響力の法則　コーエン＆ブラッドフォードモデル」

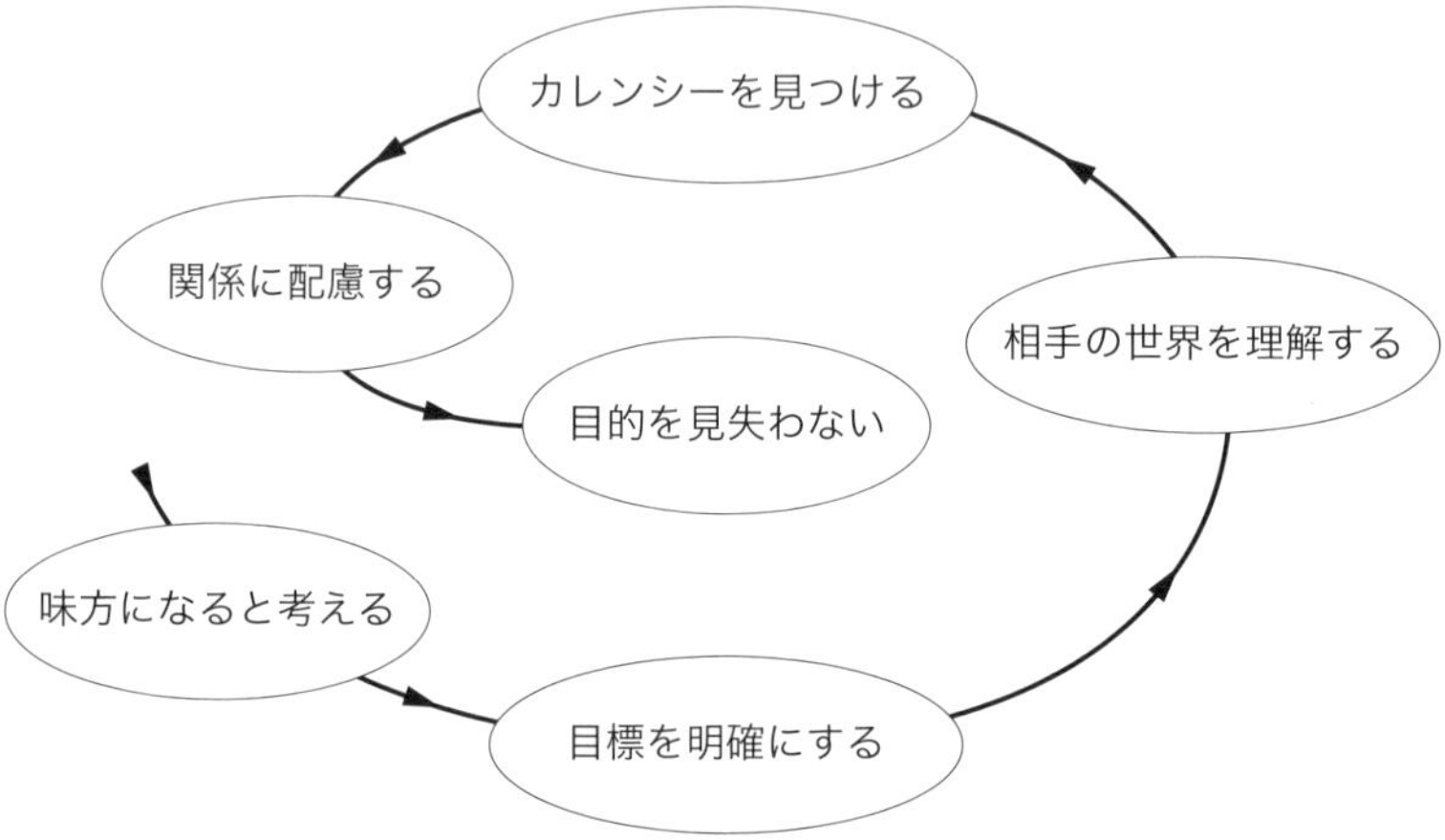

るのだ。

この責任を引き受けると、多くの人々が望む結果を手にできる。例えば、仕事の幅が広がり、よいコーチングや指導が受けられ、人間関係が友好的でざっくばらんなものになる。あるいは、社内での上司の発言力が高まるのだ（もっとも、最初は、このパートナーシップという考え方に抵抗を示す上司は少なくないだろう。あとで検討したい）。

上司へのアプローチ

上司を動かす影響力を得るためには、主に次の5点を実行しなければならない。

1　上司を潜在的な協力者（パートナー）と考える。

2　あなたが本当に望んでいること（あなたの目標と優先順位）を明確にする。

3　上司の世界をしっかりと理解する。

4　あなたがもっているカレンシー、獲得できるカレンシーを理解する。

5　上司がどのような関わり方を望んでいるかに注意を払う。

あなたの上司は、とてつもなく厳しい要求をするだろうか？　とても批判的で、重箱の隅をつつくようなことを言う人だろうか？　あなたは、上司には一挙手一投足を評価するのではなく、あなたの能力開発について話し合って欲しいだろうか？　上司に見切りをつける前に、上司は成功したい、失敗を避けたいあなたの潜在的な協力者、パートナーかもしれないと考えてみよう（野心的な人にとっては、それは無理な話ではない）。そう考えたら、上司のコメントにびくびくするのではなく、何を学べるかと考えられるだろう。

そんな上司に影響をおよぼしたくはないだろうか？　もし潜在的な協力者、パートナーと考えたら、相手の世界を理解したいと思うのではないだろうか？　第４章では「性格分析」に飛びつかないようにと警告した。より強力に行動を左右する、状況の要因を見るべきであると。ニューヨークの不動産業は競争が厳しく、巨万の富を築いては失う熾烈な産業である。そのような状況で、マネジャーは業務をこなすというよりも、取引に熟練した誰かと全力で働かなければならない、そう知る必要があるのではないか？　上司は、部下に対しておそらく忍耐強くはいられない。不動産王が求めるカレンシーには、抜け目のなさ、財務的な洞察力、信頼できる人、タフさ、大きなチャンスを見極める能力、やり遂げる力が含まれる。

上司に何を渡せるだろうか？　基本的な財務の知識はあるとする。どれほどハードに働くか、どこまで徹底的に機会を分析するか、どれほどタフな精神を持っているか。上司が求めるような厚かましさで、あなたの大胆な考えを信用させられるだろうか？　業界関係者に積極的にアプローチして、機会を見つけるスキルを磨くことができるだろうか？

次に、上司がどのようにクライアントや仕事仲間と接しているか、特に下位の者に対する接し方を、思い出して欲しい。いつもぶっきらぼうで横柄だろうか？　威圧的な人にはどう反応しているか？（威圧的な人ほど、自分に立ち向かってくる人を尊重する）

そして、あなたが何を求めているか明らかにする。暖かく穏やかな上司が、あなたには本当に必要なのか？　それとも、やりがいのある仕事を与えてくれる上司が、あなたには必要なのではないか？

あなたが使えるカレンシーと、上司が好む関わり方を理解したら、次のように言ってみてはどうだろうか（言葉の使い方や言い方のトーンは、相手に合わせる必要がある）。

「社長、私は社長と同じように、素晴らしい不動産取引を見つけることで、投資効果を上げることしか考えていません。私は長時間働いていますが、必要とあらばいつでももっと働けます。社長はこのニューヨークで長年苦労され、様々な経験をしてこられました。私の間違いに気づいた時には、私を殴って構いません。でもどうしたらもっとよくなるかを教えてください。必ず私に投資した以上の成果を上げてみます。どんなに厳しくても構いません。ただ、私たち両方にとって役立つ教訓を得たいのです。」

影響力の戦略

この方法があなたの上司に通用するとは断言できない。しかし、次の3つの原則にしたがっているので、可能性はあるはずだ。

1　上司が行動を変えれば、いかに上司自身の利益になるかを示している。上司の関心の的である投資効果を強調している点が重要だ。あなたのためにあなたの能力を伸ばして欲しいと言っているのではない。

２　上司の最大の利益は、あなたが成功し満足することだと言っている。その結果、あなたから最高の成果を得られるからだ。あなたの利益になると認めながら、それを上司が（ほぼ間違いなく）求めていることにしっかりと結びつけている。

３　上司が好む言い方で、あなたが望むことを説明している。あなたは強く真剣な言い方で「上司がもっと指導してくれれば成果は大きくできる」と断言した。

さて、〝カレンシーの交換〟モデルを駆使して、上司の世界を考え、上司にとってのカレンシーを見つけ、組織の目標を達成するための計画を練り上げたとする。

最初に尋ねたいのは、どのようにカレンシーを渡すつもりかだ。上司のワークスタイルを考慮しただろうか？

例えば、あなたの上司は練り上げられたアイデアを好むだろうか（早い段階からインプットされるよりも）？　もしそうであれば、あなたはアイデアを整理して、同僚と実現可能性をテストする必要があるだろう。経験上、上司は新しいアイデアには抵抗する可能性が高い。解決策がまだ練り込まれていない、メリットが確信できない場合は、新しいアイデアは話さない方がよいだろう。

もしかしたら、アイデアの示しかたが問題を引き起こすのかもしれない。上司の反応にイライラし、フラストレーションがつのって、けんか腰で話していなかったか？　偽善者の上司が拒否するのを期待しながら。それではうまく対応するのは難しい。

評論家や敵対者ではなく、上司の立場に立っていよう。本当に受け入れられない目標でない限り、いつも上司の目標達成を手助けするよう努めるのである。受け入れられないような目標であるなら、どんなテクニックも通用しないだろう（あなたが反対したい目標であったら、できるだけ早く立ち去った方がいいだろう）。

（不合理な行動を主張する上司に立ち向かいながら、上司の側に立ち続けた事例として、第16章のフレッドとデーブの例を参照してほしい）

よくある上司との問題

ここでは上司と間によく起こる問題を、実例を取りあげてQ＆A形式で検討しよう。

問題1　上司は、私が考えた改善策を受け入れようとしない

「私は業務を改善するアイデアをよく思いつきます。でも、上司に提案しても、うまくいかないとか、やる意味がないと理由を並べ立て、反対されてしまいます。上司はいつも率先して行動しろと言っているんですよ。やる気がなくなります。」

回答　なぜ上司はそのように抵抗するのか？

・上司は、あなたを自分の味方だと本当に思っているだろうか。あなたの担当分野が良くなる方法だけを説明しなかったか？　上司の懸念にも触れていただろうか？

・上司の行動を左右する圧力は何か？　例えば、最近、他の誰かのアイデアを受け入れたもののうまくいかず、それに腹が立っているのかもしれない。あるいは、自分の上司の反対にあっており、それどころではないのではないか？

・あなたは自分のアイデアが生み出す利益を話したかもしれないが、その費用を評価しただろうか？

一方的な「売り込みモード」になって、バランスを欠いていなかったか？（そして、おそらく上司の質問は、そのバランスを取り戻すものだったはずだ）

・重荷を背負っている上司に、さらに負担を強いてはいないか？　部下はこんな提案をしがちだ。「これは素晴らしいアイデアなんです。B、G、X、Yだけすればいいのです」。あなたは上司の世界と、否定的な態度を生み出す力学を理解しているだろうか？　上司もまた、すでに負荷がかかりすぎていて、もうやっていられないと感じているのではないか？（あなたの上司が、率先して動けというのに動いても反応しない理由を、説明できる）もし、あなたのアイデアが、たとえ一時的にであっても上司の負担を増やすのであれば、上司はそれを嫌っている可能性がある。アイデアそのものには、否定的ではないのかもしれないのだ。

もし、上司が過度の負担にあえいでいるとしたら、あなたには何ができるだろうか。上司の重荷を軽くはできないか。あなたのアイデアが完璧であることを、また自ら率先して負担を引き受けられることを示すために、準備はできるだろうか。状況を分析する、根まわしする、または支持者を集めるなどして、上司が納得するような、より魅力的な提案にできないだろうか。

これらが当てはまらないとしたらどうするか。まず「上司の反対を、どのように認識したか？」と問いたい。ただの言い訳や抵抗だと思っていなかったか？　それを懸念（カレンシー）と考えたらどうだろう。いかに解決できるか（例えば、あなたのプロジェクトと交換に、その懸念に取り組むことで上司に支払う）？　それがジュニアパートナーがとるべき行動だ。

上司があなたのアイデアに抵抗を示す理由は、次の２つの視点から考えられる。⑴何がアイデアへの抵抗を生んでいるか、⑵上司はイノベーションを望んでいると言っているのに、なぜそれを台無しにしてしまうのか。

これまでの見立てでは、主に⑴アイデアへの抵抗にどう対処するかを考えた。そこでここでは⑵すなわちイノベーションを台無しにする可能性に目を向けよう。上司があなたに求めていることは、実際に質問しなければ推測に過ぎない。非難せず、問いかけるように、なぜあなたのアイデアが抵抗を受けているのか、と尋ねてみよう。

もちろん、このような直接的なアプローチが通用しないこともある。こちらが真摯な気持ちで知りたいと思っていても（そして上司の能力を攻撃しているのではないのに）、上司はあなたの質問がずうずうしいと考えるか、あるいは必要以上に自分自身をさらけ出さなければならないと感じ、落ち着かないのかもしれない。そういうときは、最初の見立てに戻る必要があるだろう。

質問に反応がない場合でも、まだ直接的に取り組む方法がある。こちらの能力開発のために頼むのだ。これはあなたが本当に興味がないと嘘のように聞こえる可能性があるので、注意してほしい。「私は、みんながもっと自発的に動けるようになり、部長の期待に応えられるとよいと思っているのです。でも、何度か試みたのですが、部長は私の考えをお好みでないようです。どうすれば、受け入れていただけるような、よりよいアイデアに改善できるか、ご指導いただけないでしょうか？」この方法は上司に対抗せず、しかも上司にいくつかの選択肢を与えている点がよい。あなたのアイデアをいかに改善するかを助言する（例　事前に効果を予測する、賛成をとりつけるべき重要な関係者を洗い出すなど）、努力を続け、受け入れられるようにアイデアを広げるか縮小せよと励ます、これまでアイデアを否定してきた理由を詳しく教える（その理由に対応するカレンシーが分かるだろう）などだ。そうするうちに、上司自身が自分の対応を考え直し、受け入れる姿勢へと変わる可能性もある。「私が学ぶのを助けてください」と真摯に言うことで、上司ではなくあなたの責任になるからだ。

パートナーシップを活用して、仕事の責任と裁量を広げる

問題2 **仕事の範囲、やりがい、自由裁量など、上司から望むものを引き出すには、どうしたらよいだろうか。**

「もし、上司が許すのなら、私はもっと多くのことを達成できます。それに、その方がずっと楽しいに違いありません。」

回答

まず、この質問を再構成してみよう。この質問の表現では、あなたが望むものに焦点があたっている。では、どうすれば上司の（あるいは組織の）利益に焦点づけられるだろうか？　パートナーシップとは、従順な部下として行動するよりも、もっと多くを組織にもたらせる、ということなのだ。仕事の範囲が変更されれば、あなたはチームの成功に対して責任を共有し、成功ために新しい任務を引き受けることができる。あなたがより困難で意義のある任務を担うので、上司の負担は軽減するはずだ。このための最も良い方法は、業務の担当を決める際にパートナーでいることである。あなたの能力と関心を知っているのは、どこまでだと能力を伸ばせるか、どこで壊れるかが分かっているのは、あなた自身であるからだ。意思決定のプロセスに参画するのは合理的なことなのである。意思決定への参加を求めるのは、上司の役割を奪うわけではない。重要なデータをもつあなたが参加することで、より多くの情報をもとに意思決定するのが目的なのだ。

とはいえ、上司はあなたの能力や覚悟が十分だとは言わないかもしれない。でもそれは敗北ではなく、重要な情報を得るチャンスなのである（ウィン・ウィンの結果をもたらす土台になる）。

まず、あなたは上司が躊躇する原因を突き止めたい。あなたの上司は、あなたが以前の任務で失敗

したのを覚えているのではないだろうか？　または、あなたが経験したことのない任務を求めているために、やり遂げられないのではないかと心配しているのかもしれない。これらは重要な情報で、よい学習になるだけでなく、解決策の策定にも役立つ。

繰り返しになるが、「上司の懸念はカレンシーになる」と考えて、次の可能性を考えてほしい。

マネジャーは、部下の能力をできるかぎり利用したいと考えるものだ。ここで、あなたの能力についてのあなた自身と上司の見解に食い違いがあることが考えられる。

重要なのは、話し合いを始め、上司の懸念事項に注意深く耳を傾けることである。あなたはきっと反論したくなるだろう。しかし、ここが堪えどころだ。上司の懸念を発見するために話をしているんだ、と心に留めておこう。それはあなたが過去にしたこと、しなかったことについてであろうか？　他者との関わり方についてだろうか？　あなたのことではなくて、プロジェクトの先行きか、はたまたあなたが失敗した場合に上司自身が晒されることへの懸念だろうか？

あなたには同意できない話かもしれない。でも、あなたは上司の懸念から話を始めなければならないのだ。なぜなら、あなたにとっては真実と言えなくても、上司にとっては真実だからだ。これを聞くのは容易ではないが、こうすることにふたつの利点がある。あなたは上司の懸念を知ることができ、提供すべきカレンシーが分かる。また、上司がずっとひとりで抱えてきた懸念をあなたが受け止められると、安心させられる。

そうすると、ここで、ウィン・ウィンの交換（「カレンシーの交換」）を提案できる。新しい仕事をあなたにできるかどうかを上司が疑問に思っていれば、どうしたらよい結果を得られるか尋ねてみるとよい。もしあなたが勝手に仕事を進めてしまうのではないかと心配していれば、任せてもらう代わりに、定期的なチェックポイントを設定するのがよいだろう。テストとして、一部を担当させてもらうのはどうか？　このようにして、あなたが望むやりがいのある仕事を得る代わりに、上司の懸念に応えるという〝カレンシー〟で交換できるのだ。

さて、不可能と思われていた状況で起こった一例をお見せしよう。男性優位のヨルダンの法律事務所でのできごとである。ある女性の弁護士がパートナー（共同経営者）になれずにいたときの話だ。彼女は他の男性弁護士よりも自分には才能があるとわかっていた。彼女は上司が何に関心があるのか注意深く診断し、上司が彼女を昇進させることを含んだ交換を持ちかけたのだ。これが成功して、とうとうパートナーになったのである。彼女はさりげなく「影響力の法則」モデルを使って上司、つまりこの法律事務所のオーナーにとってのカレンシーを見つけ、彼女が昇進することの短期的、長期的な利益を示したのだ。

「［上司に向かって］もし、私が辞めてしまうことになれば、ほかの人もやはり辞めてしまうでしょう。……ですから、私のような部下を動機づける制度について話し合いましょう。……事務所は賃金を支払いすぎています。…成績の良くない人をまだ雇い続けています。…いまある資金を活用すれば、ハイパフォーマーにふさわしいボーナスが支払えます。生産性の低い弁護士たちを解雇すれば可能でしょう。」…私たちは、８ヶ月間何度も何度も議論を重ねました。タイムラインと期限を設定しました。…従業員の解雇を含み、……私たちが利益を生み出すことができるようにパートナーの手当をカットすることも含まれたものです。」（注３）

〝上司対部下〟関係を改善する

従来、上司と部下との間の問題は、部下の側に原因があると考えられ、部下の方に歩み寄りが求められてきた。しかし、知識労働者中心の現代では、突出した才能を持ち、何にでも正解を知っている個人などひとりもいない。このような時代にパートナーは、地位的には低くても、上位者の言うことに賛成するばかりではいられないのである。一方、上司は自分の複製を現場に送る余裕などないはずだ。上司も自分にはない知識や専門性をもつ有能な個人を育て、評価し、協働しなければならないのだ。そして、両者は勝ち負けにこだわらず、妥協することなく、双方の見方を取り入れる必要に迫られている。

それゆえ、上司の立場に立っている人たちは、部下たちが指示待ちから脱却して欲しいと考えているのだ。上司はこう言わなければならない。「私はマクロにものを見るのは得意だが、重要な細部に目を配るのが苦手だ。君が重要な細部に注意を払ってくれてありがたいよ」。もはや「細かいことばかりを気にする人と、関わっている時間はない」と言ってはいられないのだ。

とはいえ、上司の立場にいる人のすべてが、オープンで、お互いに信頼しあい、気持ちや考えを率直に表現でき、問題解決に協同作業ができるような部下との関係を望んでいるわけではない。もし、あなたの上司が、このようなパートナーシップを受け入れないようだったら、どうすればよいだろうか？

問題3　上司がパートナーシップを求めない。

「上司のパートナーとなるというあなたの提言を取り入れようと頑張りましたが、上司はそれを歓迎していないようです。上司は、私に批判されていると思ったのか、私の働きかけに対して迷惑そうですし、防衛的にもなっています。『君は君の仕事をするために雇われているんだ。私は自分の仕事は十分できるし、手助けはいらないよ』というのです。これはあきらめた方がいいでしょうか。」

回答

お聞きするところ、あなたの上司はリーダーシップをヒロイックなもの、すなわち「上司がなにかを知らないなどということは、あってはならない」と考えられておられるようだ。部下は部下の仕事をしていればよい、上司の仕事は上司に任せればよいというのは、極めて古い考え方だ。この考え方は仕事が単純で、部下は教育レベルが低く、いちいち指示されないと動けなかった時代のものである。そんな上司が異動しないのなら、あなたはそれを我慢するか、職場を去るしかなかないだろう。

そうであっても、上司の了解がなくても、ジュニアパートナーとして振る舞えることを覚えておいて欲しい。たぶん、あなたは上司の流儀を変えることはできない。上司との関係について話し合うことも難しいだろう。しかし「パートナーシップ」には、それ以上の可能性がある。より大きなビジョンを描き、言われたことをするだけではなく、そのビジョンに向けて率先して動き出すのだ。そうすることで、あなたは信用を獲得し、影響力を高められるのだ。

上司が考えている役割のなかで貢献する方法を探してみよう。上司が好まない、あるいは避けている仕事（例えばメモの作成、講演、会議の準備、フォローアップの記録、プロジェクトの進捗チェック）を、あなたはできないだろうか。上司のニーズを予測し、事前に情報やレポートを準備できるか？上司が知りたがっている情報を入手できるか？　職務記述書には何と書かれていても、忠実な部下としてできることをやれば、上司に感謝され、やがてパートナーとして自由を得られるだろう。まずひとつかふたつの裁量を求めることから始め、うまくいけばもっと求める。あなたに上司とチームに価値をもたらす能力があることを、支援することで示すのだ。これがプロセスの始まりである。もし満たされていないニーズが分かり、誰かの領分を侵さないのであれば、行動を起こすのに許可は不要だ。あなたの上司は、リーダーシップをどのように定義しているだろうか。多くのリーダーたちが、ヒロイックに行動しているのは、それ以外のリーダー像を知らないからである。しかも、そのリーダーシップだけが、部下から尊敬を得られる方法だと思いこんでいる。そこで、リーダーシップについて話し合える雰囲気になったら（可能性は低いかもしれないが）、ヒロイックなリーダーシップをあなたは支持していないと言うこともできる。または、もし上司が出版物を信頼するのであれば、ヒロイックなリーダーシップに取って代わる現代のリーダーシップについて書かれた「Power Up：責任共有のリーダーシップ」（注4）を勧めよう。あなたにとっても有益だ（特に第2章）。上司がすでに読んでいれば、その章のコピーを共有してもいい。

いずれにせよ、上司にとって最も気楽なやり方を意識しよう。上司と部下の役割をきっちりと分けて考えるのは、軍隊経験から来ている場合もある。もしそうであるなら、リーダーシップについて質問する際は、礼儀正しく敬意を示したうえで、意思決定の権限は常に上司の側にあるので、それに異を唱える気はまったくないと強調する。あなたは上司のリソースを増やすことを望んでいるだけで、上司のリーダーとして役割に深く敬意を払っていることをはっきりと示すのだ。現代では軍隊すら、下からのインプットを必要としているのだと、やんわりと伝えても良いかもしれない。例えば米国の陸軍には、「アフター・アクション・レビュー」といった、参加した兵士自身が状況分析し、どんな意見でも歓迎される反省会がある（注5）。しかし、これが上に立つ人の年功と最終的なコントロールを批判するものではないと強調し続けよう。

ビジネスアプローチ活用ツール：費用便益分析の言いまわし

上司の中には、部下との関係そのものについて話をしたがらない人もいる。それでも、よりよい仕事の仕方について話し合うことはできる。ビジネスライクな言いまわしで、自分の考えを客観的に話せばよいのだ。

ビジネスでは、費用便益の分析が重要な概念である。通常投資や大きな意思決定の効果を評価するときに使うものだ。これを上司との関係に応用しよう。例えば、このような言い方ができるだろう。

「部長、私たちのコミュニケーションや判断の仕方について、その業績への影響を考えてみませんか？　現在のやり方にもよい点が多くあります。部長は必要な情報のみを私に伝えてくださいます。これは時間の節約になります。部長は機密事項を守っておられます。何か役立ちそうな場合は、私に意見を求めてくださいます。このやり方だと効率的ですし、部長はコミュニケーションをコントロールできますね。私の意見に同意できない場合は、取り入れなければいいわけです。それに、私も自分の担当のみに集中できます。

一方、そのコストも考えるべきだと思います。状況は目まぐるしく変化しており、私が何を知るべきかを常にお分かりになるのは難しいかと思います。実は、私は情報不足のために、ときどき判断を間違えます。逆に、これまでの訓練と経験から部長がお持ちでないデータが手に入りますから、部長のお役に立てることもあります。しかし、状況をお話しいただかないと、手に入れたデータをお役に立てられないのです。そうすると、部長の判断に、私は十分に貢献できないことになるのです。データがあったら、不必要な対立を部長が回避するお手伝いができたかもしれなかったのに、これまで機会がありませんでした。

どうでしょうか、効果は費用に見合うものでしょうか。もっと、情報やデータを双方向でやりとりする方法が見つかれば、費用対効果を改善できるのではないでしょうか。」

〝気持ちを理解し合う〟、〝信頼〟、〝率直さ〟などの人間関係的な言葉を、ここでは用いていない。そうではなく、ビジネスライクな言葉遣いで、情報交換について単刀直入に話すのだ。部分的には情報交換は信頼や率直さとつながっているのだから。この方法が必ずうまくいくという保証はないが、少なくとも、上司が嫌がる刺激を与えずに話ができるだろう。

何でもやりたがりの上司に不賛成を示す

私たちは、気むずかしく近づきがたい上司と仕事をしているマネジャー、マルコム・ミラーと会った。大手科学関連機関の経理部長、マルコムは新しい上司に手を焼いていた。上司は、陸軍の元上級将校だった。会議の席で〝将軍〟は、マルコムが彼の知識をもとに説明し始めると、鋭くさえぎった。「ちょっと待て。はっきりさせよう。私が上司で君は部下だ。この話はもう聞きたくない」

マルコムはひどくいらだち、こんな態度には何も言い返せないと思った。私たちは、上司が価値を感じるカレンシーや彼のやり方に合った言葉を使うようにアドバイスした。上司の力に敬意を払う物腰で、またこの〝将軍〟が慣れた言葉を使って押し返すのだ。同時に、不賛成しながら敬意を示す。マルコムのやり方はこのように変わった。『司令官、あなたが私の上司であることに疑う余地はありません。私はあなたの役割に心から敬意を感じるものです。私は忠実な人間であり、あなたの正しい判断を確信したいのであります。部下としての私の仕事の一部は、敵対者からあなたを守ることです。この場合、私にはあなたがワナにかかろうとしているように思えます。これが、反対する理由なのです。もちろん、やめろと言われれば、やめます。あなたには命令権があるのです。ただ私は、司令官が迎撃されないことを確信したいのです。それが気がかりなのであります』。驚いたことに、上司はマルコムの意見に耳を傾けてくれた。

のちにマルコムは、自分と同じレベルのマネジャーがこの〝将軍〟の「命令」に反抗したことを知った。この同僚は、上司にこの問題を提起すると言って譲らず、〝将軍〟は折れたのだった。彼は勝利し、〝将軍〟とより対等に話せる関係を築けたのだ。この不死身の男は公然と〝将軍〟に立ち向かい、生き延びたのだ。マルコムは、上司にぶつかることはできないと決めつけすぎていたのである。ふたりとも、〝将軍〟と良い関係を築き、耳を傾けてもらえるようになった。問題の解決方法はひとつとは限らない。

反抗せずに反対する

問題4

「私の上司はしばしば（あるいは少なくともときどき）間違ったことを言っています。でも、自分は正しいと思い込んでいます。私は大きな失敗を避けたいのですが、いつも反抗的だと思われてしまうのです。」

回答

これは難しい問題だと言いたいのだろう。その通りではある。どんなことであれ部下の反論を受けつけない上司はいる。それによって自分が追い込まれるとしても、彼らは頑固に自分の意見を変えず、絶対的権力を持っているかのように上から命令しようとする。何を言っても受け付けない上司もいる。しかし、私たちが提唱する『影響力の法則』を使えば、暴君のような上司に対しても、影響をおよぼせる可能性がでてくる。

マルコムのように、世界中の多くの人々は、上司が話を聞かないのは最悪だと考える。そして彼らは、自分自身が想像する以上のことができるとは、決して思わないのだ。上司に否定的、無能というレッテルを貼り、言わなければいけない肝心なときに何も言わないのである。しかし、伝えるべきことを伝えれば、上司が価値を置くカレンシーが分かるようになるだけではなく、パートナーとして上司が目標達成から外れないように支えることで、上司の真の味方であると示せるのだ。

そのようなメッセージを伝えるのは簡単ではないが、それができれば、あなたは生涯の友を得るだろう。反対意見を押さえ込もうとする上司は、自分の首を絞めている。彼らはすべてを支配しようとするが、支配してしまったら、必要な情報が得られなくなるからだ。上司を力の罠からから救い出すのにはリスクがある。しかし、その上司に関わる人たちの誰もが尻込みするなかで、非常に手応えのある仕事になるだろう。

とはいえ、問題があなた自身にあるか、意見の相違に対するあなたのアプローチにあるのかも、もう一度検討してほしい。あなたはいつもせっかちでイライラしているように見えていないか？　自分は賢いとほのめかしていないか？　自分の理想通りに振る舞わない上司に失望した、という態度を示していないか？　あなたのよいアイデアによって、すでに疲れ切っている上司の業務量が増えているのではないか？

上司は、あなたを自分の味方ではなく、前進を妨げる反抗的な邪魔者だと考えてはいないか？　意見の相違を率直に伝えながらも上司の味方であるためのひとつの方法は、何に反対するかを意識することだ。どんな上司でも、基本的な目標や目的よりも、合意した目標を達成する手段についてなら意見の不一致を容認できると考える。反対意見を述べると、その計画の進め方ではなく、計画全体に対する反対のように聞こえてしまいがちだ。目標と目的に合意するのであれば、その立場を明確にして、達成する方法についてのみ反対する。そうすれば、あなたはパートナーであり、率直だといえる。

例えば、見当違いのコスト削減に反論して、反抗者と見られるのではなく、次のような言い方を試して欲しい。「私はコスト削減の目標を完全には達成できていません。しかしコーヒー・マシーンを削減しても、コーヒーを飲みながら従業員がプロジェクトや顧客体験について意見をぶつけ合って生み出していたアイデアを補うほどには節約できません。無駄を省くための賢い方法というより、取るに足らないことのように思われます。カラーコピーを減らすとか、高級なケータリングを減らす方が、ずっと熱心に取り組めます。それに、無駄が多い郵送や発送プロセスの合理化ができるかもしれません。」

問題5　上司の能力向上のために部下は何ができるか

「私の上司は、良いリーダーになりたいと心から思っています。でも、会議を進行するのはあまりうまくありません。例えば、事前にミーティングの議題を決めておかず、意見を求めようとして逆に部下の発言を押さえてしまうので、本来の力を発揮できていないのです。私は上司に成功して欲しいのですが、どうしたらよいのでしょうか。」

回答

上司に影響をおよぼすことによって最も得たいのは、上司の能力を向上させることである。それによって、あなたも成果をさらにあげられるからだ。多くの人たちが上司と良い関係を築き、挑戦の機会や自由、よい指導を得られて満足している。彼らは上司のマネジメントに影響をおよぼせば、自分自身の成果もあがることを知っている。上司の仕事ぶりがまずいのに、上司の誇りを傷つけないで上司を助ける方法がわからないのは、部下にとって最大のストレスだ。

上司を後押しする

キャサリン・ワイラーは、ハイテク企業の生産部門担当の人事マネジャーであった。彼女は、自分の上司である生産本部長が、部下の自発性のなさにいらだっていることを知っていた。しかし、本部長自身が部下の受け身的な態度を作り出しているのに、本人が気づいていないことも分かっていた。本部のミーティングで本部長は、部下たちに任せると言いながら、思い通りにならないと口を挟んで自分で決めてしまう。放任と独断の両極端の間を行ったり来たりするのであった。部下たちは部門長が自分の思うようにすることを知っているので、部門長からアイデアや意見を出せと言われても、自分からは何も言おうとしなくなっていた。キャサリンは、部門長自身が自分の意図とは異なるメッセージを自ら発していることに気づけば、態度を変え、部下たちの能力を引き出せると考えていた。

とはいっても、本部長のプライドを傷つけることが心配であったし、部下から自分のリーダーシップについて意見を言われるのを本部長がどう受け止めるかが分からなかったので、躊躇していた。しかし、次第に、本部長の真摯な部下であるなら、役に立つことはすべきだという思いが強くなってきたのだ。キャサリンは、とうとう自分の考えを伝えることを決意した。まず、この上司が短気であることを踏まえて、彼が価値を置くカレンシー、つまり時間に焦点をあてて話をすることにした。キャサリンは最初に、本部長にミーティングの進め方について満足しているかどうか尋ね、彼が不満を持っていることを確認した。次いで、意思決定のスピードをあげる方法について自分にアイデアがあると述べ、その点で本部長の役に立ちたいと申し出た。彼女の話は本部長の心をつかみ、ミーティングの進め方についてふたりで話し合うことになった。話し合いの中でキャサリンは、ミーティングがうまく進まないのは本部長が気づかないで取っている行動にも原因があると思うと、伝えられたのだった。その後、本部長は卓越したリーダーシップを発揮するまでには至っていないが、ミーティングでの自己破壊的な言動をやめるように努力している。期限を決めて明確な要求を伝え、率先して進めるように励ました。あとは、部下たちが話し合うのを待つようになったのだ。また、キャサリンにとっては、本部長がこの件で彼女に感謝してくれ、それ以降は進んで彼女とミーティングの準備をするようになったこと、ミーティング後はともに振り返りをするようになったことが、成果だった。上司の努力を見ていた部下は、彼ら自身も努力するようになり、チーム全体の効率性が高まっていったのである。

真の勇気：価値あるパートナーになる

上司にもっと効果的にできると伝えたり、手助けを申し出るのには、大きな勇気が必要だと思うだろう。勇気が必要なのは常にリスクをともなうからだ。とはいえ、あなたが、上司を責めるのではなく心から助けたいと思い、上司の成果を気にかけ、パートナーシップの精神で接するのであれば、多くの上司は腹を立てるよりもむしろ感謝するだろう。上司は孤独なのだ。上司も学び、成長する必要があると認識している部下はほとんどいないからだ。よい上司は、真摯に助けようとしてくれる部下を歓迎する。業績についての情報や改善策への見返りに、上司からの評価（と、運がよければ優れた能力）を得るのは、あまり行われないが有益な交換である。

上司に新しい可能性を提案するときに、上司の味方になるにはふたつの方法がある。目標については同意するが、達成する手段には懸念をはっきりと示す。「目標には同意します。ですから、達成の方法については私にお任せください」。この場合、例えば「もっと多様な意見が必要だということについては私も同意です。多様な意見を促し、妨げないためには、次のようにされる必要があると思います」などだ。

このアプローチは、業務上の課題やリーダーシップの発揮の仕方などに配慮が必要なときに、役立つだろう。

　上司のパートナーであれば、上司が必要としている情報を率先して伝える義務がある。あなたのもとには、上司の役に立つ様々な情報が自然に集まっている。例えば、上司があなたも含めて部下たちにどんな影響を与えているのか、組織の内部、他の部門、上司の同僚、幹部層からどう見られているかも分かることがあるだろう。また、上司の持っていないスキルをあなたが持っている場合もあるだろう。前出の例にもあったようなことだ。「何かお役に立てることがありますか（ミーティングの準備、討議のファシリテーション、迅速なメモの作成など）？」と尋ねてみよう。

実行の障壁

　上司が効果を高めるための優れた支援的な働きかけは、何によって妨げられてしまうのだろうか？

　部下の口調が協力的でなく、微妙に（あるいはそれほど微妙でなく）批判的であることがよくある。これまでの経験から、部下は上司が完璧ではなくまた完璧ではあり得ない、ということを忘れがちだ。事業に関する課題（戦略や意思決定など）や、リーダーシップの取り方（会議の運営やフィードバックなど）のまずさを、それは人間性の問題であって助けるべきことではないと考え、批判し裁こうとする。彼らは自分の似たような欠点は、サポートと能力開発に値すると考えるのに、上司の話になるとどういうわけかそれを忘れてしまうのだ。

　したがって、権威に対するそういった態度によって、キャサリンのようにはできないでいる。上司に依存しすぎている部下たちは、マネジャーは部下からの支援がなくてもすべてを知っていると信じている。だから助けを申し出て、上司を怒らせるようなことはしたがらない。また、彼らは上司に弱みがあると知ったときにはしばしば失望する。

表9.1　上司への影響力を妨げる部下側の要因

- 上司を、支援を必要としているパートナーではなく、できないヤツとして扱う
- 上司の反応が恐い、または自分の役割ではないという理由で重要な情報を伝えない
- 自分のニーズに焦点をあてすぎて、上司のニーズを忘れてしまう
- 上司が不機嫌になることを恐れて、上司が知るべき情報を伝えない
- 上司が周囲からよく見えるように手助けするのでなく、上司をさらし者にする
- 仕事の成果を犠牲にしてまでも、上司のいいなりになる

また、上司への依存に抵抗していれば、手助けはしにくくなる。皮肉っぽく懲罰的な方法になって上司には受け入れがたい。独立心が強い部下は、そういったことは上司の問題であって、気にする必要はないと考える。相互依存の関係、真のパートナーシップを受け入れている部下だけが、上司がより効果的に振る舞えるよう進んで支援しようとする。パートナーの観点からあなた自身について考えて欲しい。そうすれば、上司はあなたの話は聞くに値し、協働する意味があると考えるだろう。表9・1に「上司への影響力を妨げる部下側の要因」を示したので、役立てて欲しい。

上司に影響をおよぼすことに関し、さらに複雑な問題と回答が私たちのウェブサイト（英語版）に載っているので参照して欲しい。「困難なときでも上司の信頼を獲得し、上司のマネジメントを改善し、必要な能力開発とコーチングの機会を得るには、どうしたらよいか」などがある。

この問題は3つのバリエーションがある。

1　「もし、上司がコーチングしてくれたら、私はもっとよい仕事ができるはずだ。しかし、上司は育成というより、〝できたか・できなかったか〟の結果だけに関心があるかのようだ。アドバイスを求めたら、弱気になっていると思われそうな気がする」

2　「私は上司が恐くはない。どちらかというと好きだ。しかし、上司は私を見ておらず、援助も得られない。忙しすぎて自分の仕事で頭が一

杯、私は放置されている。上司が私に目を向けるときは、手短かに批判するだけだ。もっとコーチングして、方向性を示して欲しいのだが。」

３　「上司のアドバイスが多すぎる。「私を手助けする」と言いながら「私を突き落とす」。私のすることには何にでも手出しするのだ。全体的な指針は示して欲しいが、実際は細かいところまで首を突っ込んできてやらせてくれない。」

〝上司に影響をおよぼす〟の裏返しは、部下に影響をおよぼす、である。www.influencewithoutauthority.com（英文）も参照して欲しい。

【注】

1　上司と部下をパートナーや潜在的な協力者と考える、および上司にリーダーシップを発揮させるのも部下の仕事だとする概念は、David L. Bradford and Allan R. Cohen によって開発された。詳しくは次を参照のこと。「POWER UP―責任共有のリーダーシップ」David L. Bradford and Allan R. Cohen 著、髙嶋成豪ら訳（税務経理協会、２０１０年）

2　前出

3　前出

4　1と同じ出典。

5　“A Leader's Guide to After Action Reviews”, Headquarters Department of the Army, 1993

第10章

部門を越えて取り組む

——チームやプロジェクトをリードする

コミットメントを獲得する

タスクフォースや部門横断型チームでは、私たちはいつもいらいらさせられる。しかし、組織を越えてチームが組まれるケースは近年ますます増えている。多様な専門性と専門職が必要になり、またグローバルな競争によって世界に拠点が広がったため、組織が複雑になってきたからだ。部下のいるチームのリーダーであっても、優れた協働というのは自然にできるわけではない。上司はメンバーが本気でなかったら強く働きかけるだろう。しかしメンバーにチームの目的を真剣に受け止めさせ、本気にさせるのはそもそも難しい。プロジェクトでは、メンバーが直属の部下ではないため、いっそう難しいのだ。

チームの目的にどのようにコミットメントを得るか、とくに、直属の部下でなければ、いかにコミットさせるのだろうか？　これは重要な課題である。メンバーの忠誠心は、本来の所属部門〝ホームベース〟（自分の存在意義を感じ、業績評価がされ、身の保証があるところ）と、新しい一時的なチーム（委員会やタスクフォース、プロジェクトなど）との間で引き裂かれるからだ（表10・1参照）。

例えば委員会では、メンバーは自分の所属部門の代表として参加していることが多い。各委員は合意しようとはするものの、本音では、所属部門の存在感を示し、自部門が他の部門より不利にならないように力を注ごうとする。これは、委員会がやっかいな存在と見られたり、創造的な解決策よりも妥協を

表 10.1　所属部門とそれ以外の担当チームの忠誠心の割合

所属部門：それ以外の担当チーム（100%）		
委員会	マトリックス組織	部門横断的なチーム
70：30	50：50	30：70

生み出す理由のひとつだ。

マトリックス型組織も、メンバーが自分の本来の所属部門とプロジェクトチームの両方に等しく真剣に関われる状況のとき、はじめてうまく行く。タスクフォースや部門横断的なチームで最大の成果をあげるためには、メンバーの大多数がそのチームの目的の実現に本気で取り組まなければならないのだ。しかし、メンバーの給与や昇進は所属部門での評価によって決まるため、プロジェクトに本気で取り組ませるのは極めて難しい。

この章では、部門横断的なチームやタスクフォースで70％のコミットメントを得られる方法を検討しよう。私たちが、これらに焦点をあてるのはより難しいからだ。もちろんマトリックス型組織や委員会（さらには所属組織）にも応用できる。

プロジェクトのメンバーがチームに所属意識を感じておらず、指導、評価、報酬が別のところから出るとしたら、どうやってやる気にできるだろうか。このプロジェクトで仕事をすることで、メンバーは何を得られるのか。思い出して欲しい、影響力を発揮するには、価値あるものすなわちカレンシーを、相手と交換することが必要なのだ。

部門横断的なチームと似たような対応が必要な特殊な場合

・自部門に、非常に優秀なメンバー（たとえば、研究者などの専門家）がひとりふたりおり、彼らは自分の専門的な仕事にしか興味を持たず、チーム全体の目標に注意を向けない。この場合、個人の興味をチーム全体の目標に結びつけるにはどうすれば良いかが課題となる。

・複雑で難しい仕事を継続的に成し遂げていくためには、部下全員が本気で取り組む必要がある。命令で本気にできるわけではない。では、どのようにするのか？

メンバーを選ぶ

コミットメントを築くためには、誰がメンバーであるかが重要だ。メンバーを白分で選べなくとも、メンバー選定の途中であれば、メンバーをどう組み合わせるか、メンバーを選ぶ基準、特に基本的な価値観は何にすべきかについて考えておこう。そして、チームのメンバー選定に影響をおよぼすのだ。メンバーには、自部門のことしか考えない者は避け、組織全体の利益を考えて仕事のできる、独創的な考え方をする人、専門能力のある人、経験の豊富な人などを入れておきたい。少なくとも、何人かは組織の中で名が知られ、尊敬されている人が必要だ。そういった人たちは社内にプロジェクトを売り込み、成果が尊重されるように動いてくれることだろう。

あなたがすでに多くの関係者と良好な関係ができているのであれば（影響力を獲得するのに重要だ）、そのつながりを通して、選択の基準や特定の人材について意見を言いやすい。チームに入れたいと思うような人を獲得するのは簡単ではない。今の仕事でフルに稼働しており、そこで重要な人材だと思われているからだ。それでも反対する理由を理解し、その心配事を減らすためにこちらで何かできないか。この候補者の上司は、何を提供すればその人がチームに入ることを承認してくれるだろうか？　あなたの方は、その人がプロジェクト以外に時間を使うことを受け入れられるか？　その候補者が抜けてしまう仕事の穴埋めを提供できるか？　早い段階で、プロジェクトの成果あるいは新製品や新しい制度の情報を提供できないだろうか？

プロジェクトのメンバーが多くなりすぎたら、7、8名のコア・チームを作り、それ以外のメンバーたちにアドバイザーや別の業務を頼み、特定の専門知識が必要なときに関連する会合のみに出席してもらうようにするなど、工夫が必要になるだろう。また、メンバー全員が全体の進捗状況を共有できる方法を決めておこう。

メンバーの関心やニーズを理解する

プロジェクトでメンバーを自分で選べる時は、それぞれ何に関心を持ち、価値を置いているか、つまり何がカレンシーになり得るかが候補者選択の手がかりとなる（カレンシーについては第3章を参照のこと）。メンバーひとりひとりに好みのカレンシーがあり、どのようなチームワークを好むかも関係する。リーダーは、適切な交換ができるように、各メンバーが価値を感じるカレンシーを把握する必要がある。

ひとりひとりの立場やものの見方、仕事環境、仕事のなかで受けているプレッシャーが主な情報となる。メンバーが所属する部門の目標、目的、気がかりがわかれば、本人か上司が価値をおくものが把握できるだろう（図4・1に、相手の世界をとらえる切り口を図示してある）。日常の業務、評価や報酬はどう決まるか、キャリア上どの位置にいるか、どんな教育訓練を受けてきたかなどの情報が役に立つ。

そうすると、ひとりひとりのカレンシーが何かを事前に見立てられる。後で個別に面談して実際に何に価値を置くかを確認する機会ももてる。尋ねたいことはたくさんある。幸いなことに、人は自分について話すことを好むものだ。自分の仕事のこと、仕事でどうしていきたいかなど、話を聞いて情報を集めながら、相手とのよい関係を構築できる。

また、このプロジェクトのどの点に関心があるか、どんな懸念を持っているかを聞き出すことも必要だ。ワクワクしているか、気が重くなっているか。自分の信じることに正面から取り組める千載一遇のチャンスと思っているか、時間の無駄だと思っているか。過去に取り組んで失敗した経験があるか。チーム結成の趣旨で本人の所属部門の目標と一致しない点はないか。社内政治的に巻き込まれると思っていないか。プロジェクトを進める中で、各メンバーの人柄を知り得ることにもなり、そういった情報は役に立つだろう。

この種の面談をするもうひとつの利点は、相手について理解が進めば、そのメンバーをステレオタイプ的に決めつけなくなることにある。エンジニアだからといって、何についても小数点以下3桁まで細かく決めようとするわけではなく、マーケティング畑の人はすべて創造的なコンセプトの天才というわけではない。また、最初の印象は取りかかりにすぎないので、それぞれの人が持つ固有の能力を見過ごさないよう注意が必要だ。このような形で各メンバーを理解すると、チーム内のお互いの違いを尊重するという規範を形作ることができる。創造的な意見のぶつかり合いによって、素晴らしい成果が生まれると期待しているからこそ、組織の中の様々な部署から様々な専門家を集めてくるのだ。また、考え方が違うために、尊重されないとか、耳を傾けてもらえない状況は可能性を潰すので趣旨から考えても避けたい。

プロジェクトの魅力を高める

メンバーを本気にするためには、プロジェクトが各々にとって魅力的に感じられなければならない。方法がいくつかある。

チームの設立趣旨に関すること

メンバーの関心事に目を向けることは、プロジェクトの設立趣旨を吟味するきっかけにもなる。彼らにとってチームの目的は明確か？　何を達成するかが分かるか？　成果がもたらすインパクトの範囲が狭すぎて面白みに欠けるためもっと広げるべきか、または目標を修正するべきではないか？　チームメンバーの立場は、問題解決に取り組み、提言し、選択肢を提示できるように位置づけられているか。これらのどれひとつでも、あって当然などと思ってはいけない。もし、ひとつでも「いいえ」があったら、直ちに行動を起こさねばならない。プロジェクトの発案者が上司であれば、その上司のところに行って回答を得るだけでよいだろう。しかし、取締役会などで決まったのであれば、関係者に影響力を発揮して個別に働きかけ、チーム設立の趣意を、もっと納得できる、やる気の起きるものに調整する必要があるだろう。

また、このプロジェクトでは、結果は何で測られるのか、踏み入ってはいけない聖域があるのか、すでに決まっている（最終案）のか、自分たちの考えで変えられるのか、誰に相談すべきか等を、プロジェクトチーム発足の趣意を作ったグループから把握するのだ。早い時期に聞いておけば、動き出した後で尋ねるよりも簡単だ。

プロジェクトの設立趣意がワクワクするものであればあるほど、メンバーをビジョンで惹きつけやすい。メンバー個々のニーズをチームの目的に結びつけられるからだ。

しかし、チームの設立趣意を壮大なものにしすぎると、危険な面もある。あなたの組織にはこんな歴史がないだろうか。タスクフォースや委員会が〝世界の飢餓〟を救うことを求められる事態となってしまい、莫大な予算と時間が必要となって頓挫した。あるいは、いままでにない新しいやり方を求められ、そんなやり方でやろうとすると、今度は現場からの抵抗され批判にさらされた、など。設立趣意を考案した幹部は解決策を想定しており、それをこちらが実施することだけを期待しているのではないか？　プロジェクトの提言が実行に移される可能性はどの程度か。せっかく作成した提言が経営陣のところで消滅し、一切音沙汰なしという傾向はないか？

リーダーのあなたは、始める前にまず必要な采配がふるえるだけの裁量を確保するために、最大限の力を尽くさなければならない。自分の懸念を表明し、解決策を押しつけられる前に変更すべく交渉するのだ。「心配するな、とにかく進めなさい。うまくいったら支援しよう」などと言ってのらりくらりとかわす経営陣には、「おっしゃるとおりだと思います。しかし、経験的に申しますと、開始前に明確にしておくことは不可欠なのです。常務やこのプロジェクトに参加する全員の貴重な時間を無駄にするのではないかと心配なのです。このプロジェクトが提言で終わるのは、望んでおられないと思いますが、いかがでしょうか」と言おう。時間が無駄になると言われて気にしない幹部はほとんどいない。相手の関心に結びつけてこちらの要請を提示することがここでも不可欠な条件だ。

経営幹部に後援してもらう

経営幹部の誰かにチームの設立趣意をメンバーを前に語ってもらうことも、プロジェクトの魅力を増す方法のひとつである。メンバーは、趣意の背景や、裁量の範囲、トップの意向などに関して直接質問でき、上層部の真剣さを確認できる。これによって、目的や意義がより明確になるうえ、さらにこのプロジェクトに対する経営陣の関心の強さを示すことができる。プロジェクトがいかに不可欠であるか、会社のためになるかを経営幹部に語ってもらうと、メンバーが内心抱いている疑念のいくつかは解消し、プロジェクトへのコミットメントが強まることが多い（この方法は、表明することで幹部自身の成果へのコミットメントを強められるので有益な方法だ）。

メンバーの目標とチームの目的を結びつける：ひとりひとりのカレンシーに応える

プロジェクトのスタート直後、メンバーはまだ通常業務や所属組織により強い忠誠心を抱いている。メンバーひとりひとりのカレンシーを考えよう。ある人にとっては挑戦の機会であり、周囲から認められることであり、発言が聞き入れられることなど様々だ（どのようなカレンシーが考えられるかは、表3・1（第3章52頁）に主なカレンシーのリストがあるので参照されたい）。各メンバーのカレンシーに応えるように、プロジェクトでの仕事を配分していくのだ。

たとえば、社内で認められたいメンバーには、経営幹部との連絡係やプレゼンテーションする役割を与えられるだろう。挑戦したいと思っている人には、最も複雑で難しい仕事を担当してもらおう。特に、解決方法が見つかっていない課題に取り組ませるのが最適だ。他の会社についての知見を広げるため、ベンチマークした会社を訪問したいというメンバーも出てくるだろう。

全員で話し合うと趣旨について曖昧な点は消え、やる気が高まってくる。魅力を高めるには、抵抗を減らすのもひとつの方法だ。プロジェクトが所属組織にもたらしそうな問題は何か、チームまたはリーダーがどのように解決できるかを、メンバーで話し合わせる。メンバーに、いずれ取り組むことになる組織の問題を解決することに関心を持たせられる。

さらに、あなたの役割のひとつとしてチーム内の部門間の壁に対処して解消すると、チームメンバーとのウィン・ウィンの交換となり、彼らはチームの目標達成に本気になる。

チームの目標について他の部門で語ったり、メンバー候補者の上司たちに説明するなどは、こういったカレンシーの価値を高めてくれる。社内にプロジェクトのミッションを広めるのに早すぎることはまずない。

また、多くの人が学習の機会に魅力を感じていることも見逃してはいけない。部門横断的なチームでは、社内で解決策がまだ見つかっていない課題がテーマになる場合が多い。新しいことに挑戦したり、貴重な情報に触れたり、スキルを身につける機会がたくさん生じるはずだ。同様に、異なる組織や専門性をもつメンバー同士がネットワークを構築するチャンスであるということも、利点としてアピールしてほしい。こういう機会では、別の分野や異なる専門の人と仕事ができるので、自分の本来業務にとって将来の協力者が得られたり、新しい業務でのつてができたり、お互いに協力者を得られるのである。

重要なプロジェクトに参加することは、学習や良い評判とネットワーク構築のチャンスなのだ。将来の影響力を高める投資として、これ以上のものはあるだろうか。少し想像力を働かせれば、メンバー全員にカレンシーのひとつやふたつは提供できるのだ。メンバーの個人的な目標や興味と、チームが目標達成するために必要なことを結びつけるのが重要なのである。

ビジョン：万人に響くカレンシー

ビジョンは、チームのメンバーをやる気にさせる強力なカレンシーだ。ともに努力して達成することで、素晴らしい姿を実現できるというイメージは心に響く。メンバーは本来の仕事と考えられている所属部門が別にあるので、何らかの魅力、つまり目指すビジョンが描けなければプロジェクトに本気で取り組みはしないかもしれない（自部門でも、チームの担当業務を越えた特別でユニークな明確なビジョンを示せれば、最大の結果を出すだろう）。

メンバーを鼓舞するようにプロジェクトの目標を伝えるにはどうしたらよいか、じっくりと考えてほしい。チームのメンバーは、プロジェクトでの仕事には意味があり、顧客、クライエント、他部門、あるいは社会全体に貢献できると思いたいのだ。チームの主たる目標がそれに応える形で示されれば、メンバーは理解し、心底からやる気になりやすい。やる気になれるビジョンがあると、新しい仕事をしなければならないことへのメンバーの抵抗感が薄れる。プロジェクトにある期間ずっと関わることになると、結果が努力するに値するのかどうかと考えるものだ。さらに、その先がどうなるかを考え、所属部署の自分の仕事がなくならないかと気にする。こういった所属組織へのこだわりを解消するのに、ビジョンは役立つ。

このようなやり方でもビジョンに耳を貸さないメンバーたちには、どこがなぜ気に入らないのかを話してもらおう。ビジョンを修正したり、（薄めずに）拡大することで、全員がビジョンを自分のものにする可能性はあるだろうか？　彼らの願いがチームの趣意に取り込めないものだったり、本来のねらいからはずれるようであれば、別の場を与える必要があろう。プロジェクトの目標に本気で臨めないのであれば、この仕事を担当するべきではない、他の仕事で価値を生み出せるからと、本人や経営幹部に伝えるべきではないか。

夏期にインターンで入った、リッチ・ホイーラーの例はとても示唆に富んでいる。彼はこのような影響力の考え方を活かして、製品開発チームを効果的にリードした。その結果、彼の努力が認められ、卒業後に正社員として採用されることになったのだ（原著者らのサイト、www.influencewithoutauthority.comを参照のこと）。もうひとつの例は、異なる見解をもつ３つの部門からなる複雑なタスクフォースをリードしたケースだ。「ルシア・エマーソン」の事例として、「Influencing Up」（邦訳未刊）に掲載されている。

どのようにチームをリードするかを決める

部門横断的なチームを引っ張るには、ある種特別な注意が求められる。あなたが好むスタイルとメンバーが求めるスタイルを組み合わせる必要がある。メンバーの中には会議が多いことを好まず、選択肢を示して仕事を割り当てられるのを好む人もいる。一方で、問題の定義や役割分担を決めるところから参画したがるメンバーもいる。とはいえ、あなたの（好む）スタイルや限度があるために、そういった判断をチームに任せることはできない。さらに、チームの最初の立ち上げは、チームの成功とメンバーの満足度にとっても重要である。

それでも、細かく管理するのに集中し、ミーティングなどで根回しして事前に結論を決めておいたり、難しい問題で反対意見を押し込めるようであると、メンバーのやる気を削ぐ恐れがある。自分のアイデアや意見が尊重され、日々の仕事でもそれなりの自由度を認められ、反対意見が真摯に取り扱われていると誰もが感じたいのだ。大きな案件ではチーム全体で意思決定する（単に、メンバーからアドバイスをもらうのではなく）必要がある。メンバーの本気を引き出せるからだ。リーダーは、重要な意思決定でメンバーの意見が十分に尊重されることと、メンバーのプロジェクトへのコミットメントが交換されるという合意を形成するのである。

また、仕事の進め方やデータ、仕事に関して意見のぶつけあいを促すことも、リーダーであるあなたの仕事だ。メンバーの個々人としての違いではなく、意見の違いによって生じる対立をチームの活性化に使い、情報をすべて洗い出し、創造的な解決策を考え出し、全員がチームに貢献できるようにする必要があるのだ。あなたはチームの雰囲気、風土を作ることができる。反対意見を言っても大丈夫だとはっきりと示し、しかし個人を攻撃するような時はそれを止め、焦点を仕事に引き戻す。全員が全員と仕事するのを好きになる必要はない。チームの全員が最善の結果を出すためにお互いに率直に話すよう、メンバーに求めるのである。

ミーティング以外でもやるべきことがたくさんある。個人面談をして情報を集めること、進捗を確認すること、重要な課題について社内で根回しすること、などだ。真剣に取り組んでいない人を見ると、その人の仕事を代わりにやってしまったり、自分の解決策を押しつけたくなる。もちろん、そうしなければならないときもある。しかし、頻繁にメンバーの仕事を奪ってしまうと、メンバーはすぐにあなたに仕事を預けてしまい、自分たちがチームにいる理由を忘れる。その結果、リーダーのあなたにばかり仕事が集中するのだ。しかもそうなると、メンバーは最終決定を真剣に受け止めず、自分の所属部署の上司や他の重要な立場の人たちに、意図的あるいは無意識にあなたを批判するようなことを言うようになっていく。

チーム全体の賛同をすべてについて得る必要はない。あなたも他のメンバーたちも、個別対応で協力しあえる。そういった働きかけは、チーム全体の仕事をスムーズに進めるので、感謝される。リーダーは、チームのメンバーの代わりをするのではなく、彼らが自分の仕事に集中できるように明確に意識して支援すべきなのだ（会議でのメンバーのまとめ方については、第12章を参照して欲しい）。

正式発表前に、プロジェクトの成果を売り込んでおく

プロジェクトにおいてよくみられる影響力に関する間違いがある。素晴らしい解決策が見つかると、それを完璧にやり遂げ、最高の歓迎を受けるために一度に、結果全体を示そうと思ってしまうことだ。しかし、その解決策が既存の仕事のやり方や組織の構造、重要な立場の人たちの力や地位に変更を迫る

ようなとき、意思決定を持つ人たちを驚かせてはいけない。アイデア段階から、重要な関係者や意思決定権者たちに事前に相談するのだ。これによって、プランの中身がより良くなるだけでなく、主な関係者が新しいアイデアに馴染み、タブーに触れている場合は気づくことができるので調整の機会となり、キーパーソンたちに嫌な思いをさせないで済む。意思決定権を持つキーパーソンたちとの見えない交換が、ここでは行われている。「後でびっくりさせるようなことがないよう、早めにご確認いただこうと思います。どちらからもサプライズなしです」という交換だ。

さらに、あなたはチーム内部だけでなく、外部の環境もマネジメントしなければならない。様々なステークホルダーが異なるタイミングで「目覚める」。自分が影響を受けるかもしれないと気づき、チームの仕事を弱体化しようとする。あなたはチームメンバーの協力を得て、これらの政治的な動きを監視し、集まって動きが活発になる前に対処する必要がある。設立趣意書が良かれと思って変形されたり、それが〝転移〟することもある。そのような芽も早く摘み取らなければならない。すべての「追加するのにそれほど苦労しない」という「優れたアイデア」に注意し、まず順調にスタートしてから、バージョンアップするときに検討することを約束する。〝完璧〟はほとんどの場合、善きことや成功の敵なのだ。

これはメンバー選定の話につながっている。影響力のある主要なキーパーソンやオピニオンリーダーと接点をもつ人を入れておきたい。アイデアを出せる人は必要だが、反抗児や現組織に破壊的な人がメンバーでは、彼らはあなたの話を真剣に受け止めてはくれないだろう。もし、あなたの意向なしでメンバーが決められたなら、顧問的な立場の人やトップとのつながりのある尊敬されている人たちでグループを作り、バックアップしてもらう必要があるかもしれない。そういったキーパーソンのグループは、早くから周囲にアイデアを広めてくれ、どんな反応かを試すなどをしてくれ、偵察者やインフルエンサーとしての役に立ってくれる。

メンバーの忠誠心がプロジェクトと所属組織に分かれていることには、くれぐれも注意しよう。メンバーにはプロジェクトの成果や提言を真剣に支持して欲しい。しかし、内容によっては本来の部署や上司に反対する立場になってしまうこともある。これは誰にとっても困難な状況だ。メンバーがこのような板挟みに直面しているときは、どう対応するかを他のメンバーとともに検討しよう。メンバーがプロジェクトに継続的に取り組めるように、プロジェクトの結果を彼らの上司に説明し売り込み、経営幹部の支援を後ろ盾を得て、メンバーの立場を守る必要があるかもしれない。彼らの上司に、自分の大切な部下がプロジェクトのメンバーになることが負担だけでなく、利点もあることを理解してもらうのである。プロジェクトにその部署の視点を取り入れられるうえ、プロジェクトの仕事を通して部下の能力開発の機会になるなどの上司にとっての利点があるのだ。このカレンシーの交換は、プロジェクトに支持を得ることに役立つ。

所属部署の上司と調整するように、メンバー本人に直接・間接的に促すこともできるだろう。本来の通常業務に穴を開けないためにはどうすればいいか？　プロジェクトに関してメンバーの上司は何を知りたいか？　部署の課題をプロジェクトに持ち込むことはできるか？

メンバーに、板挟みになっていると感じさせてはいけない。突然プロジェクトの成果を支持しなくなったり、上司に報告しなくなったり、もっと悪い場合は内々で上司にプロジェクトの提言が間違っていると言うなど、メンバーがプロジェクトの反対者になるかも知れないからだ。

部門横断的なチームをとりまとめるには複雑さが伴うが、これがなくなることはない。組織が複雑化し変化しているため、異なった部門、製品、地域の人たちが集まって新製品やルールを作ったり、仕組みを革新したり、将来を予見することがますます必要になっている。様々な人材の能力を引き出し、協力させ、実施可能な施策を見つけ出していけば、将来に向けてあなたの存在価値や影響力が強化されるだろう。

このようなプロジェクトで使うスキルは、自分の部下をマネジメントするときにも活用できることを覚えておいて欲しい。同様の特徴や課題があるからだ。どんな部署やチームにおいても、注意深い人選、メンバーの関心の理解、彼らが求める以上にコミットメントとエネルギーを引き出す仕事内容、チームがつくりだす卓越したビジョン、人材の能力やアイデアを引き出すリーダーシップ、メンバーたちのアイデアが上位層に支持され、実施できるように、熟慮された幹部への影響力が求められている。これをあなたはチャンスと思うだろうか？

第11章

他部門を動かす

部門などの集団に対して影響力を発揮する場合でも、個人に対する場合とほとんど同じだ。以下の点に注意しよう。

・第一に、どんなことであれ、相手側の集団を否定的なステレオタイプに当てはめてはいけない。
・第二に、その集団の世界、つまり価値観、評価の基準、受けているプレッシャーなどを理解する必要がある。
・その集団の世界に関する情報から、どのようなカレンシーを交換すればよいかが把握できる。
・集団を動かすには、個人に対してよりもその集団と自分との関係が重要になる。こちらがその集団を一方的にとらえると、先方もこちらを同じように決めつけてくる。

分析の結果は、何においても多角的にとらえるべきだ。特に、部門や部署など集団に関しては、意識して注意を払う必要がある。その集団にとって中心的なカレンシーに、メンバー全員が本当に価値を置いているのか？　各メンバーには、交換の際にカレンシーを選ぶ自由はどれだけあるのか。部署のひとりひとりから個別に同意を得る必要があるのか、それとも一部の人が了承すれば済むのか？

組織が複雑化していくにつれて、他部門の手を必要としない部署、部門は存在し得なくなっているが、他部門はそもそも協力してくれないものだ。あなたが管理部門、たとえば購買、情報技術（ＩＴ）、品質管理、財務、内部監査、人事などにいるのであれば分かるはずだ。自分たちが方針を定め、案を作ったとしても、それを浸透させるのは非常に難しい。同様に現場の第一線で、新製品やサービスの開発、新しい方法、新しい市場の開発など素晴らしい機会を見つけたとしても、上長の承認や実際の業務を担当する他部門の協力を必要とすることが多い。あなたの見つけたホットなアイデアも、相手側にとっては時間が余計にかかるものだったり、仕事の進め方や優先順位の変更を必要とするものかも知れないのだ。

また、部門間の関係も厄介だ。集団には、他を見下すことで集団としての独自性やまとまりを保とうとする面がある。例えば、「我々マーケティングの人間は全体観があるんだ。足下ばかり見ている営業の奴らとは違う」「営業の我々だから、インテリぶった製品開発のやつらよりも、お客様のニーズをずっとよく分かっているんだ」「財務の連中は金勘定しているから数字ばかりに目が行き、人事の私たちのように人間に関心を払うことがない」等々だ。そういった感情をうまく扱う方法を見つける必要がある。

相手部署は様々な理由をあげて抵抗してくるかも知れない。その理由、つまり彼らが関心を持つカレンシーといえるが、それらを理解することがまず重要なのだ。相手側の懸念に応えながら、こちらの得たいものをきちんと獲得するためにどうしたらよいかも、取り組むべき課題だ。

集団に対する影響力をいかに獲得するか：影響力モデルの応用

集団に影響をおよぼす方法はいくつかある。

ステップ1：その部署や部門を潜在的な提携相手と考える

過去に部門間の対立があったり、部署間でメンバー同士に個人的な悪感情があっても、それは諦める理由にはならない。必要なのは連携することなのだ。こちらが求めるものを手に入れるために、相手部署の人達を好きになったり、親しい友人関係になる必要は全くない。しかし、その人たちを尊重し、その仕事に敬意を払えるようでありたい。相手側が異なった役割を持ち、そのために自分とは違ったものの見方をすることを受け入れよう。

とはいえ、予算や優先順位などでは彼らと争うことになるかもしれない。それでも、ある特定の限定された範囲であれば、お互いに求めるものを手に入れられるよう戦略的に手を結ぶ方法は見つけられる。こういった〝協力〟は、個々人、部門、組織の間ではよく見られる。組織の中では、こういった緊張関係をうまく調整することが重要だ。

相手側の部署や部門が何を重要だと思っているかをよく知ることができれば、その部署に共感しやすくなり、良い仕事関係がつくりやすい。次のステップが最も重要になる。

ステップ2：その部署や部門の世界を理解する

まず、仕事の性質から検討しよう。メンバーは日常業務で具体的に何をしているのか？　どんなスキルが必要なのか。仕事で秀でるためにどのようなトレーニングが必要か。相手側は指示や命令をすることに慣れているか、または依頼や要請に応えることに慣れているのか？　地理的に離れたメンバーがいるか、それとも同じ場所に集まっているのか？　業務は、経理、法務、開発、研究などのように専門的に確立しているか？　会社に対してより、専門分野の方にアイデンティティを感じやすいか？　実際の業務内容によって、メンバーが何を重視するか、何を気にかけるかが左右される。正確性、他部門からの独立性、仕事の速度、困難さや新奇性、満足感や意義の強さなどで、何をどの程度気にかけるかが決まる。あなたには相手側の態度が奇妙に映るかもしれないが、仕事の性質自体があなたの部門と異なっていれば、態度や行動、重視するものに相違があるのは当然だろう。相手側の仕事を本質から理解すれば、彼らの態度や行動に筋が通っていると思えるだろう（組織における欲求や目標を理解する方法については、第4章を参照されたい）。

あのスキルを持っているのはどういう人たちか？　どんな教育を受けているか、どんなバックグラウンドか、どのような仕事上の経験を持つか？　何に価値を置いているか。その部門のメンバーが受けた教育訓練によっては、価値観や目標、つまりカレンシーに大きな違いが出る。エンジニアは正確性を重視し、ハードワークを嫌がらない。研究者は真実を発見するために時間のかかる地味な仕事に没頭する。弁護士は意図とリスクの両方をとらえるように訓練されている。文系出身者は、言葉の正確さを大切にすると同時にものごとを大きく捉えるよう教わってきており、包括的な一般化をしようとする。こういった教育上のバックグラウンドは、その人の考え方や言葉の使い方、時には価値観を左右する。

この部署の人たちはどのような言葉や専門用語を使うのか？　部署や部門にはそれぞれ特有の言葉遣いや言い方があるものだ。ふたつの理由で、言葉に着目したい。ひとつは、何が重要視されているかが分かる。というのは、言葉には、何に関心を寄せているかが現れるからだ。話し合いの時、焦点づけるべきことをつかむヒントになる。もうひとつは、相手側と話す時にどういった言葉遣いをすべきかがつかめる。

例えば、財務の部署では、経費、利益、率に関する言葉が豊富だ。それらが彼らが世の中をとらえる方法だからだ。彼らは会社の活動全てを数字にとらえ直してみている。あなたがマネジメントの能力開発に関わっているのなら、財務の人たちの言葉は機械的で非人間的に感じるかも知れないが、その感想

表 11.1　専門用語のミニガイド

人材開発の言い方	財務の言い方
コーチングスキルを向上させる	投資による利益を拡大する
信頼を構築する	貿易摩擦の軽減
チームビルディングする	利幅を最大化する
マネジメントスキルを強化する	採算性を高める

は脇に置き、能力開発の提案を費用や利益の点から彼らが納得するように説明できないか？　私たちのウェブサイトに人材開発マネジャーの事例を掲載している。事例では、元CFOを雇い、予算を握っているファイナンス部門に実務的なトレーニングプランを提案をする方法を学んだWilliam“Will”Woodウィル・ウッドのケースだ（専門用語のミニガイドにいくつか例をあげた。表11・1）。

ステレオタイプで決めつけないように注意しよう。また、相手方の部門の誰ひとりでも〝この人はこういう人だ〟と結論付けていないことを願いたい。ここで説明しているのは全般的な傾向なので、常に例外はないか、意識することが肝要だ。傾向というものは、個々の人、個々のグループの実際に照らし合わせる際の手がかりであり、仮説として使うべきものだ。

財務部門のメンバー全員が経済と数字だけで物事を考えるわけではない。ブルークロス・ブルーシールド社では、被保険者に限らず誰もが健康を維持するためにはどうしたらいいかというテーマのプロジェクトに取り組んでおり、私たちも協力したことがある。このマサチューセッツ州の保険会社では、「財務的な数字は結果論に過ぎません。我々はその数字を活かす仕事しているのです[注]」と言っていた。同様に、弁護士のすべてがビジネスを壊そうとするわけではないし、人事の人がすべて感傷的で、業績の良くない人に厳しい話を伝えるのを恐れるわけでもない。相手部門との関係構築を進める前に、相手の何に着目すべきかを考え、それぞれ個人べースで確認しておく必要がある。

仕事の特性や担当する人達からカレンシーを予想できる。ぜひ、仮説を立て、何がカレンシーか確かめて欲しい。相手の部署で価値があると思われていること、大事にしているものは何か。私たちがカレンシーと呼ぶのは交換できるからだ。一般化のしすぎは常に危険だが、部門に特徴的な状況とそれらから想定できるカレンシーを、いくつか例としてリストにした（表11・2）。

ここの表は、部署や部門でそれぞれ何が重要なのかを見出そうと、ある企業で作成されたものだ。鵜呑みにせず、あなたが働きかけたい部署を知る手がかりとして参考にして欲しい。

表にはほんの一部しか挙げてないが、あなた自身で確かめる際の手がかりにはなるだろう。直接、確かめることを勧める。相手方から実際の反応を得る利点にはふたつある。以下を見て欲しい。

1　あなたの予測より正確である

2　（その行為自体が）相手側との関係構築の機会になる

関係構築の点からは、その部門のリーダーに次のように言うことができるのではないだろうか。

「私たちの部門の仕事はあなたの部門の業務と切り離せないものです。お互い助け合えば、双方とも成功することができると思います。実は、私は部長にお願いしたいことがあるのです。もちろん、私からも部長のお役に立つことをさせていただきます。そのために、私が何をすればお役に立つか教えていただきたいのです。私も自分なりにおおまかな考えはありますが、ご自身からお話を聞ければ助かります。どのようにお役に立つことができるでしょうか？」

表 11.2　部門に共通する環境とカレンシーの例（社内の別部署から見たもの）

営業部門
営業の仕事は、断られたときから始まると言われる。そこで、彼らは、 ・全く新しい関係を初めから構築することに自信を持つべきだと思っている ・強い自我が必要とされる ・相手を説得しなければならないと思っている 営業担当者は、お客様に強く焦点を当てている ・顧客のニーズ／性格／好みを見つける必要がある ・お客様の言葉遣いに合わせて話す ・顧客の出す小さなサインを見つける 時間管理はほぼ自分で行う；独立的なので、官僚的なことを嫌う傾向がある 貢献を承認して欲しい 競争的 お金を求める 立場／地位は重要
製造／生産部門
毎時、毎日、毎週の単位で数字を合わせる 彼らにとっては、責任は製造現場にある やり遂げる姿勢が強く、極めて地道 出身のバックグラウンドは様々。下積みからの人、大学卒の人など多様 基本的に男性中心、その結果、いわゆる〝男の会話〟をする 直接的な話し方をし、ぶっきらぼう。同じ言い方を相手にも期待する
技術系部門
仕事が細かい 話を決めてから、生産に回す 男性が非常に多い 長時間労働（ハードな技術プログラムの教育により） リスクを避け、規則遵守を教え込まれている 世の中を白か黒かで見る。そのため、視点が狭い 〝もの〟にひかれる（人間に対してあまり関心を持たず、洗練されていないことが多い） いじりまわすことを好む、作り直しを際限なくする。ゆえに期限が重要 技術的に有能だが、コントロールしすぎ 自分の知っていることが理解されないといらだつ 顧客への関心は比較的薄い 覚悟を決めている、前進する 挑戦をたいへんに好む
財務／経理部門
以下のことに関心を持っている。 ・マーケット情報、成長状況 ・数値化して測定可能にする ・正確さ ・安全、リスクを避ける ・プロセスの明確さ ・ビジネス部門でお金の使い方が明確であること 問題解決のスタイルとしては、論理性に焦点を当て、合理的かどうかを議論する コントロール、監査ができる状態であること、予測可能なことに価値を置く 仕事は通常予測可能なサイクルで動く 経営層の関与を強く必要とする
人事部門
〝社員の世話係〟と思われることを求む ヒューマンスキルに価値を置く 官僚的になりがちで、規則と規制を重視する 問題や騒ぎが起きたときに呼ばれる（また、そのことで責められる） 事業のビジネス的な側面に対して理解が不足したり、高い価値を置かない マネジャーたちの受けているプレッシャーや仕事の厳しさをあまり理解していない 組織上、無力な存在だと思われているので、経営層の意思決定に関与できるかどうか気にしている

この申し出だけでは不十分かもしれないが、相手との対話を開始するきっかけとなる。あなたから相手側の部門に手を差し伸べているからだ（尊敬のカレンシーを払いつつ、相手側に関心を示し、進んで支援の手を差し伸べるという組織の中では重要なカレンシーをさらに提供している）。また、話が進めば、相手側の部門について自分の予測が合っているかどうかを確かめることができる。

この戦術は、あなたが相手側部門の業務に関心を持ち、お互いの関係をより良いものにしていきたいと本気で思っている場合にのみ使えるものだ。〝テクニック〟としてこの方法を使うと、相手にはすぐ伝わり、反撃されてしまうだろう。

ステップ3：相手部門から何を得たいのかを明確にする

自分が得たいことを正確に理解していれば取り組みやすい。役に立つ問いは数え切れないほどたくさんある。

得たいことは、プロジェクトへの合意か、協力か、その実行か。それとも、主目標は相手部署との関係性の改善か？　具体的な仕事をきっかけに、相手方部署とどのように関わるべきか考えるようになったのだろうが、次に相手方部署に協力を求める際、スムーズに受け入れてもらえるよう、ここで相手部署との関係を良くしておく方が賢いのではないか？　仕事を進めながら関係性を改善することもあるだろう。ただ、どちらかひとつしかできないときは、どちらがあなたにとって重要だろうか？

具体的にどういう行動をとってもらいたいのか。情報提供か。新しい方法を試してくれることか？　リソースを貸してくれることか？　代わりに業務をやってくれることか。短時間で応えてくれることか。それとも、これらのすべてなのか。どれが最も重要で、最低限必要なものはどれか。依頼内容の半分をやってもらうだけでよいのか。一部分だけでもよいのか。

表 11.3　目標と優先順位設定のガイドライン

- 依頼内容が絞りこまれていればいるほど、成功させやすい
- 営業全体の変革より、パイロット的なプロジェクトの方が協力を得やすい
- タスクの遂行と仕事上の対人関係の向上のどちらが重要かを決めておくこと
- 考え方や価値観よりも、行動を変える方が簡単だ。考え方は新しい行動をとることで変わっていく
- 自分自身が変えたいと思っていることと、尊敬されたい気持ちや地位への欲望とを分けておくこと

もし、相手部門に態度を変えて欲しいとか、あなたの担当分野に敬意を払って欲しいのだとしたら、それは仕事で協力してもらうのと同等の価値があるのか考えよう。仕事で協力を得ることが、相手部門が態度を変えるきっかけになる場合もある。それとも、態度を改めてもらうことが自部門にとって大きな問題を乗り越えるために不可欠であり、仕事上の協力だけではかなわないことなのだろうか？

例えば、あなたは本社の購買部門に所属しており、事業部毎に調達していた消耗品をまとめて購入し費用を削減する機会を見つけたとしよう。事前に事業部で必要な消耗品をある種のフォームに記入させることが重要なのか、それとも事業部の人たちが本社の購買部門は会社にとって重要な存在であることを理解することが大事なのか？　本社の購買部門に頼むとやたらに時間がかかるし、事業部で購入すると安いのに、というクレームにどう対応するか？　例えば、共通して使用する製品、例えば、コピーやプリンター用紙を購買部門でまとめて購入し先んじて部門の存在感を示するのか、少しのコスト削減をするために全事務所を制御する必要があるか？

また、あなたの目的のために、その部署や部門内から何人に協力してもらう必要があるのか。全員か、それとも、リーダー格や賛成する人が協力するだけでいいのか？　協力してくれる小グループから始めるのが良いのか？　小さな試みが両部門間の滞りを解消し、協力者を増やすの

か、時間と費用がかかるだけになってしまうか？

こういった問いによって、優先すべきは何かを事前に考えよう。いずれにしても、影響をおよぼす場面のひとつひとつに自分自身で判断をするのだから。表11・3は一般的なガイドラインとなるだろう。

ステップ４：関係に配慮する

部門間では、ものの見方の違いから、ある種の人間関係上の問題が起きやすい。特に注意が必要だ。3つの点から人間関係について検討すると良い。(1)各々、互いに相手側をどう見ているか?、(2)相手方の部署の中心的な人物と個人的な信頼関係はどれくらいあるか?、(3)それぞれ、どのように関わりを持たれることを好むか?

私たちは、ほとんどの場合、長期にわたる前向きな関係を望んでいるが、一時的にぎくしゃくしている状態、ととらえている。人はすぐに相手の部署をステレオタイプ的に見がちであり、相手方も同じように見てくる。相手部署の人たちは、あなたをどう見ているかだろうか？　否定的な見方をしてはいないだろうか。

人間関係について率直に話し合おうとするのか、それとも仕事を通して改善しようとするかを、まず検討しよう。次の場合は率直に話をすることでうまく行くだろう。

・人間関係が明らかに仕事の邪魔になっている。
・人間関係の問題を解決したい気持ちがある。
・言い争いせずに対話するだけの信頼感がお互いにある。
・双方に人間関係の困難を解決するスキルがある（または手助けしてくれるコンサルタントがいる）。

・過去の問題について取り組む時間が十分ある。
・話し合うことが会社（または、部門、組織、国）の風土／文化的規範にフィットしている。

前記の条件が整っていない場合は、小さな仕事を一緒にするのが有益だ。仕事を通し、あなたの部門が相手部門の良きパートナーでありたいと本気で思っていることを信じてもらうのだ。この方法は時間がかかるものの、基本的な信頼を地道に築くことになるので、いずれ本音で話し合えるようになる。相手方の事業所を訪問するなどして、交流の機会を見つけ（過去に対立した経緯がある時は気まずいが）たり、ともに取り組む仕事をさらにもうひとつ見つける事でも良いだろう。

もし、ストレートに話したいなら、過去にあなた自身または部門が関わった問題について、前向きな言い方をするのだ。ユーモアのある言い方で自分たちの振る舞いを語れば、相手側は防衛姿勢をゆるめる。現時点で否定的な交換が起きている場合は、相手側部門を非難することにならないよう、客観的な言い方を意識しよう。否定的な交換状態を作りだしたのは片方だけではないからだ。また、現時点のぎくしゃくした関係のために発生しているコストについて話すのもよい。改善すれば良い状態になることを示しながら話すのだ。そして、お互いがどうあると良いと思っているかを語り、敢えて話しにくい人間関係の問題に触れる理由をはっきり伝えよう。

個人同士で話し合うか、または、双方のメンバーの多くが交流できるオフサイトセッションの形で話し合うという選択肢もある。お互い、真剣に話し合えるように、それぞれの部門に仲介役を置くことが必要になる場合もあるだろう。

働きかけられ方の好みは様々

個人と同じようにチームにも、自分たち独自の〝正しい〟交流のやり方がある。滅多に表に出ないが、根強く信じられているもうひとつの大きな決定因子は、産業、会社の戦略、歴史などの点で立場が上の集団がイニシャティブを取り、采配を振るうべきで、彼らに委ねるべきだ、というものである。立場が認められていない集団、あるいは市場の変化で重要性が低下した集団、例えば流通や医療の領域でのＡＩの登場によって、取って代わられた集団は、意気消沈することになる。またおそらくは服装も関係する。２０１７年においてすら、米国東海岸に拠点を置く企業のファイナンス担当役員は、西海岸の人たちと違ってスーツで仕事しているのだ。彼らは、西海岸のスタートアップ企業のトップが、短パンとサンダルでなく丈の長いズボンや靴を履かなければならないのが嫌だから、サンフランシスコのナスダックの新ビル落成式に出席したくないということは理解できないだろう。時に、好みが誰にでも分かることもあれば、逆にたったひとつの集団に〝理解〟されるだけで、他の集団からは受け入れてもらえないこともある。

影響力を自ら損なう落とし穴

〝ローマは1日して成らず〟を忘れる

人の記憶は長く残るものだが、集団の記憶はもっと長い！　交換がうまくいっても、不信と悪意のあった日々が消し去られるわけではない。過去をぬぐい去るためには、数え切れないほどのたくさんの前向きな交流の積み重ねが必要だ。しかも、たった一度の不注意があっただけで、前向きなやり取りは帳消しになってしまう。したがって、早くから相手と前向きの関わりを積み重ね、信頼を得るのだ。

すぐに相手を非難しない

相手部署からなかなか協力を得られないと、まず相手に問題があると思いがちだ。もちろん、相手が悪い場合もある。しかし、〝誰のせいか〟を追求しているようでは良い関係の構築は難しい。過去から学ぶことは重要だが、問題は何を学ぶかだ。視線は将来に向けていたい。〝次の機会に、同じ問題に悩まされないようにするにはどうしたらいいのか〟を考えよう。

自分でつくる障壁

自分で影響力を弱めてしまう大きな障壁がふたつある。

あなたの欲しいものは絶対に渡さない！　相手のグループが求めているものを知っていても、感情的なわだかまりがあり、カレンシーを渡すのをよしとしない場合がある。ある技術系の研究開発部署が行政の監査に悩んでいた。慎重に調べたのちに、彼らは監査官が必要とする情報をしまい込んでいることが分かった。しかし、素直にこの情報を出してお互い気持ち良く関わり合えるようにしてよいものか、行き詰まってしまった。彼らにしてみれば、帳簿ごときを大事にしているとなれば、自分たちの〝品位にもとる〟ことになる。しかも、これまで監査官らにはかなり嫌な気持ちにさせられてきたという思いがあるため、〝相手の助けになるようなものを渡す〟のに抵抗があったのだ。

私が努力する必要はない。ある人たちは、相手グループが自分の労力を使うに値しないと思うと自分のすべきと分かっていることをやらない。例えば、カナダ支社長のジョン・スローンは、本社スタッフからの働きかけをすべて拒絶していると批判されていた。スローンは本社に立ち寄るのを好まなかった。本社スタッフと業務以外でのやり取りは、社交辞令や社内政治の駆け引き材料にしかならないと思っていたのだ。

効果より正義が大事

相手グループよりも自分たちが優れているという快感に振り回されている人たちがいる。彼らは、些細なミスを騒ぎ立て、良きカレンシーの交換よりも、そのミスを重視するようになる。最終的には、そういう人たちは、自分の正しさを証明することが〝勝ち〟で、相手方の求めに応じるのは〝負け〟と感じるようになってしまう。

あなたが価値を置くものは認めない

自分たちが提供したカレンシーとは異なるものに、価値を認めない人たちもいる。特に、差し出されたカレンシーに価値を見出さず、使おうとしない。

前出の障壁のように、これも相手のグループを見下しているときに生ずる。「了解、彼らは目先の目標達成が大事だというわけだな。でも、我々は長期的な視点で事業の将来を守っているのだ。目先のしょぼい成功に協力する気はない」。一方、相手部署では「あいつらは遙か先の夢みたいなことばかり言っている。給料を払えもしないくせに。我々に、夢物語の研究を支援する謂われはない」などだ。

これらはすべて自分自身の影響力を狭めてしまう落とし穴だ。でも、避けられないわけではない。困難かもしれないが、あなたのグループと相手のグループとの間の感情的な軋轢を解消することは可能だ。個人の例だが、マイク・ガルシアは、影響力の法則を活用して事態を改善した。彼は、あるソフトウエアのマーケティングチームの一員で、南米の各支社長たちとやり取りする立場にあった（この事例は、私たちのウェブサイトの、“Finding and Paying Valued Currencies; Overcoming Skepticism in Country offices about Headquaters and Maketing” に載っている）。前出のジョン・スローンのように、地方にいる人たちは、本社の〝専門家〟の言うことに耳を貸したがらない。お互いに影響を与え合う関係が必要だろう。

マイクは、支社長たちが価値を感じるものを持って行けば、すなわち、効果のあった方法を提案し、彼らの独自性に敬意を払えば、本社での彼らの代弁者となり、支社でのマーケティング活動に影響をおよぼすことを許容してもらえるのではないかと、本能的に嗅ぎ取った。簡単なことではなかった。優越感を保ちたい本社のメンバーの攻撃をかわさなければならなかったからだ。しかし、彼自身、南米の生まれであることや、南米各国の支社長たちが持つ知識に対する純粋な尊敬の念が助けとなった。もちろん、一度その地域を訪問したからといって、現状をひっくり返せるとも思っていなかったからだ。支社長たちとのちょっとしたやり取り、関わりの積み重ねで関係改善を進めていく。それは継続的なプロセスである。彼は忍耐強く、また粘り強かった。もちろん、支社長たちに本社のマーケティング部門の助言に従うよう命令する強い力があれば良かったのだが、それはあり得ない。そこで彼は、素晴らしく効果的な方法を見つけたのだ。

詳しくは、第12章を見て欲しい。

【注】

これは、２００４年5月4～5日に開催されたカンファレンスにおいて、著者の1人がファシリテータをした分科会のグループワークであるメンバーの発言から引用させていただいた。他のメンバーは驚きつつも、多くの人たちの役に立つことをするという暖かい姿勢に共感していた。

第12章

リモートで影響をおよぼす

遠隔地から影響をおよぼすのが重要になっている理由

以下の様々な要因によって、遠隔地と仕事するケースが増えてきている。

・企業が（拠点拡大のため）地方に複数の拠点を持つようになった。
・企業の合併によって拠点が分散している。
・地方に分散させることによる優位性（コストの低減、顧客やサプライヤーに近いなど）が高まっている。
・技術的に、従業員が家からリモートで仕事がしやすくなってきた（場所、コスト低減など会社側の事情もある。会社の中には出勤するよう求めるところもある）。
・世界中のタイムゾーンを越えて仕事できることへの要請が高まっている。

このような変化によって、あらゆる階層の従業員が、一度も会ったことのない関係者とも仕事をしなければならなくなった。あるいはそうなる可能性が高まっている。社内はもちろんのこと、契約社員、ベンダー、内部の〝顧客〟、その他の専門家と関わる必要性に迫られているのだ。

遠隔地にいる人には部下も含まれ、影響力のスキルがより必要だ。命令することはできても、離れていると協力を得るのは容易でなく、手間がかかるのだ。また、バーチャルチームやタスクフォースで仕事することも増えている。仕事をやり遂げるには、これまで以上に影響力が欠かせないのである。まだ会ったことのない部下を持つマネジャーもいる。彼らに仕事させ、チーム内のメンバー同士で協力させなければならない。影響力を発揮して全面的に協力を得るのは、対面でも簡単とはいえない。物理的な距離があればなおのことだ。

それゆえ、直接会うことがまったくない、または滅多に会わない人やグループを相手に理解し、信頼関係を構築しようとするのなら、特に「カレンシーの交換」モデルを意識して使う価値があると考えている。もちろん、使用する言語や文化の異なる相手、異なる常識を持つ人たちと関わるときは、問題はさらに難しくなる。

物理的に距離が離れている人と多くの仕事をするのは無理というわけではない。距離の離れている人との仕事でも影響をおよぼせるし、効果的に関われる。それには、メンバーやチームが以下の条件を満たす必要がある。

・お互いにすでに知り合っている（または定期的に直接会っている）。
・ある程度の信頼感がある。
・仕事上の全体的な目標に合意している。
・組織としての一体感があり、そのビジョンや目的を共有している。
・コミュニケーションにタイムラグが起こることを理解している。
・離れた相手とリモートで仕事するのに必要な技術に抵抗がない。
・個人としてもチームとしても、自分が貢献していると感じられる。

・参加者や状況によっては、会話に参加するよう促す必要があることが分かっており、そのタイミングと方法を知っている。

これらの条件は当たり前のようで、意外と満たされていない。マネジャーの多くが、意識的に努力しなければ満たされないことを忘れており、リモートで仕事する際にもこういった条件がいつも整っていると思い込んでいる。しかし現実は、単純でわかりやすいことでもしばしば誤解したり、曲解も起きる。ここでの課題は、これらの条件を満たすように、リモートから働きかけなければならないことである。

コミュニケーションの本質には、そもそも曖昧さがある。さらに、コミュニケーションの中身の大半が、言語ではなく非言語のシグナルから発せられている。声の調子、ペース、身体の動き、表情や目の動き。また、その時の状況、過去の関係、他のグループが同席しているかどうか、立場の関係性、会社の組織文化による期待、世間の期待なども情報源になる。人が同じ場所で仕事していれば、計画しなくても偶然でも会う、言葉を交わす、そして知り合う機会がある。ただ、リモートでは、計画が必要なのだ。

以下は、よく見かける困難な状況の例だ。

・6名のメンバーが、それぞれ異なる国から参加している。
・アメリカを拠点とするマネジャーとは、各国参加の電話会議で会っている。
・会議では、情報交換だけでなく、全員に影響する問題への創造的な解決策を決める。
・以下は、対面では気がつくが、離れていると見えないことだ。

－ハンスは前向きに話をしているが、椅子に寄りかかって不快な顔をしている。

－ジュアンは携帯電話をいじり、メールをチェックしている。

－日本から参加しているヤスは、言葉では賛成しているが、表情は納得していない。

－スザンヌはハンスが発言するたびに顔をしかめる。

－ジュアンはスザンヌが難しい目標を達成することに合意すると目を丸くする。

－会議の終わりに、マネジャーが実行手順を提案すると、メンバー全員が言葉では賛成した。しかし、非言語的な面のすべてが逆だ。インディアは机上から一度も目を上げない。

・このような事実（ほかの事実も）を知らないのは、マネジャーだけでなくメンバーもである。ハンスはスザンヌが自分の発言にしかめ面しているのを知らないし、スザンヌはジュアンが自分の達成を疑っているのも知らない。

・このように、上記で説明した条件を完璧に満たすのは難しい。メンバーは同じ目標に向かっており、組織のビジョンを受け入れているかもしれない。しかし、こういったリモートの状況では、自然にメンバー同士が知り合って信頼関係を築き、真に協業できる体制をつくるのは難しいのだ。

・このチームには、対面で仕事するときに見られる普通の交流がない。ハンスはスザンヌの席をふらっと訪ねて、何が気になるかと尋ねるかもしれない。ハンスがそうしようとしなくても、会議での様子を見たマネジャーが、ハンスにスザンヌと話すように促したかも知れない。しかし、チームメンバーには、コーヒータイム、ランチ、廊下での立ち話、仕事帰りの一杯など、非公式な関わりから得られる情報や創造的な対立の機会がまったくないのだ。

このように情報が制限されてしまうと、

・メンバーもリーダーも、相手をステレオタイプにはめやすくなる。大きな違いがあっても味方になりうるということに、気づきにくい。
・相手の世界を理解するのはいっそう難しい。相手が何を大事にし、どんなニーズを持っているかを理解するのは至難の業だ。
・そして、影響力を発揮したい側では、自由に交換できるカレンシーが限られてしまう。
・ほとんどの交流はほぼ表面的だったため、メンバーは個人的に関わったり、信頼関係を築く方法をあまり学ぼうとしない。

したがって、こういう場合のリーダー（またはリモートで他者に影響をおよぼそうとする人）の中心的な仕事は、対面であれば自然に発生するが、リモートでは欠けがちな上記の条件を意識的に取り入れることだ。リーダーとメンバー間の関係だけでなく、メンバー同士でも関係を構築させるのだ。具体的には、ますます役に立つ（便利になっている）テクノロジーの活用（積極的な傾聴とコミュニケーションをともなうが）、会議そのものに加えて、会議と会議の間の多くの1対1のコミュニケーション、目標の明確さ、対面での会議をできるだけ多く組み込むといったことである。

こうしていかないと、トラブルの可能性が高まる。良かれと思って発したメールが誤解され、炎上した方ならわかるだろう。[注1]（著者の多くの経験から申し上げる！）

リーダーは、対面でのやり取りが不足しているためにできた穴を、しっかりと埋めなければならない。次の5つの領域がある。

・テクノロジーの活用

・明確な目標
・会議の中でのやり取りに綿密に注意を払うこと
・相手に寄り添って傾聴し、コミュニケーションをとること
・対面での時間を最大限に活用すること

テクノロジーの活用

テクノロジーは万能薬ではないが、ある種のものは非常に役立つ。しかもどんどん進化している。電話は電子メールや手紙よりも良い。ビデオつきであればもっといい。特に性能が向上しているＷｅｂ会議システムなら、通信帯域に無理はない（双方の端末が同じように優れているのが条件だが）。スピーカーフォンも会議参加者の声を聞き取りやすくなった。最近のチャットやインスタントメッセージもリアルタイムにコミュニケーションをとるのに使えるので、相手が身近にいるように感じられる。（注2）例えば、バーチャルリアリティのように新しいテクノロジーの急拡大によって、リモートと対面とのギャップが縮められる。とはいえ、問題の複雑さ、対人関係のもろさ、言語の理解の度合い、相手との信頼関係、何人が関わっているのか等によって、ものごとがこじれる可能性がある。

私たちは、テクノロジーを活用しリモートの限界を克服したマネジャーたちの話を聞いてきた。彼らによると、テクノロジーは、相手が少なければ少ないほどうまくいく（1対1や小グループ）という。また、携帯やインターネットの回線が不安定だとうまく行かない。会社の規模が大きければ回線帯域は広く、安定性は最低限確保される。ベンチャーなどでは最先端の技術を取り入れている企業もある。時差にどう対処するかは、その人の敏感さと関わろうという気持ち次第である。

一般的には、状況が複雑であればあるほど、先端技術の活用が重要になると言える。複雑性は、〝グループのサイズ〟×〝メンバー同士の知りあっている度合い〟×〝イノベーションのための情報交換から共同での問題解決に移行する必要性〟だ。しかし、あるハイテクに詳しいマネジャーによると、テクノロジーは、他のいくつかの変数に応じて異なる効果があるのだという。

メディアカンパニーＡＳＧのテクニカルサービス担当の副社長、ジョディ・ボートライトは米国の東海岸に住んでいる。彼の部下たちはその地域にほとんどおらず、上司も別の地域だ。彼らに会いに行かないときはＷｅｂ会議システムを利用する。

> 議題がチームで共通に認識され整理されていると、テクノロジーを使ったミーティングの方が生産的です。焦点が絞られているため、話が脱線しなくなるのです。1対1の面談は、それが気楽だという人にはより効果がありますね。そうでない場合は生産性が落ちます。私が顧客に直接会うのは彼らが用心深いからです。部下にはそうしません。テクノロジーに慣れた部下に対しては、気にする必要はないのです。部下は個別に会ってもかえって話してくれないことが多くて！顧客はビデオを切った方が話してくれます。要は、相手との関係に遠慮があるかどうかです。チームとの関係がよければ、弱さを見せてもいいと思います。顧客とはそれほど親しくないので、直接会えれば楽ですね。彼らは安心できますし、私は彼らの態度から分かることがあるのです。リモートではできない話は、直接会うタイミングを待ちます。人についての話が多いので、細かなニュアンスや微妙なことは会ってみないとわからないからです。
>
> 1対1や小グループのマネジメントでは、Ｗｅｂ会議システムがとても役立ちますよ。でも、全社的な規模の大きな変革や、様々な立場の人たちの参加と責任が必要なときには、それだけでは十分と

は言えません。高いレベルのコンセプト、戦略の方向性、メンバー同士のシナジーが得られないのです。

情報マネジメントにおける広範なデジタル変革は、大きなインパクトがあります。

これらの課題の解決策として、情報ファイルの構造化と保管場所の共有、イントラネット（戦略と目標、ダッシュボード、サービスの基準、予測、プロジェクトマネジメントデータなどの公開）、プロジェクトマネジメント・ソフトウェアの標準化、原価計算と情報共有がしやすい会計システムの刷新、見積りツールの標準化、機器類発注管理システムの改訂、人材管理ソフトウエア（管理部門向け）、ＣＲＭの整備があげられます。デジタルのエコシステムを作り、目標が何か、どのように進捗しているかを示していけば、そういったツールの利用が進み、旧態依然とした考え方から抜け出せるはずです。

電話の限界

ジョディは責任を果たし機会をとらえるために、いつリモートのテクノロジーを使わない方がよいかを学んだ。１対１で会う、または情報の伝達だけで良いのなら電話は使える手段だが、問題解決が目的の場合には、既述の問題が起きる可能性が高い。それどころか、そういった状況下では、リーダーには（メンバーも）、見えないところでどのようなやり取りがされているか分からないのだ。

例を挙げよう。グローバルプロジェクトのプロジェクトマネジャー、サラは、「リモートの場合、会議に出席しながら別の業務をしようという誘惑が常にあります。彼らはそのプロジェクトだけを担当しているわけではないからです」という。

ＩＢＭのテクニカル・マネジャーは、上司と同僚が参加する電話会議に参加中、その会議の出席者以外の人にメッセージを送って、公式には共有されていない情報を求めたり、送ったりしていたと述べている。リモートで多くの部下をマネジメントしている、ＥＡ（Electric Arts）の技術分野のリーダー、ゴピ・パランパリは、自身がこの誘惑に対抗するためにどのようにしているかを話してくれた。

リモートで仕事する部下が会議で集中できるように、Ｗｅｂ会議システムを使うようになりました。彼らはしばしばメッセージを送ったり、メールを使ったりと別のことをしてしまうのですが、ビデオだと会議に集中して参加しているかどうかが一目瞭然です。彼らの気持ちが逸れないように、私はたくさん質問をし、集中を維持させるようにしています。私自身の話す時間は最大限短くしているので、退屈ではないと思うのです。以前は、メンバーは集中せず、貢献しようとしませんでした。私がウェブカムを使うようになると、メンバーの様子が見えるようになりました。電話を使うのは、短い会議のときだけです。私たちは様々なテクノロジーを利用しています。デスクトップの共有とＷｅｂ会議システムです。メンバーは自席から参加しますので、私たちは全員の様子が見えます。それで表情や非言語の状態、態度がよく分かるようになり、質問がある時はすぐ分かります。（注3）

全員がそのテクノロジーの使用に不都合を感じないことを確認するのが重要だ。セールスフォースのアライアンス・ディレクター、グラント・ミラーは、カメラに映るのに慣れない人は慣れなければいけない、という。

テクノロジーの利用が当たり前になってきているので、あなた自身が慣れるだけでなく、相手が発言する様子を見て何を言いたいのか理解しなければ、非言語コミュニケーションを見落としてしまいます。何を言いたいかをつかむためには、おそらく対面の5～6倍の信号処理を行わなければならないからです。最近の画質は、ＰＣでもＭａｃでも、スマートフォンでも素晴らしく、多くのクローズアップ画像を見られます。これが当たり前になるように慣れることです。テクノロジーのことで煩わされなくなり、相手の発言をよく聴けるようになりますから。

その技術が効果的だと分かっていれば、慣れるのも難しくない。遠隔コミュニケーションの専門家、マット・エイブラハムは、重要なプレゼンテーションの前には使う機能がきちんと動くことを必ず確かめ（聞き手の方でもシステムの作動を確かめ）ることを勧める。また、問題が発生した時のことを考え、技術のサポートを控えさせることも推奨している。「テクノロジーはあなたと聞き手がプレゼン内容にしっかり集中するためにあるのであって、面倒なものであってはいけません」(注4)という。このことは、会議やタスクフォースでも同様だ。

テクノロジーによる利点

ここまで、リモートでの交流は対面時よりも劣るのは避けられないと書いてきたが、いつもそうとは限らない。ジョディ・ボートライトのコメントを思い出してほしい。〝議題がチームで共通に認識され整理されていると、テクノロジーを使った方が生産的です。焦点が絞られているため、話が脱線しなくなるのです〟。さらに、テクノロジーによって、大勢の人たちへのプレゼンテーションでは得られない、素早いフィードバックが手に入る。主旨が理解されたかどうかを確認し、その場で投票することも可能なのだ。会議の仕切り役は、プレゼンテーションの進行中に、聴衆の誰かがアプリを介してフィードバックするように依頼しておくこともできる。

この章の冒頭で、電話会議では特にリーダーが非言語的な情報を得にくいと書いた。しかし、Ｗｅｂ

会議システムの使用によって、対面では見逃されるようなことに気づけるかも知れない。例えば、あるマネジャーはこう言っている。「メンバーひとりひとりが映っている画面が私の目の前にあります。対面の会議では、私が右を向けば左側の人が見えなくなりますが、今はひとりひとりがもっとよく見えます」。

最後に、会うとあまり話せない人の中には、リモートであれば、オープンに気持ちも話せるという人たちもいる。1対1の場にある緊張感がないため、話しやすくなっているのだ。結論は、テクノロジーは遠隔地にいるメンバーを繋がりやすくしてくれるが、それをかなえるには、ゴピが語っていたように状況や場面、タイミングを十分よく考えて使い分けること、使わない方が良い場面、例えば、ジョディが言っていた、顧客との個人的な会話などではテクノロジーを使わない等を踏まえる必要がある。例外については、次の事例を見てほしい。サラは自身の安心領域から踏み出し前進した。この事例に描かれていることは、必要があれば、限界は乗り越えられることを示唆している。

影響力が個人的に発揮される時（サラが遠隔から行ったレイオフ）

オープンな関係を築けたら、とても難しい対人関係に関する対話も可能になる。サラの話を見て欲しい。

最近、リモートで強いフィードバックをしなければならない機会がありました。やがてそうなることはわかっていました。私たちは1年通して話し合ってきたのです。新しい問題が発生し、個人面談の際に触れる必要がありました。対面の時のように気まずさが感じられました。良くない話だと彼女自身も知っていて、動揺していましたが、率直に話してくれました。対面だったらこうはいかなかったかも知れません。彼女は会議室からの参加でした。資料を画面で共有して話しました。私が彼女に直接会ったのは4～5回。私の部下になる前から問題を抱えていたので、オンラインで彼女の問題について何度も話しあってきました。直接会っていないことがマイナスだったとは感じていません。リモートでの話し合いが当たり前だったからです。個人的な感じが減りますし。対面だったら違った展開になったとは思いません。ふたりとも、額面通りに受け取るタイプでしたから。

私は人事部門に、直接、彼女に会いに行くべきかどうか相談しました。彼らはどちらでも良いという見解でした。彼女は話し合いで決めた改善策に取り組んでいるところでした。会社が全社規模の人員整理をすることになった時、彼女の名前がリストに載っていたのです。私が載せたのではなく、会社の基準による結果です。そこで、人員整理の面談を行いました。人事部門のスタッフが彼女に同席する中、私は電話で話をしました。このような形になったのは人事部門から言われていたからです。私は彼女に「残念だわ、ショックだと思う」と言い、数分で電話を切りました。人事部のスタッフが後を引き受けて対応しました。これは私が経験した初めての人員調整でした。

目標の明確さ

目標と業務内容を特にしっかりと明確化しておくと、マネジャーとメンバー、メンバー同士の頻繁なコミュニケーションの無駄を省くことができ、気軽な非公式の会話をする機会が増える。サラの場合、直属の部下に加えて、世界中の様々な部署から来た人々を率いていた。直接会って話せないので、また文章を書く能力にはばらつきがあるため、文書と口頭、両方のコミュニケーションが不可欠だった。

ちょっとした誤解や不明確な点を確認できる、非公式な情報交換の機会が減っているからである。とはいえ、以下に示すように、1対1でじっくりと対話するのが必要なのは変わりはない。

目標の明確化は影響力を発揮する上で非常に大きく役に立つ。ゴピ・パランパリは26各国・１５５名のチームメンバーと２６０名の契約雇用のメンバーをマネジメントしていた。その彼が目標の明確化が大変に助けになったと述べている。ゴピは、リモートで影響をおよぼすには、相手がチーム、上司、同僚、顧客、サプライチェーンによって異なるのに気づいた。相手によって機転の利かせ方や用心深さが必要だというのだ。

ＥＡでテクノロジーのリーダーとして、影響力を発揮するには、まず組織の課題を設定することから始まります。つまり組織の課題とは、人材、プロセス、技術の方向性によって事業上の問題を解決する、いうなれば重要な年次目標のリストです。そこで私は、バランスドスコアカードを自分なりに修正して、目標設定に使っています。

・人材とリーダーシップ（人材に関する目標は、私のチームのメンバーが関心を持っているマネジャー全員が対象）
・業務遂行（私の顧客と役員たちにとって重要な事業目標の遂行）
・イノベーション（顧客と役員たちにとって重要な新規の事業開拓能力）
・財務（上司と役員たちが関心を持っている予算計画のマネジメント）
・顧客満足（私の社内顧客が大事にしていることを測定する）

課題に適切に取り組んでもらうために、私から関係者と密にコミュニケーションを取り、影響を与え、影響を受けながら、関係者が目標の達成に向かうように働きかける必要があります。組織の課題が、私たち全員を結びつけています。これが影響力を発揮できる背景なのです。課題が直属の部下やマネジャーたちから了解されて確定できると、四半期ごとに目標に対する進捗をレビューすればいいわけです。

人材に関する目標は全員が取り組みます。これはチームが当事者意識を持つための究極の方法です。私は最初は上から押しつけたりはしません。実施したら記録することになっていますので、私が毎週口出しする必要はありません。四半期に一度、達成状況について率直な意見交換をするだけです。もし、第一四半期のレビューで計画通りにいっていない担当者がいたら、私たちは問題について討議しますが、私が言うことは基本的には「私に何ができるか言ってくれ」です。また、「〇〇について検討したか？　□□はどうか？」と質問します。メンバーが理解できるように支援するのです。

ゴピは、メンバーに結果に対する責任を課すのは自分の当然の役割として、負担と思っていない。しかし、メンバーの仕事ぶりについて細かく口を挟むこともない。ゴピの影響力は、顧客のニーズありきで、そのニーズから目標を定めるプロセスに根ざしている。彼は、目標がしっかりと設定されるためには、ためらわずに自分の立場を使う。ひとたび目標が設定されれば、彼は支援的であることが伝わるように関係構築に努め、目標達成のために細かく指示命令することはない。また、前述したように、様々なステークホルダーにとって何が重要かを理解し、彼らが求めるものを提供して影響力を発揮するだけでなく、メンバー同士が影響をおよぼしあえるよう、テクノロジーを積極的に活用する。会議の議題に集中しないメンバーの様子を把握できるように、Ｗｅｂ会議システムを導入したのはその一例だろう。

会議の進め方に特別な注意を払う

最初に、何の目的に、どんなテクノロジーを活用するを考えるべきだ。電話で十分なのは何か。ウェビナー、あるいはもっと精緻なテクノロジーをどこで使うか？　ふたつ目は、話し手だけでなく聞き手がテクノロジーにどの程度慣れているかも考える必要がある。何かの形でトレーニングは必要か（特にツールに不慣れな人たちのために）？　３つ目の質問は、会議の進め方についてだ。

公式のプレゼンテーションの場合として、コミュニケーションの専門家エイブラハムは、次のように述べている。「聞き手は、プレゼンテーションが始まってからだいたい10分で集中力が切れ始める。この時間を超えるようであれば、聞き手の気持ちを繋ぎとめるために、双方向のアクティビティを入れると良い。例えば、質問するとか、話し手を変える、投票させる、などだ。」また、スライドを見せながらのプレゼンテーションでは、ビデオは冒頭と最後のＱ＆Ａだけにするのがベストだという。話をしているときにビデオを流すのは聞き手の関心が資料から離れてしまうので、避けた方がよい。

次に、会議の内容そのものに目を向けよう。私たちが数年にわたってその様子を追ってきたサラは、グローバルな技術系のマネジャーとして、自宅からリモートでプロジェクトチームやプログラムチームを動かし、グローバルなサプライチェーンの問題に取り組んできた。この業務によって、彼女は遠隔からマネジメントするスキルを習得せざるを得なかった。サラは自分の手法を話してくれた。（注5）

全員をチームに関与させなければなりません。内向的な人は周囲から話を聞いてもらいにくいかもしれません。他のメンバーは、そのことを対面の時と同じように気をつけなければなりません。合意形成する時は、細心の注意を払って意見を出し合わせ、伝達する必要があります。メンバーの誰もが、意思決定の前に必要な情報を受け取っているようにします。グループで決められないものであってもです。それは会社の文化的な価値観なのです。

また、組織の規範も重要だ。サラの会社では、従業員は他者が同意しなくても貢献すること、最終的な決定には全身全霊で支援することが義務づけられている。入社直後から、従業員は建設的な対決について教えられ、自分が強く反対する時でもコミットすることを学ぶ。同じ地域であれ、世界の別の地域であれ関係なくだという。

遠隔学習では、プレゼンテーションが逆説を生み出す。テクノロジーを使うと、非言語情報が得られず個人的な情報は失われがちだ。また、電話やカメラに向かって話す場合、話し手は聞き手から返ってくる非言語の反応がないため、次第に活気を失うかも知れない。話し手はこの点を補うために、声のトーンや話すペース、イントネーションに変化をつけ、いつもよりも表現するように指導される。

サラには自分なりのやり方があった。チームメンバーと電話会議をする時は、彼らに自分の顔が見えていなくても笑顔を浮かべるように努めるのだ。笑顔は声のトーンに影響するからだという。気持ちの持ち方は、対面でのミーティングと同様に電話でも重要なのだ。サラの目標は、率直であること。しかし、笑顔でいるのは実際に会わない場面ではいっそう難しいという。「私は、電話会議でメンバーたちに話をする時は笑顔を浮かべるように努めています。というのは、結局、彼らにはそれが分かってしまうからです。直接顔を合わせている時と同じなのです。」

ミーティングでは、参加者の動きややり取り、言葉に特別な注意を払うことが重要だ。サラは、こうも述べている。

リモートの会議で参加者が多いときは、誰かが話を始めた際に注意が必要です。同時に口を開いてしまったとき、女性がよく『すみません、どうぞお先に』と譲るでしょう。おそらく男性は話し続け、女性は次第に話すのを止めます。こういった場面に、どんな些細な異変にも気づかなければなりません。ファシリテータはすぐさまこう言うべきです。『（黙ってしまった女性に向かって）ジェーン、あなたの話の続きがまだ聞けていないですよ』。私は注意するよう努力していますが、オンラインの会議ではいっそう難しいのです。起きていることは直接対面の会議と同じですが、リモートの場合は露骨になります。女性であれば、自身の慣れたやり方から抜けだし、時に〝厚かましく〟割り込んだりしなければなりません。なぜなら、アイコンタクトが使えないからです。

しかし、参加者同士のダイナミクスに注意を払うのは、会議中に限ったことではない。

私は会議と会議の間に、メンバーと1対1の話し合いの場を持つためにかなりの時間を使います。親しみを感じて緊張が和らぎ、自由にチームに貢献できるようであって欲しいからです。直属の部下とは、立ち話でリモートで行った会議について確認します。『会議ではどうだった？何か言いたかったことはない？』等と尋ねたり、フィードバックします。それ以外のメンバーには、その場に応じて対応します。新しいメンバーには、時間を決めて会います。月に1回とか。いつも一緒に仕事しているメンバーには、必要があると感じたら声をかけます。同僚や上司とは立ち話をしています。おそらく1週間に1、2回、3、4分程度、必要がなければしないこともあります。そういった頻度ですが、自分のスケジュールには予定として入れておいた方がいいでしょう。様々な国を巡っていると1日が長く感じます。ほとんどは自宅から仕事していますが、時々会いに行くのです。15～20％くらいでしょうか。

丁寧な傾聴とコミュニケーション

注意深く耳を傾けるのは、マネジメント（そして影響力）において不可欠であるにもかかわらず、実はうまく使われていないスキルのひとつである。そしてリモートではいっそう重要だ。サラは、会議中の部下たちの様子を注意深く見るだけでなく、会議外の非公式の機会も活用している。発言の少ない人たちに意見を求める、途中で遮られた人たちの話を聞く、本当はもっと言いたいことがありそうな人に声をかけるなどをするのだ。しばしば1対1で面談し、意見を求め、全力で参加するように促すだけでなく、信頼関係を築くために個人的な話もしている。サラは、こういったことがリモートでの会議をうまく動かし、影響力を発揮するうえで欠かせないと考えている。

積極的な傾聴が、短期的、長期的な関係構築に果たす役割について、セールスフォースの上級幹部グラント・ミラーがインタビューで語ったものの抜粋を見てほしい。通常、〝売りこみ〟という言葉は、説明と説得が前提に含まれているが、グラントは、ひどく憤慨している顧客とのやり取りから、良い傾聴が持つパワーを強調している。あるパートナーが60万ドルの見積りを顧客に提示したが、請求金額が180万ドルに跳ね上がっており、しかもまだ終了していないという事態だった。

長期にわたり、そのパートナー企業が仕事を担当していました。請求書を発行し、レビューされ、顧客は仕事を受け入れ、支払っていました。とうとうそれが破局を迎え、顧客は私たちの営業担当役員に会うことになりました。営業担当役員は私に言ったのです。『これはパートナー企業が関わっているから助けてくれないか？』

そこで、私は顧客の話を1時間半、電話で聞きました。（怒りの）感情が伝わってきたので、私は問題解決しようとせずに、ひたすら聴こうと思いました。彼らが十分に話し終わったところで、私は「さて、他にはまだありますか？　私に話しておきたいことは何でしょうか？」と尋ねました。彼らはまたしばらく感情を吐き出しました。彼らの視点は極めて感情的で、事実に基づいておらず、彼らがこの状況によって、いかに気持ちがかき乱されたかが伝わってきました。

これまでの関わりがあまりないうえに、直接会っていないというマイナス点があるときは、真に共感的に話を聞く必要があります。傾聴のふたつ目の側面です。言葉だけではなく、気持ちの点ではどうなのか、ということです。同情するだけでなく、心からの嘆きや怒りの気持ちに耳を傾け、心の中がどうであるかを聞き取ることなのです。どんなことを考えているのか行間に何があるか、どういう気持ちでいるのかをつかみます。

その時点では問題の解決は特に必要ではありません。人間として相手の気持ちを受け止めます。自身の人生経験から聴くのです。男性は特にすぐに物事の決着をつけようとする傾向が強いものです。相手の気持ちに寄り添うのは、私にとっては挫折でした。でも、仕事上で大変に大きな利点があり、見返りがあることだと分かってきました。

鍵はまず聴くことです。そして、彼らの気持ちが分かったことを相手に伝えられて初めて、この件が彼ら自身にとってどういう意味があるか見えてきます。そうすると、より筋の通った、感情に振り回されない反応ができるようになります。「このパートナーを今回のプロジェクトから外すことと、プロジェクトを完遂することと、どちらが大事ですか？　何があなたの望む結果に繋がるのでしょうか？」と。

グラントは、1番重要なことをつかむためには、まず背後にある感情を傾聴するようにと強く勧めている。たとえどんなテクノロジーを使ったとしてもだ。効果的なコーチングにも通じるものである。

対面の時間を最大に活用せよ

状況によっては、チームは一堂に会することができない場合もあるが、普通は少なくとも四半期か半年ごとにミーティングが開かれる。あるいは、マネジャーが地域の会議に出席したり、メンバーの拠点を訪ねるときに、ミーティングが開かれることもある。マネジャーは主に個々の人と会うが、チームで集まる機会はあるだろうか？　ここでの課題は、ともに過ごせる時間をいかに最大に活用するかにある。関係の修復のため、未解決の問題への取り組みのため、リモートから目標に立ち向かえるように、仕事上の関係や信頼を深めるために、である。

私たちは、マネジャーや企画グループのメンバーが直接会って仕事できるように会議を企画し、関わりを深めようと工夫するのを見てきた。思い出すと胸が痛む。企画する側は、様々なアクティビティで時間を埋め、長時間のスケジュールを組む。幹部のプレゼンテーション、濃密なパワーポイントの資料、今何が起きているか、何が決まったか、目標に向かって来期は何を達成すべきか。参加者はあふれんばかりの情報を投げられ、熱き思いをもって繰り返しコミットすることを求められる。でも、参加者の方は、声を上げるのに、またともに仕事する相手とつながるのに苦労しているのだ。

ときには、参加者同士がつながるための時間が設けられていることもあるが、企画担当のチームは、参加者が些細なことで自分たちにクレームを言ってくるのではないかとやきもきしている。その結果、純粋なオープンエンドの質問がなされることはなく、討議の時間も真剣に話し合うには短すぎ、本当に話し合いたいことやよくある諍いは押し殺されるため、参加者は冷めていく。それを見た企画側の人たちは、オープンに課題を討議するのは時間の無駄だと思いこむことになる。

しかし、私たち自身の経験、顧客のコンサルティングの経験から、重要な任務を達成し、さらに人間関係やチームを構築するための時間をつくるのは可能である。そのためのポイントを以下に挙げよう。

・事前に、その会議で扱う議題について方針説明の資料を作成する人たちに伝えておく。
・議題に関し、様々な観点の資料を事前に読むよう指示する。
・会議では、小グループに分け議題についてブレーンストーミングをさせる。
・参加の基本原則を決めておく。全員がこの会議のために貢献する、割り込みは禁止、など。可能であれば、ファシリテータを置くこと。
・各チームに短い報告をさせ、参加者全員で、最も実行可能なこと、またはもっと調査が必要なことについてアイデアを出し合い、投票で決める。
・会議のフォローアップの課題を決め、責任の範囲と期限も設定する。オンラインで取り組める課題とする。
・インフォーマルな交流の時間をたっぷりとる。様々なアクティビティや座席表によって、参加者が様々な人たちと交流できるようにする。あるときは同質的に、またあるときは混在した参加者を座らせる。

直接会える時間は、いつでもどこでも本当に貴重なのだ。知り合ってまだ間がない時は、お互いを知り合うことが最優先事項だから、それに資する会話や活動は非常に価値がある。しかし、しばしば起こるや対人関係の問題については、早めに時間をとって、合意を目指して話し合わなければならない。

・不一致に対応する際の規範は何か。
・会議に参加する際に何を期待されているか。
・母国語ではないため会話についていけないとき、メンバーはどう対処すべきか。他のメンバーが問題を抱えていることに気づいたときは、何をする責任があるのか。
・自分の専門外のことについても問題解決に取り組むことが期待されているか。
・会議では、メンバーひとりひとりが自分の個人的なことや関心を話す時間があるか？　個人的なことを話すのは当たり前で有益だと思われているか？
・会議以外で、上司と1対1で話す時間はどれくらいあるか？　そういった話し合いでは、上司が率先することになっていないか？　上司はどのように声をかけられるのを好むか、どのような内容の話を歓迎するか？
・どのようなコミュニケーションに、どのテクノロジーが使われているか？　Ｗｅｂ会議システムを使うのか？　いつ使うのか？
・聖域や踏み込んではいけない領域はあるか？

重要なのは、上記の問いに対する答えより、これらの問いを関係者でよく話し合い、解決しようとしているかどうかだ。なぜなら、そうして物理的な距離による隔たりを乗り越え、まだ話し合っていない議題にもオープンに話し合える規範を設定できるようになるからだ。

小グループで話し合い、それから全体で話し合う（必要に応じてファシリテータを入れる）。これによって、メンバーは意思決定する方法や問題の話し合い方を確認し、対面で会わないときのモデルとするのだ。全員が一堂に会すと、本心を隠していたり、仕切りたがるメンバーが出てきたり、また本気で参加していなかったり、話すべき議題ではないと考えていることなどが分かりやすい。そこで、チームとしてその場で検討すべきことすべてを、オープンにするよう促す。また、おいしい食事をともにする時間や懇親の時間は決して無駄ではない。仕事上の課題は目白押しであっても、メンバー同士が理解を深め、親しみを増すすきまの〝仕事〟こそが、会議の重要な議題のひとつなのだ。

以下、ゴピが対面で会えるときには何をしているかを見てみよう。

私は、毎週、毎日、顔を合わせるわけではありません。でも、1年に1回は必ず実際に会って、メンバーがどのように仕事しているかを見ます。私がメンバーの仕事に関心を持っていることを示し、メンバーの名前と顔を一致させ、私がみんなとどのように関わるか、私が何を大事にしているかを知ってもらっています。こうすると、私たちの意思の疎通が良くなるのです。メンバーは自分たちの仕事のことで私が来るのを歓迎しています。

カモメが本社からやってきて、彼らの食べ物を食べてしまい、フンを落として去って行くようなことにしてはいけません。私は1対1の時間を使います。その人が何をしているか、どんな結果を生み出すか、その人の仕事をどう活かせるか、について質問します。答えは分かりません。分かっていたら来る必要はありますか？　私は純粋につながりたいのです。私は浮わついた人間ではないので結果を知る必要があります。自分がどれだけのことをしなければならないか、考えたい人などいません。でも、このように大きな視点から興味を示して質問すると、メンバーたちは新鮮な気持ちで自分の任務を考えることができます。

メンバーには、これまで受けてきた教育訓練と業務の違いに加え、文化的な避けがたい違いもあります。私はアジア出身ですから、上下関係で遠慮する気持ちはわかります。どの地域の人にも、私に何をして欲しいかを尋ねるんです。中国やインドに行く時は、メンバーが率直にものを言わないことを分かっていますから、私は5つの方法で質問しています。

幸いにも、我が社では知識の相互交流が盛んです。各国のウェブサイトを見ておき、メンバーに私と同じように考え、振る舞うことを期待しないように気をつけます。プロジェクトが酷い状態になったら、すぐさま問題の核心をつきたくなりますが、それがうまくいかないことを学んできました。1対1で話す方が率直になれます。私はチーム全体と話し、さまざまな観点から物事をみるようにしています。さまざまな方法で尋ねることで、知りたいことが見えてきます。そうしないと、何が問題かが分かりません。さまざまな質問をするのは、本当に答えるべき質問を見つけるためです。ストレスを感じますが、私にはもっと忍耐が必要だと分かっています。イライラするのは長い目で見た時に効果的ではありません。複雑で様々な側面を持つ問題にストレートに切り込んでも、答えに到達できないのですから。

リモートで「影響力の法則」を使う注意点

物理的に距離が離れているために会う回数が減り、コミュニケーションやお互いの理解の豊かさは損なわれる（これは状況による面もある。テクノロジーの活用や、メンバーの人数、言語や文化の違い、信頼関係の有無、対人関係スキルが関係する）。遠隔であることは、「影響力の法則」の活用に特有の問題を引き起こす。

誰に影響をおよぼすべきかを決める

誰に影響をおよぼすべきかを決めるのは、誰が利害関係者かを考える以上に重要だ。組織図にいない人が鍵かもしれない。あるときは、もっと重要な人物が誰かがわかるまで、他の誰かを経由しなければならない。また、リモートでビデオ会議をするときには、誰がその場にいるかわからないことがある。チームの場合は、この種の問題はずっと大きくなる。地理的、組織的に境界を越える複雑なプロジェクトでは、その問題を左右する力のある人は誰か、関係する様々なステークホルダーたちが求めるカレンシーは何か、カレンシーが分からないときはどのように見つけるか、事前に調べる必要があるかも知れない。そして、オンラインで済ませられるのは誰か、実際に会って話す必要があるのは誰か、が重要だ。関係する人たちは誰かを事前によく考えておかないと、カレンシーを交換して影響力を十分に発揮するための、良い関係を築くのが困難になるだろう。

他者をパートナーまたは味方になると考える

影響をおよぼしたい相手や集団と自分とに違いがあればあるほど、相手との共通点を見出すのが難しくなる。相手にとっても同様だ。リモートだと、伝わる情報が少なくなるため、相手を信用できるかどうかを判断する材料が減り、最初の印象やステレオタイプを変えられなくなってしまう。サラは、相手が自分の顔が見えなくても笑顔を浮かべることにした。対面なら普通に伝わることが欠落している中で友好的に対応するのは、それほど難しいと言っているのだ。データ処理中心のエンジニアが、顧客の感情に関心があるマーケティング部門の人々と仕事するのに苦労するのだから、リモートで共通の懸念を認識しあうのがどれほど難しいか、想像してみて欲しい。文化の違いによる認識の相違も考えなければならない。組織の階層の異なる相手にどれほど率直にものを言えるか、沈黙の意味、視線を合わせずうつむくのか、あるいは世間話から始めるか、すぐに問題解決に入るかなどだ。これらの理由があるために（他のものも含めて）、味方にはならない相手だと否定的に考えてしまいやすい。

相手がどのように関わられるのを好むかを理解する

その意味で、距離を縮めるのに役立つカレンシーは、相手が仕事においてどのように関わられるのを好むかを理解することだ。どれくらい直接的に働きかけて欲しいのか、仕事の場でどの程度率直に話し合うつもりなのか、どの程度個人的なことを開示したり話題にするのか、概要と結果を聞いてから詳細を聞きたいか、徹底的な調査分析なしで提案されるのを好まないか、などだ。リモートでは、こういった点を見出すのがより難しいことが分かるだろう。特に、相手方がはっきり言わない場合は、こちらが誤解していても相手方の非言語からなかなか気づきにくい。そして、当然のことだが、文化の違いがあればなおさらで、対面でもわからない。文化によっては、間接的なコミュニケーションが当然視されており、目立たない反応しか手がかりを得られないこともある。そんなとき、オープンな文化に慣れている人には基本的にはさっぱり分からないのだ。

相手の世界を理解する

あなたが動かしたい相手について組織上の背景が分かれば、彼らが価値を感じるカレンシーを見つけやすくなる。リモートという状況では、相手方の仕事の進め方の特徴や、上司の期待、評価の基準、ローカルな規範、相手方の文化で期待されることなどが分からないかも知れない。相手方がＭ＆Ａで合併した相手会社の出身かもしれないし、あなたには馴染みのない業務を担当している、あるいはあなたが知らない文化の出身かもしれない。教育訓練歴や学歴を聞いても思考の仕方について手がかりが得られないこともある。（実際に）丹念に観察し、情報収集しなければ、目隠ししたまま仕事することになるか、偶然に頼るしかなくなるだろう。

オープンで信頼できる関係を築く

容易に互恵的な交換ができるオープンで信頼できる関係を築くのは、対面であっても簡単ではない。リモートで仕事する場合は、さらに大きな壁が立ちはだかる。特にテクノロジーに不慣れな場合は大変だ。対面でのミーティングは、少なく、短時間で、形式的になる。どちらか一方は、オープンに関わり親しくなる前に、議題を離れた会話や仕事上の関係を向上させることが先決だと思っている。例えば、米国人やドイツ人のように、個人的な会話は時間の無駄と考え、すぐにビジネスの話をしたがる効率を重視する文化圏の人々にとって、関係性の向上は大きな問題となる。彼らは、はっきりと言うことで誤解をなくすべきだと信じている。（注6）一方で、海外とのやり取りにかかるコストが下がったので、他国の同僚とのコミュニケーションが普通になった。望むなら、ビデオによるチャットなどを頻繁にすることが可能であり、そういった会話では個人的なことが話され、親しみが強まることも考えられる。短いテキストメッセージでも、良い関係を保ち、繋がりを感じられる。

信頼感を少しずつ築く

カビータ・バットは、ここ数年小さなチームをいくつか束ねるリーダーとして仕事していたが、ごく最近、スタートアップ企業に転職した。彼女の拠点はチームとは別の国にあった。

ここ数年はリモートで仕事していますが、お互いに頻繁にやり取りをしていました。最初はやり甲斐がありましたし、おもしろかったですね。私の課題は、信頼を得ることと、仕事を進めるうえでの良い関係性を築くことでした。まず、メンバーひとりひとりのスキルの棚卸しから始め（コンピテンシーを知るため）、彼らの長所と短所をつかむために個別に仕事をともにしました。次に、各々の強みをもとに仕事を決め、私のもとでその仕事を担当させました。これは信頼関係を築くうえで役に立ちました。最初は他人行儀の型どおりの話し方でしたが、ごく最近になって、彼らは私に心を開くようになり、仕事以外の話もするようになりました。私はチームのメンバーを正しく評価するようにしています。金銭的な褒賞を与えられなくても、「ありがとう」「良い仕事していますね」といった簡単なひとことがチームを大いに前向きな気持ちにします。物理的には1ヶ所に集まっているわけではないので、彼らの仕事ぶりに対するタイミングのよいフィードバックは不可欠です。

カピータは、対面で仕事するのと同じように、メンバーについて知りメンバーが強みを活かせるよう業務を工夫することで、メンバーの信頼を獲得し、その結果、リモートでも仕事がしやすくなったという。

マーク・マーフィーは月に1度の会話を勧めている。「来月は何をもっと向上させたいですか?」と聞くという。これはもちろん、相手がどの領域で成長し、能力を伸ばしたいかを知るのに役立つが、同時に、リモートワークの部下に、「あなたは重要な存在です。私はあなたが成長し能力を向上させることを支援したいと思っている」と言ってもいるのである。リーダーの私はあなたのことを忘れていないという明確なメッセージなのであり、実際、あなたはメンバーの潜在能力を発揮させるために大きな投資を受けているのだ。（注7）彼らの成長、達成、弱点をフォローすることが、絆を深めていくのである。

双方に利益のある交換をする

リモートでの交換では、形式的なやり取りにならないようにするのが重要だ。良い関係が築かれていれば、気持ちのこもった合意が可能となるが（もちろん、〝シャンパンで乾杯〟、は簡単ではないが！）、それでもウィン・ウィンの結論を出しやすくなる。非言語の情報をすべて把握するのは難しいかもしれない。多くのことが、どれだけお互いに知り合っているか、これまでにどれだけ顔を合わせたか、そして、双方が交換によってもたらされる利益を認識しているか、にかかっている。

今、あなたが影響をおよぼしたい相手と再び会うかもしれないのなら、口では同意しても本音は反対だな、と思ったままで別れたくはない。また、将来、相手がどこかで仕返ししたくなるほどに、敗北感を感じさせたり、嫌な気持ちにさせるのも避けたい。物理的な距離があるということは、相手の気分を察知して、必要に応じて関係を修復する機会が少なくなる点で不利なのだ。また、離れていることで相手に親近感を持ちにくくなり、その結果、相手を利用したくなりやすい。しかし、何度も言っているように、それは近視眼的というものだ。

「影響力の法則」は、リモートでは難しくなるとはいえ、注意を払って取り組めば可能であり、効果をあげられるのである。

【引用】

1 R. L. Daft and R. H. Lengel, "Organizational Information Requirements, Media Richness and Structural Design" Management Science 32 no. 5 (1986): 554–71

2 Helen Donelan, "Asynchronous and Synchronous Communication Technologies," In Online Communication and Collaboration: A Reader, edited by H. Donelan, K. Kear, and M. Ramage (London: Routledge, 2010), 83–88

3 For the entire interview with Gopi Parampalli, go to our website, www.influencewithoutauthority.com.

4 Matt Abrahams, "Tips For Giving Effective Virtual Presentations: What to Know before You Go Live," Insights by Stanford Business, September 26, 2016, and for more ideas, Matt Abrahams, "Become a Better Virtual Communicator," Insights by Stanford Business, May 20, 2015

5 This description so far of Sarah's work and company, and the direct quotes in it, are based on "Case 13.1: Sarah, A Brief Snapshot of a Manager Leading Distance Teams," in James M. Hunt and Joseph R. Weintraub, The Coaching Manager, 3rd ed. (Thousand Oaks, CA: Sage, 2017), 294–97. The rest of the example comes from our direct interview with Sarah, a disguised name.

6 Melissa Hahn and Andy Molinsky, "Having a Difficult Conversation with Someone from a Different Culture," Harvard Business Review Online, March 25, 2016

7 Mark Murphy, "Here's What Scares Remote Employees," in The Little Black Book of Billionaire Secrets, Forbes, online Dec 30, 2014

第13章

やっかいな同僚を動かす

僅かな例外を除き、業務は複雑化し、相互に依存しあい、それぞれ高度に専門化している。複雑な商品やサービスを顧客に届けるためには、部門を越えて多くの人々の協力を仰がなければならない。それが現代組織の本質なのである。前半の7章までは、立場的には同じような人たちとの関係で問題になりそうな場合を扱ってきたが、なかには、特に影響をおよぼすのが難しい人たちがいる。

核となる考え方「カレンシーの交換」と「レシプロシティの原則」は、相手から協力を引き出すときの中心的な概念であるのは変わりない。ライバルの同僚であっても、自分が求めるものがあなたとの交換で手に入ると分かれば、応えてくれる可能性がある。しかし簡単にはいかないので、考え方を少し変える必要もある。

友好的な競争相手：〝協争〟

同僚は、ともに仕事を進める仲間であると同時に、リソース、上司や他の人たちからの注目度、報酬、昇進などにおいては競争相手でもある。したがって、どの程度頼っていいのかという問題がある。GEのように部門内で順位をつけさせる仕組みを持たない組織にも、暗黙の競争はある。フラットな組織下で協力を価値観とする組織であっても、リソースや昇進を含めた機会には限りがある。程度の差こそあれ、違いは存在するのである。その一方、複雑な現代組織で異なる役割があるということは、お互いに相手を必要としていることを意味する。同僚たちは、自分が効果的に仕事を進めるために必要な情報、専門知識、リソース、人脈ネットワーク、サポートを握っているのである。

また、自分のニーズを満たすことと、相手からの要請（相手が影響力を発揮しようとしている）に応えることとのバランスをどう取るか、という課題もある。相手の要請を受け入れれば、自分の面目は立ち相手からの信頼も得られるが、同時に自分が目標達成するための時間やリソースが減ることを意味している。

組織の中ではこういったバランスをうまく取らないと、自分の方が失速してしまうことがある。しかし反面、競争的すぎれば、恨みや仕返しに悩まされる。同僚の態度が悪いと思ったとき、信じられないほど創造的な方法で相手を〝干す〟方法を思いつくのが人間なのだ。同様に、自分の目標達成に関係あることだけしかしなければ、孤立してしまう。逆に、協力するために自己犠牲がすぎると、踏みつけられ、自分の責任を果たせなくなるかもしれない。〝他の人たちよりも協力的〟な姿勢で、張り合うことなく、さりげなく相手と競うことが求められる。しかし、それが難しい。ごまかしは利かない。ごまかそうとすると、いんちきで卑怯だと思われ、信用を失う。つまり、あなたの効果性に傷がついてしまうのだ。自分の目標を達成し、かつ相手の目標達成を助けることができるように、できる限り創造的であれということが、２番目のガイドラインになる。

組織の中で影響力を発揮するには、相手が周囲から良く見えるように支援すること（相手に〝花を持たせること〟）も大切だ。自然と相手を支援できるように自らを訓練する価値はある。ことさらに支援の機会を探す必要はない。同僚の利益や助けになる機会は無限にある。

最近のある調査結果によると、日常的な業務でカレンシーの交換を頻繁に行っている人は尊敬され、また業績もよいという。こういった人たちは、同僚と密で相互的な関わりを持っているというのであ

る。思いついたときや僅かな関わりだけでは不足なのである。[注1]

不信を乗り越える

あなた（またはあなたの所属部門）が信頼されていない場合は、正面から原因の解消に取り組む必要がある。何が相手の気に障っているのか、気がかりなのかを率直に尋ねることから始めればよい。そして、自己防衛におちいらないように注意しながら、相手の言葉にじっくりと耳を傾けるのである。そうすれば、相手が問題を明確に指摘しなくても、何となく分かる。あなたが不信感を持たれていると感じた点を述べ、相手に確かめるのも良い場合がある。たとえば、気まずい沈黙がある、電話に折り返さなかった、目を逸らすなど、どんなことであっても、あなたが観察した事実を伝えよう。ストレートに具体的な事実を示すと場の雰囲気は沈むかもしれないが、相手が率直になる可能性がある。あなたから率直に自己開示することで、相手にあなたが信頼するに価する存在だと伝えるのだ。

相手に寄り添って耳を傾けるもうひとつの理由は、聴く行為そのものが相手との信頼関係を築く第一歩となるからだ。知り得たことを使って同僚を貶めず、立場を悪くせず、ひたむきに相手の言い分を聴き、共感しようと努力することは、関係構築に働く。

相手の態度には、（事実でも想像でも）過去の問題が反映されていることが多い。問題があるようなら、その背景や経緯を尋ねるところから始めるとよいだろう。あなたまたは所属部門が相手を傷つけたのであれば、まずはそれを率直に認めよう。失敗の責任を避けているように相手に映れば、信頼感を自ら損ない、あなたに対する否定的な見立てを強化してしまうからだ。それに、自分から弱さを見せれば、レシプロシティが働き、相手もしばしば本音を出す。建設的なカレンシーの交換を成功させるためにレシプロシティを活用するのも一計なのである（人事教育部門と給与担当部署との間のマイナスの過去の例として、私たちのサイトを参照のこと）。

相手の興味や関心ごと、プレッシャーや気がかりをできるだけ詳しく尋ねよう。真摯な態度で尋ねるのだ。理解されたくないという人は少ないので、心から真剣に関心を持っていることを示せば、相手の不信感は和らいでいく。そして、相手の世界が見えてくると、もっと共感できるようになる。信頼関係を築くためには、相手の世界を理解することが不可欠なゆえんである。

次に、こちらが提供しようとしているカレンシーが相手に伝わるように、働きかけ方を工夫する必要がある。とくに、初めて働きかけるときにはこの点が重要だ。たとえていうなら、無料のお試しや返金保証などのような方法で、こちらの申し出が確実に相手のためになることを伝えるのである。プロジェクトでトライアルすることも考えられる。相手のオフィスに出向く、相手の都合の良い時間に合わせる（例えば、海外の同僚の都合の良い時間帯に合わせて夜中に電話会議をする、など）、相手が求める情報を事前に入手しておくなど、立場を越えて相手の便宜を優先するのだ。自ら相手に先んじて手間やリスクを負えば、相手の疑念や不信を減らすことに役立つ。

手強い交渉相手に対して

自分だけ勝ちたがる人に対処する場合、それがその人の個人的な気持ちの表れだと思ってはいけない。役割と個人的な気持ちを切り離しておくように。他者と交渉するのを、スポーツで対戦していると考えてみてもいい。決して個人的に侮辱しているのではない。文化によっては、値切るなどの駆け引きが当たり前なところもあるのだ。それにどう対応するかをまず考えることである。（あなた）個人のせいではない。単に、こちらもタフな駆け引きをするだけのことだ。

相手が強い態度で臨むことに価値を置いているようなら、あなた本来のやり方と違っていても、似たようなスタイルで対応する必要もあるだろう。

情け容赦なく買いたたき、相手を騙して支配することを楽しむ人もなかにはいるが（合意すると見せかけて相手にさらに譲歩を求め、それが通ると、再度譲歩を要求する企業家に会ったことがある）、強い態度がいつも意地の悪さを意味するわけではない。したがって、相手の強い態度にどのように対応すれば最も効果的かを見つければ良いのである（結果として似たようなアプローチになるかもしれない）。常に合意を目指し良い関係を保つことに変わりはない。強い態度で向かってくる人は、相手から強く出られるのを嫌がらない場合が多い。かえって尊敬の念を持つ（離婚で非常に困難な交渉をやり終えたある友人は、「自分がまた離婚するようなことがあったら、この女房の弁護士に交渉を頼みたいね。」と言っていた）。相手の同僚が駆け引きに秀でているのであれば、こちらも強い態度で反論しながら対応するとよい。望む結果が得られるだけでなく、相手との信頼関係が強まる可能性がある。

素早く言い返すスキルを持っているのなら、ユーモアで相手に対抗しよう。気の利いた表現でフェイントをかけ、張りつめた雰囲気をほぐして相手の攻撃の腰を折るのだ。結果として関係づくりに役立つものだ。また、相手の意図がよく分からないときは、やんわりとユーモアで自分を笑って応えよう。たとえば、「おやおや、つまり、あなたは私に腹の内を見せ、洗いざらい差し出せということですか？それでは宇宙で一番間抜けなヤツになれと言っているようなものですよ」などだ。先に述べたように、強い態度で挑んでくる相手には、すぐに下手に出ない方がいい。相手はいい気になって、もっと押し込めると思ってしまう。こういった相手には、あなたから譲歩を引き出すのに苦労したと感じさせることが大事なのである。

どんな相手にも取り引きの長い顧客のように対応するべし

何かを売る際の第一の原則は、相手を取り引きの長い顧客のように扱うべし、である。これは、自分が売りたいものではなく、相手の関心にかなうものを売る必要があるという意味だ。この原則に立てば、相手の置かれている状況を理解し、尊重するという基本の重要性が自ずと分かる。

営業担当者は取り引きの長い顧客を失わないように大切にするものだ。同僚についても同様に、失う可能性がある大切な存在だと考えよう。組織によっては、必要なサービスを社外のどこへでも発注できる仕組みを取り入れている。そういう組織では、社内だからと油断していると閉め出されることになる。例えば、社外には依頼できないことになっている場合でも、相手は社内の担当部門を無視して社外に発注することもあり得る。

ふたつ目に、営業担当者が製品やサービスの販売だけでなく顧客の成功に関心を寄せるように、あなたも同僚の成功に関心を持とう。同じ会社にいるのだし、あなたのサポートが将来的に協力を得られる信頼関係を築いたり、あなたの評判、あなたの部署の評判をあげることにもなるだろう。

同僚の迷惑な行動に対応する

これまで、あなたの依頼に応えない同僚にどう対応するかを検討してきた。同僚の関わり方や習慣が問題になっていることもある。相手の行動傾向を変えるのは簡単ではないが、できないわけではない。

第6章で見てきたように、迷惑な言動は、しばしば解決しがたい性格上の違いではなく、ワークスタイルの違いによることがある。思い当たることがあるときは、その頁を見て欲しい。それ以外では、価値観の違いがある。信用ならない人はたまにはいる（私たちも出会ってきた。ともに仕事をしたこともある）が、私たちが調査したケースではほとんどの場合、ある特定の行動をどうラベリングするかの違いによることが多かった。他には、あなたとは異なる表現を使っただけの場合もあるだろう。それだけで、〝手に負えない嘘つき〟と言えるだろうか。または、あなたがプライベートなことだと思う内容を他の人たちに喋った人がいた場合でも、悪口を言わず、その人との仕事は続け、あなたの裁量で対処すれば良いのだ。

以下に、どのように応用できるかみていこう。

同僚の行動は狂っている

「ある同僚のことで悩んでいます。この人はいつも細部にこだわって全体を見ようとしないので、私は気が変になりそうです。仕事を依頼していないときでも、おかしな振る舞いをしています。顧客により良いサービスを提供するために、私は考え方を整理して関係者間で共通認識を持とうと努力していますが、彼の方は別の世界に住んでいるかのようです。私の考え方には見向きもせず、『これで、

図 13.1　相互作用的な役割関係

あなたの行動が私からこの反応を引き出し、それがあなたにさらにその行動を促し、それは私の反応を強化し、それで…

来年、1人当たり何時間必要になるんだい？』といった質問ばかりします。たとえるなら、修行で得た悟りを多くの人の役に立てようと山に籠もってその体験を文書にまとめ、久しぶりに戻ってきたのに、『文書をまとめるのに、どうしてボールペンを使わなかったのか？』といった質問を受けるような感じです。」

回答

もし、すべての人があなたのような人ばかりであれば、世の中はもっと居心地良くなるだろう。しかし、能力や視点の幅が狭くなるので、生産性の点では望ましくない。あなたが創造的に概念化できるのであれば、とても貴重な存在だ。しかし、先のあなたの同僚のように、細部を詰めて具体化する人がいるからこそ、そのすばらしい概念の価値が高まり、効果的に実践されていくのだ（反対に、あなたの遠大な想像は、おそらく地に足の着いた堅実な同僚にとって必要な清涼剤となるだろう）。

したがって、この同僚（もちろん、他の人にも同様だが）に影響をおよぼすには、まずあなた自身の考え方や言動がこの問題を引き起こしていないか、またはひどくしていないか、自分自身に確かめてみる必要がある。このケースでは、短気は相手の問題でもあるがあなたの問題でもある。自分の能力を補完してくれる能力の価値をきちんと評価し、その価値をどのように尊重するべきか、考えてみよう。自分の限界を理解し、異なったアプローチをとる人たちを尊重するのは簡単なことではない。しかし重要である。

さらに、細かいことに注意を向ける相手に、あなたがすぐにいらいらすること自体が、相手をもっと頑なにさせている可能性はないだろうか。

確かに、相手はそもそも細部が気になる人なのだろうが、あなたが曖昧なことを言い続けるため、いっそう相手は具体的な細かいことにこだわり続けているかも知れないのだ。あなた自身がさらにいらだち、それで相手がさらにこだわる、といった悪循環になっているようだ。この相互作用的な関係は図13・1を見てほしい。

あなたの態度と相手の行動の悪循環を解き、状況を改善するには、一方（双方）が行動を変える必要がある。相手だけの問題ではないのである。両方が関与しているのであれば、相手が動き出すのを待たなくてもいいわけだ。こちらから働きかけ、この悪循環を断ち切ればいい。嫌な思いをしているのはあなたなのだから。それに、あなた自身のことならば、あなたがコントロールできるではないか。

まず、相手とあなたとの間で悪循環が起きていないかどうか、確認することから始めよう。悪循環があるなら、それを描写して見せ、相手も同じように感じているのかどうか尋ねてみる。このようにふたりがおちいっているパターンの存在を両者が理解できると、それで関係がリセットされ、再構築しやすくなる。

このやり方がしっくりこない場合は、あなたからストレートに解決をもちかけても良いだろう。まず、具体的な事実をいくつか挙げて、相手の細部へのこだわりに自分がいらだちを感じると正直に伝える。そして、それがあなたの態度や行動のせいではないか、と尋ねるのだ。その際、なぜあなたがいらだつのか理由を説明するとよい。それによって、相手が分からないのではないかというあなたの恐れを話し合うこともできる（さらにおそらく、相手の持つ恐れ、あなたの概念的な抽象論では現実化ができないという相手の懸念について、話し合うことができるだろう）。一度、この点が明らかになれば、カレンシーの交換を申し出るのは難しくなる。たとえば、以下のように伝えてはどうか。

「私はもちろん、アイデアを絵に描いた餅にしたいわけではありません。ただ、細部にすぐ入ってしまうと、アイデアが出てこなくなるのです。細部の詰めをすぐに始めずに少し待っていただければと、喜んで現実性の検討をしますし、難しいものは諦めます。口に出せると気が済むのです。一度言えれば、いつまでも非実際的なアイデアにこだわることはありません」

または、「もし、あとで話し合えるように現実的な反論をしていただけるなら、私はアイデアをひとつ話す毎にいったん区切りましょう。そうすれば、あなたも言いたいことを言って頂けると思うのです。その方が駄目だと結論づけられるよりも助かります。」

または、「勢いがついたらそのまま流れに乗っていたい方なので、その流れに沿って指摘してくれるのでしたら、私は混乱しないかもしれません。もちろん、ひとつひとつ検討することをお約束しましょう。ところで、たまにはどれかに賛成していただけると嬉しいです。全部駄目だと言われなければ、自分のアイデアを自分で批評できますので」。ものごとを難しくしている原因を両方が理解できれば、改善の可能性は広がる。楽しむつもりで取り組もう。話し合いをすると分かるのは、ユーモアは誰も傷つけないということだ。

仕事と人間関係が絡み合っているとき

ここまで、分かりやすくするため、仕事に関することと人間関係に関することを分けて、同僚に影響をおよぼす方法を説明してきた。しかし現実は、このふたつが絡んでいる場合がある。仕事で必要な協力を得られないのは悩ましいことだ。それが募ると、相手を否定的にとらえ始め、問題は大きくなってしまう。ほとんどの場合、協力を取り付けられなかったことで否定的な感情を抱くと、相手の性格のせいにしてしまい、結果として人間関係的な問題に発展しやすい。

そういった理由で、同僚に対してマイナスの印象があるときは、問題が業務内容か、それとも相手の関わり方のことなのか、見分けることを勧める。

仕事の中身に関して対立しているのであれば、交換によって解決できることがあるので、まず、そこから考えるとよい。もしも、関わり方の相違が真の問題ならば、あなた自身も問題に関与している可能性を忘れてはいけない。相手だけに問題があるとは言えないはずだ。どうしてもうまく行かない場合は、相手のせいにしたくなるが、初めから相手のせいにしていると、解決できるものもできなくなってしまう。

同僚を動かそうとすると、様々な落とし穴がある。特に、あなた自身に関することで穴に落ちやすい。カレンシーの交換をどう活用するかはあまり大きな問題ではない。それよりも、自己防衛的になって関係をこじれさせることの方が問題だ。とくに相手が同僚の場合、相互に公平であることが不可欠だが、組織風土が競争的な場合は難しいかも知れない。あなた自身の個人的な思いやスタイルが、表13・1にあるように、あなたの影響力を妨げる要因となりうることに注意したい。

影響力は双方向に働く。双方に資するものでなければ、人はまず身構え、心を閉ざし、相手を貶める

表 13.1　同僚に影響力を与えられない個人の要因

・対立すると、過去の経緯を持ち出してどちらが“正しい”かを明らかにすることにこだわる
・自分が問題の一部を担っていることを認めようとしない
・自己防衛的な態度をとる
・同僚の要請に対し、別の否定的な問題を持ち出して応えない
・協働の姿勢をとらず、同僚への対抗心を全面に出す
・人間関係上の問題で解決策を見つけることは、自分の正当性を諦めることだと思う
・動機の良し悪しだけにこだわり、状況の複雑さに目を向けない
・その状況において効果的かどうかより、自分の思う正しさにこだわる
・上司の前で体裁が悪く見えるのではないかと気にしすぎる
・ポジションの上下にこだわり、対面ばかりを気にする

ことによって〝お互いの気持ちのバランスをとろう〟としやすいのだ。

【注】

1　Francis J. Flynn, “How Much Should I Give and How Often? The Effects of Generosity and Frequency of Favor Exchange on Social Status and Productivity”, Academy of Management Journal vol. 46, no. 4（2003）, P539–553より。

2　Daniel Pink, To Sell Is Heman（New YOrk: Riverhead Bookds, 2012）

第14章

変革をリードする

影響力とはカレンシーの交換である。新製品開発であれ、組織の変革であれ、新しい報酬制度の浸透であれ、または新しい事業のアイデア、数百万ドルのコスト削減を目指したサプライチェーンの変更であれ、どんな目的であれ、いずれにしても多くの人を巻き込まねばならない。規模の大きな変革や、目標達成のためにあえて大きな変化を起こす場合には、考えておくべきことがある。

影響力を発揮するには、こちらが求めるものを得るために、相手に何らかのカレンシーを提供する必要がある。大きな変化を起こす時には、それなりのチャレンジが求められるのだ。自分より上位の人や別の部門の人たちに働きかけ、相手が求めるリソース、情報、支援、承認などを提供しなければならない。社内政治にも、対処する必要があるかもしれない。ときには、あなたの考えに共鳴する実働チームを編成する必要もあるだろう。そして、忍耐力と持久力、活力、柔軟性を駆使して、目標を目指さなければならないのだ。

大きな変革は複雑であり、徹底的な探索にはプランが要る。この章では、影響力を最大化する主たる側面に焦点を当てる。説明のため、ある女性が難解な問題に直面した実例から始めよう（名称等は変えてある）。〝お金も権限もない〟シーラ・コンラッドは、社内を大きく変革するためリソースを結集させた。

お金も権限もない

シーラ・コンラッドは、大手ホテルチェーンでリノベーションの責任者をしている。彼女は悩みを抱えていた。ホテルの大半が大きな刷新を必要としていたが、それに取り組めないのである。各フランチャイズのオーナーがそれぞれ実際の意思決定をしているからだ。また、ホテル各々の出資者がそれぞれ費用負担することになっていたため、会計面にも口を出せなかった。つまり、本社は基準を示し改修を勧めるが、〝命令〟はできないのだった。出資者はだいたいは抵抗した。彼らにとっては、チェーン企業が指定の基準に従ってホテルを改修・運営することに同意する必要性はなかったのだ。改善の意思決定は、個々のホテル経営者が各ユニットの出資者と交渉し合意して、初めて実行に移されるのだった。あるホテルの経営者は改修は稼働率を上げると考えたが、それを裏付けるデータがなかったので、出資者に改修を強く求められないでいた。

シーラはホテルオーナーと直接やり取りしないので、どのようにそのホテルの経営者に改修の提案を受け入れさせるか思案していた。どうしたら、彼らが出資者に強く求めてくれるだろうか。ユニットが米国内だけでなく世界全体にわたって組まれており、直接会って影響をおよぼせないことから、この問題はいっそう厄介だった。

社内を改革するのは、これも問題が複雑に入り組んでいた。ニーズのアセスメントから、ホテルの経営者たちにリノベーションの必要性があると納得させる働きかけまで、標準化されたプロセスがなかったのだ。しかも、リノベーションの基準には強いビジョンがなかった。こういった下支えの土台がないため、周期的に必要になるアップグレードがいつも実行できるとは限らなかった。

社内には他にも問題があった。異なるホテルに似たような改修をさせるには、品質管理、財務、法務など様々な部門の調整が必要だった。しかし、それぞれ優先順位と納期が異なっているため、意思決定はしばしば場当たり的に下されていた。ここでも、意思決定の標準プロセスがなかった。シーラの身近にも問題があった。上司が支援してくれなかった。上司は問題について全般的に了承していたが、その解決のために強い姿勢をとることも、バックアップすることもなかった。

これらすべてを見ると圧倒されそうだった。特にステークホルダーの種類の多さに。しかし、取り組むために、まず現状を丹念に調べた。全ホテルを調査し、基準以下が何軒かデータを集めたのだ。これは、ホテルの現状がどうであるか、どれくらい基準を下回っているかを示すのに役だった。シーラはそれによって失った売上を正確に算出できなかったが、長く改修しないままのホテルで顧客満足度がいかに下降するかを示すことはできた。そして次に、細かいステップを示したロードマップを作成した（これをつくったのは彼女が初めてだった。あまりに作成が大変なので誰もしていなかったという。様々なシナリオと各々の法制面の課題を描く必要があったからだった）。

このロードマップは、ステークホルダーたちにこの企画が実際に実行可能であることを示しただけでなかった。シーラはこれで、現行の改修事業と、（もっと重要な）将来のプロジェクトを進めるために様々な地域にわたって調整するプロセスについて、ビジョンを描くことができた。到底乗り越えられないと思っていた問題の実像が、見えてきたのだ。シーラは、「課題にどのように対応し得るかを示し、すべての質問に回答できました。」

もちろん、計画と実行は別物だ。シーラはサポートチームをつくる必要があると分かっていた。シーラはまず、以前一緒に仕事をしたことのある品質保証担当のゲイリーに声をかけた。彼はシーラのビジョンに賛同した。「正しい選択でした」とシーラは言う。シーラは、ゲイリーがグローバルな業務を担当しており、彼女のビジョンが彼の仕事を助けることになると分かっていたのだ。

次のステップでは、シニアマネジャーたちから幅広くサポートを得ることだった。シニアマネジメントは変革を指示することはできないが、彼らの後ろ盾はこのプロジェクトを強力にバックアップしてくれるものだ。ゲイリーとシーラは、ホテルブランドの再活性化の期限に追われているシニアＶＰは誰か見つけ出した。ふたりはこのプロジェクトで彼も楽になることを示し、支援を得た。

そして、ふたりで協力してそれぞれの地域を代表するワーキングチームをつくった。彼らには予算は付いていなかったので、各々の本来業務に加えて取り組む必要があった。チームづくりで役に立ったのはビジョンだった。縦割りの組織を相手に仕事する困難さにメンバーはそれぞれ苦しんでおり、協力し合う方法があることは魅力的に映った。シーラとゲイリーは、各部署が連動する方法だけでなく、どのように説得するかも示して彼らを納得させた。「これは会社のため、正しいことなの」「私たちは本当に変えられる」とシーラはメンバーにこのように述べてプロジェクトを売り込み、次第に彼らは納得していった（後日、あるメンバーが熱を込めて「私たちは神の仕事をしているのです」と述べた）。メンバー全員が、自分の担当する仕事内容と計画の中での位置が分かるようになったことも助けになった。

プロジェクトが牽引力を得るごとに、シーラの上司は次第に関与するようになった。もちろん、上司は、彼にとって優先順位が高くなかったので、プロジェクトを邪魔することはなかったし、かといって積極的に後押しすることもなかった。シーラは上司に、他者から受け入れられており、上級マネジャーたちの何人かからも支援されていることを話した。このことは上司の懸念を減らしたのだ。今やメンバーは熱心に取り組み、上司はもはやひとりだけ取り残されることや、行き過ぎを心配する必要はなかったので、積極的に支援し始めた。

社内の人々（様々な部門）がチームに加わり動き出したところで、シーラは最も厄介な課題にぶつかった。ホテルの経営者の理解を得ることである。オーナーとの軋轢を避けたいがために彼らが乗り気にならないことは分かっていた。ホテルの経営者たちは、改修が売上を向上させるというデータを持っておらず、改修を主張する根拠がないと思っているようだった。彼女は経営者たちに圧力をかけてもうまく行くはずはないと思い、対象を変えることにした。「私たちはしかるべき相手と交渉する必要があります」。チームはホテル経営者たちに、「私たちはオーナーに会いに行き、改修するのが正しいと話してきます」と伝えた。これは効き目があった。経営者たちは二次的な支援をすることを約束してくれた。

　次は、最も厄介な対象、フランチャイズのオーナーたちだ。シーラはホテルのアップグレードと売上の直接的な関係を示すデータを持っていなかったが、改修と顧客満足度の関連性を示すデータは魅力的だった。また、シーラが全体として統合したプログラムは説得力があった。さらに、会社としてブランドを打ち出す方向性を強めていたことは、オーナーたちにとって魅力があった。そして、世界全体で計画通りにリノベーションが動き出したのである。彼らは、複雑ではあるが、グローバルに展開するプログラムをつくりあげたのだ。これにより、極めて複雑に入り組んだプログラムの構成要素をマッピングできるようになった。まさに〝悪魔は細部に宿る〟である。〝私たちはできる〟という信念と熱意が広く生みだされたのだった。シーラはこの件で、「ためしてみる価値はあると信じること、計画に含めなかったことを柔軟に調整できると信じることが、主たる成功の鍵です。そして、プロジェクトの進行中に何百人もの人たちを巻き込み、長く〝解決不能〟と思われていた問題を解決しようという〝ムーブメント〟を起こしたのです」と言い切った。

ビジョンの重要性

変革によって創り出したい状態は何か、顧客や見込み客にとって何が変わるのかを、明確なビジョンに描くこと。変革においては、ビジョンが大きなカレンシーとなる。あなたの目指すことが、会社にとって、顧客にとって、社会にとってどのような意味があるのか、どのようにそれを進めようとしているのかが理解できると、多くの人は前向きにとらえてくれる。もちろん、ビジョンが唯一のカレンシーというわけではない。ビジョンは、変化を起こすにあたって、様々な立場の人たちに受け入れられやすくするのに効果的なのだ。変革によって良いことが起きると感じれば、人は協力的になる。また、失敗に寛容になり、あなたの努力に対して様々な形で協力してくれるようになる。

すぐれたビジョンは、達成後に関係者の状況がどう変わるのかを具体的にイメージさせることができる。予想される姿のことではない。どのような状態を目指したいのかが重要なのだ。したがって、大金を稼げるとか、コストが大幅に削減できるといった状態を伝えるだけでは、経営陣の関心を集めるきっかけになるかもしれないが、大してインパクトはない。そうではなく、ビジョンは、この仕事には意味があること、つまり自分たちの仕事は誰かの役に立つと感じさせられる点に、最大の強みがある。より大きな意義を示して彼らの心をとらえ、最も良き動機に訴えるのである。

ビジョンの力を使うためには、即座に〝物語り〟を語れるようでありたい。本当のストーリー（フィクションでない）が必要だ。ベンチャー・キャピタルの専門家は、起業家たちに「ロケット・ピッチ」「エレベータ・スピーチ」と言われるショート・ストーリーを勧めている。エレベータに乗っているような短時間で、事業の魅力的なビジョンを凝縮して伝えるのだ。自分のプランの他との違いを示し、相手の関心を瞬時に惹きつける必要がある。あなたには、目指す変革について関係者に話す時間的ゆとりが少ないかもしれない。しかし、力のある人は忙しいものだし、その点は準備すべきではないだろうか。すばらしいビジョンがあっても、どう達成するかが分からなければ、あまり役に立たない。一方、すばらしい計画があっても、あなたのビジョンに耳を傾け、信じる気持ちになる人がいなければ、実行は不可能なのだ。

ビジョンは基本的には情熱である。あなた自身が熱意を感じるものでなければならないことを忘れないで欲しい。(注1)

シーラは、社内で役割の異なる部門が協力し、リノベーションを定期的かつ手順通りに進める姿を、ビジョンとして描いた。これはゲイリーに対して、また彼女のチームに入った他のメンバーに対しても功を奏した。彼女のビジョンは、彼らを引き込んだだけでなく、彼らの仕事により高次な視点から意義をもたらした。リーダー格のあるメンバーは、「神の仕事をしている」と言ったのだった。

そのビジョンがすべての人を惹きつけたわけではなかった。シーラの上司を惹きつけなかったし、上級役員の支援を得られるかどうかも不確かだ。もちろん、ユニットのオーナーたちにとっては意味はなかっただろう。彼らにとって最も重要なカレンシーが利益なのは確かだった。

ビジョンを、組織の核となる価値観、目的、戦略、現在の課題と結びつける。変革はこれまでのやり方を変えることを意味するが、組織が拠って立つ伝統や風土とのつながりをはっきり示せば、人々は不快に思わなくなり、反発を招きにくい。

しかし、社内の風土そのものを変革しようとするときは、それが難しい。たとえば、内向きの風土を、顧客志向や積極的に働きかける体質に変えたい場合はどうするのか。この場合でも、とらえ方によって、内向きの風土と変革との建設的なつながりを示す道はある。たとえば、設立趣旨など創業当初の願いを思い出すため、会社の歴史を遡ってみても良いだろう。やるだけの価値はある。変革の違和感を取り除き、人々の心を開くだろう。

建設的な緊張感を保つ

ビジョンは、向かうべき方向を示すだけでなく、その実現にはやらねばならないことがあるという、建設的な緊張感を創り出す。この緊張感がなければ、行動は起きない。

説得力のあるビジョンは、現在と目指すべき将来の姿の違いを明確に伝える。ビジョンが人々の意欲を喚起し、達成可能だと感じられれば、健康的な緊張を生み出すだろう。人はほどほどの緊張を感じるとき、自らを変えられるのだ。あまりにも違いが大きいと、立ちすくんでしまう（数学不安とか）。一方、緊張が小さすぎると、変える必要を感じない。

これらを意識すれば、ビジョンの魅力を強調でき、協力を得たい人々に行動しようという気にさせられるだろう。人々をビジョンの実現へ、すなわちそのためのアクションへ向かわせるには、ビジョンと現在との差を強調するか、または現状の問題に焦点づけて刺激するのである。しかし、相手は仲間であり、自分たち自身をあからさまに否定していると思われるのは避けたい。特に、現状をつくり出している当人たちに対しては、慎重に対応しなければならない。場面を選びながら、ビジョンによって穏やかに刺激していくとよい。

緊張は、目指す目標の姿や向かう方向、現在と目指す姿とのギャップに目を向けさせるが、どのようにそこに到達するか細かいステップは示していない。そこで、目標と同じくらい求められるのが、どのように達成していくかである。それがなければ、ビジョンはそのパワーを失ってしまう。

シーラが、ビジョンからあのプロジェクトを始めたわけでなく、緊張の調整から始めたことに注目して欲しい（非現実的だと思われていただろう）。緊張は現状と（達成可能な）目指す姿とのギャップから生じるのでシーラは現状の把握を土台に据えた。社内の多くの人々が問題のあることに気づいていても、状況の数量化は重要だ。ただ、それだけではやる気がいっそう失なわれてしまう。次に彼女は、この食い違いに対処する実現可能な計画を作成した。それがあって初めて、ビジョンは信頼のもてる、魅力的なものとなるのだ。

変革に強く抵抗する人もいれば、喜んで協力しようとする人もいる。興味深いのは、大半の人々が恐れと関心の入り交じった反応を示すところだ。極端に反対する人たちに強く影響をおよぼすことは簡単ではないので、まずは葛藤に揺れている大半の人たちに注意を払いたい。葛藤に揺れているとは、自分の気持ちが固まっていないということだ。こういった人たちは穏やかな緊張に反応する。彼らの状態を見ながら、緊張感を強めたり弱めたりするのである。たとえば、現状と目指す姿の差を強調する、変革のスピードを速める、顧客などの不満をはっきり示すなどして刺激し、彼らの緊張感を保つ。逆に、変革のペースを落とす、立ち止まってフィードバックを求める、課題を検討する時間を持つ、過去の達成や現在の努力をほめる、必要な新しいスキルの浸透に時間をかけるなどによって、緊張感をゆるめる。シーラが実戦したようにこの中間層によく目を配り、変革の受け入れ体制が整うように適度な緊張状態を保つのである。

重要なステークホルダーを見つける

変革にかかわるプロジェクトはどのようなものであれ、多くのステークホルダーがいる。プロジェクトに影響をおよぼす人、その影響を受ける人、実行する人、マネジャーたち、企画担当者、間接的な影響を受ける人などである。これには利益を得る人、不利益を被る人、外部の組織、たとえば金融や報道機関も含まれる。その意思決定があなたの夢の実現を左右するのは誰か。できるだけ早い段階で社内外を見渡し、所属部門内も含めて鍵となるステークホルダーをおさえておきたい。

個人でもグループでも、あなたが絶対に影響をおよぼさなければならないステークホルダーは誰か。動いてくれればありがたいというのは誰か。反対されても気にする必要のないのは誰かを、よく見定めるのだ。そして、影響をおよぼさなければならない相手や部門・組織にエネルギーを集中する。

シーラには、数え切れない人数のステークホルダーがいた。彼女の上司、鍵となる同僚、他の部門のマネジャー、それぞれの部門で働く従業員、シニアマネジャー、ホテルの経営者、フランチャイズのオーナーたちだ。彼女は全員と一度に関わることはできないので、まずは当面誰が最も重要で、誰はあとでも良いかを決めた。あとでも良いと判断したのは、上司、ホテルの経営者たち、オーナーたちだ。変革を推進する人々は、直属の上司や最終的な意思決定者（今回の場合はフランチャイズのオーナーたち）が重要なステークホルダーだと考えるだろうが、そうばかりではないことがシーラのケースから見て取れる。

また、関係者または関係部門が価値を置くカレンシーをひとつひとつ見つけよう。あなた自身が見聞きしたこと、直接本人から聞いたことなどの〝生〟情報、手がかりとしての本人の発言、立場上想像されるプレッシャー、同僚からの情報などが役に立つ。特に、変革に対する懸念から、彼らの大切にしていることの大きなヒントが得られる（第3章、第4章の中で、相手のことをよく知らない場合にカレンシーを見つけ、相手の目線でものごとをとらえるにはどうするかが解説されている）。

ステークホルダーが違えば、必要なカレンシーも違ってくる。彼女のビジョンと具体的な実行ステップは、ゲイリーでなくとも品質保証部門の誰にとっても、非常に魅力的なものだった。彼女はゲイリーに変革プロジェクトで対等な立場を提供した。パートナーシップだ。上司に対しては支援を求めすぎないように注意を払い、上司の方は見返りに自由に動くことを認めていた。シーラ（とゲイリー）の目標は、シニアＶＰにも非常に魅力的だった。彼の目標達成に資する内容だったからだ。ここまで述べたように、彼女のビジョンは他の部門の人たち、系統だった改善に向けて調整ができずにもがいていた人たちにとって、重要なカレンシーだったのだ。

遠隔地にいる重要な関係者に影響をおよぼすには

意思決定者

相手の支援や承認が不可欠であるにもかかわらず、その人に関してよく知らないのは厄介なものだ。では、どうしたらいいか。いくつかのヒントを示そう。

あなたが今取り組んでいることでは、誰が重要な意思決定者なのであろうか。ＣＥＯまたは社長、トップ直属の部下だろうか。財務分野のトップまたは同等の立場の人はどうか？　技術面で教祖的な人は？　海外支社の支社長はどうだろう。取締役会、取引銀行などの場合も考えられる。意思決定者はできるだけ早く見つけたい。相手が何に価値を置くのか、どのように働きかけると効果的か、彼らから何を求めるか、こちらの準備ができるからだ。

物理的に離れているシニアレベルのステークホルダーについて把握するためには

鍵となる意思決定者のリストができたら、次はリストにあがったひとりひとりについて、相手の立場（相手の世界）や価値を置くカレンシーを把握する。相手の協力を得るには、その気にさせるには、何が効くのか？

あなたが知っていることをもとに考えると、ステークホルダーたちはそれぞれどんなプレッシャーを役割上、受けやすいだろうか。プレッシャーは、業界や組織の部門、競合や文脈によって異なるが、意思決定者たちは、通常経済や政治の大きな動きから圧力を受ける。

意思決定者が気にするのはどれだろうか？　何について考え、心配するのか？　夜眠れなくなるほど大きい気がかりはどれか？　組織の上層部であれば、長期的な課題が大きくのしかかっている可能性は高く、金融市場からの期待や影響を真っ先に考えるだろう。あなたがもたらす変革は株価または債権格付けにどんな影響を与えるか、そのことをこういった人たちはどう受け止めるか？　メディアはどう反応し、意思決定者は組織の評判を気にするか？　立場が上になればなるほど、組織全体にとってどういう利益があるかが重要になるのだ。

意思決定権を持つ人の役割と責任範囲からも、その人が何に着目するかを予測できる。サプライチェーンの問題や予想される混乱、または顧客の嗜好や需要動向に敏感なのか？　とくに焦点を当てている地域はあるか、国内中心か、グローバル全体に広く目を配っているのか。

意思決定者が何に価値を置いているかを知る有力な手がかりは、その人の言葉にある。本人がよく引用していることわざ、または年次事業報告書、講演、内部のメモ、組織に関する記事などだ。公式の見解は建前にすぎないかもしれないが、そういったものからでも推論は可能だ。たとえ、役員たちが従業員に考えて欲しいことだけでも、それ自体が彼らの関心を伝えるからだ。その人が成長や革新の重要性について述べるか、それともコスト削減について述べるのか、チェックしてみるとよい。ものごとが順調にいっていることに強く抵抗を示す役員には注意すべきだ。それが虚勢なのか、警告なのか。自社についてよく理解していれば、反応を見分けられる。

このように背景を理解しておくと、意思決定者の気がかりに焦点づけた話ができる。あなたが求める協力と、相手のニーズとを結びつけられるのだ。彼らが欲しいが持っていない情報、手に入ると喜ぶ情報を推測できないだろうか？　ヒントがつかめさえすれば、彼らには入手しにくいが、あなたには手に入る情報が何かを見つけられる。

シーラには、ホテルの経営者たちとフランチャイズのオーナーという2種類の遠隔から関わるステークホルダーがいた。彼らは地理的に離れていたので、シーラは彼らのニーズを自分自身で調べることはできなかったが、彼らが何を大事にしているかを正確に調査する必要はなかった。

ホテルの経営者たちにに代ってシーラ自身がオーナーたちに対応する責任を引き受けたことにより、彼らに〝カレンシーを渡した〟。

オーナーに対しては、リノベーションとホテルの客室占拠率（と売上）との直接的な関係を示せなかったが、改修と顧客満足度の向上が関連することを示して強力な根拠とした。同様に、シーラが関与する社内のすべての部署、グループ内のホテルを動きを統合する系統だったプロセスをつくったことも、インパクトがあった。

要点を素早く伝える準備はできているか？

意思決定権を持つ人には簡単には会えない。ゆえに、会えた瞬間を最大限活用しなければならない。変革のビジョンを伝える格好の機会なのだから、ビジョンと依頼内容を、的確かつコンパクトに表現できるようにしておく必要がある。決定権者にエレベータや廊下でたまたま出会ったとき、その瞬間を使って30秒くらいでメッセージを伝える、「ロケット・ピッチ」とか「エレベータ・スピーチ」と言われる技がある。以前、大規模な総合病院、モンテフィオーレ病院の役員たちが気恥ずかしそうに語ってくれたことによると、殺人的に多忙な世界的著名人の院長と接点を持つ方法があるという。まず院長のスケジュールを調べてオフィスにいる時間をつかんでおき、そのオフィスのすぐ外で何気ない素振りで掲示板を眺めて院長を待つ。そして、院長が室外に何かの用事で出たときに、何食わぬ顔で院長にぶつかる。その瞬間に、素早く尋ねて、現在動いているプロジェクトや要望がどうなっているかをつかむのだという。相手がこのささやかな演技に気づいていたとしても、関係者全員がそれで助かるのだ。もし、あなたが幸運にも、決定権者と同じ飛行機に乗り合わせたとしたら、その場で相手の関心を惹きつけ協力を求める準備はできているか、を考えよう。

〝意思決定権を持つ人たちが耳を傾ける相手〟を動かす

決定権者と会うのが難しい場合は、その人に影響をおよぼすことのできる別の人を探す。それで終わりではない。まずは会いやすく、情報をもらえる相手が見つかったということだ。次に、この本で説明してきたあらゆる内容を活用して、その人が価値を感じるカレンシーを見つけよう。

シーラは、この点で工夫していた。シニアレベルのマネジャーたち全員に影響をおよぼすことはできなかったが、その中でその人が協力してくれれば他の人たちも同じようにしてくれるというひとりを見つけ出した。それによって、上司に直接的に影響をおよぼすことはできなかったが、他の人たちがシーラに協力するのをみて、上司も協力してくれるようになった。

他にも決定権者に近づく方法はあるが、実行するのは難しい。そこで、こういうアイデアはどうだろうか。新聞などのメディアにコンタクトするか、メール等で連絡し、あなたのアイデアが会社にとって利点があることをぶち上げる記事を送るのはどうか？　方向付けができるかも知れない。（メディアとの関係を利用して変革を推進した例として、風力発電への関心を高めた〝モンタナ・ミラクル〟の事例を参照して欲しい。我々のウェブサイトに掲載してある）。または、顧客や従業員たちにアイデアを伝えるのはどうだろうか？　顧客満足度調査から、潜在的な需要を示すデータとか、従業員調査であなたのアイデアに沿うように解釈できるデータはないだろうか？　ただし、越権行為だとか、会社には有害だと誤解されることはしないよう、用心しなければならない。もちろん、自身のアイデアを建設的な形で示し、会社の達成を褒め称えるスタンスを保つことによって、リスクは減らせる。

あなたは何を提供できるのか

主要なステークホルダーの誰にどのカレンシーが効くのか、あなたが提供できるものは何かを慎重に見極めることだ。いくつかのカレンシーは明白だろう。あなたの熱意、この変革に関する専門能力の高さ、実行力、利点を表したビジョンなどがカレンシーとなる。しかし、本人たちが価値を置くものが分かって初めて気づくカレンシーもある。例えば、ある役員は従業員を公平に扱いたいと強く思っているのがわかれば、あなたはこの計画が従業員の雇用を守るためになることを示せるだろう。

金銭と正式な権限が最重要なカレンシーだと思いこんでいる人もいるが、シーラの場合は違っていた。強力なカレンシーだったのは、組織だったリノベーションの説得力のある計画だった。もちろん、シーラは特定の人々に対して各々にあったカレンシーを用意していた（上記に挙げたように）が、いずれも金銭でもなければ、権限でもなかったのだ。

関係者ひとりひとりに対して自分から何を提供できるのか、常に考える必要がある。ときには、目に見えてわかりやすいこと、早い段階で新しい製品デザインについて情報提供を約束するのがカレンシーになったり、逆に見えないもの、組織を良い方向に向かわせているという誇り、などがある。何が価値があると受け取られるかは、人によって本当に様々なのだ。ある人は良い行為をするのに価値観を感じ、他の人は賞与やトップに注目されることの方を断然重視する。同じプロジェクトであっても、人によって見返りは様々だ。事実、同じ見返りが人によって違った意味を持つ。あなたがある関係者について上司の前で褒めたとして、それが昇進を後押しするか、その人のプロ意識の高さを強調するように伝わるか、受け手によって違いが生じる。様々な受け取られ方があることも意識しなければならない。

提供できるカレンシーがあまりない場合、誰か他の人が持っているリソースを借りられないだろうか？　例えば、ある部門が懐疑的になっているために、変革が足踏み状態になる場合がある。あなたはこの部門に直接的に差し出せるものはないとしても、別の部署と交渉は可能だ。例えば、「アナリストを2名、貸して貰えないでしょうか。貸してくれたら、あなたの部門に最初に最終製品を提供しましょう」。その約束を守ることで、あなたのプロジェクトが疑り深い部門にとってどういう価値があるかを示し、渋々だとしても支援を獲得するのだ。

行き詰まったら、今は折り合いのつかない人達のことを思い出そう。敵として扱うではなく、カレンシーが合わないためなのだから打つ手はある。彼らの気持ちを変えることはできないが、単に意見の相違に終わるか、または不適切な対応で反発を招くかは、あなたの接し方次第だからだ。協力を損なう要因を増やすことはない！

信頼関係を見極め、深める

影響をおよぼしたい相手が誰でも、良き信頼関係があると話が早い（組織で影響力を発揮している人たちは、具体的な協力を求めるかなり前から信頼関係を築いている）。しかし、重要なステークホルダーが全員、身近な同僚というわけにはいかない。プロジェクトのために喜んで仕事してくれるように、最低限の信頼関係を築く必要があるのだ。

組織の中で良い関係を築くのが、本当に下手な人に出会ったことはある。しかし、ほとんどの人は、多忙を言い訳にせず、それに集中すれば、信頼関係は築ける。まず最初は、ちょっとした会話で相手の話に耳を傾け、どんなことに関心を持っているかを聞きとったり、小さな交換をあなた主導で始めて、こちらが有益な存在だと伝えることから始めるとよい。

関係を拡げるのに重要なのは、これまでつきあいのなかったステークホルダーひとりひとりの話に丁寧に耳を傾けることだ。相手が何に価値を感じるかが分かるだけでなく、傾聴され、真剣に聴かれたことが、貴重なカレンシーとなる。もし、あなたに対応力があり相手をよく理解していることを示せるなら、気の利いたコメントを殊更に述べる必要などない。しかしながら、さしたる意味もなく相手に意見を求めると、利用されるのではないかと不信を持たれるだけだ。

個人でもグループでも、相手にどのように働きかけるかは、信頼関係を築くうえで重要だ。過去にトラブルがあったとき、それをオープンに話すのに抵抗のない人もいれば、触れたがらない人もいる。もし、相手が直接的な話の仕方に居心地が悪そうだったら、あなたにとって良い方法でも、控えた方がいい。ゆっくりと話を進め、直接的な言い方を少しずつ取り入れては試し、抵抗が感じられたら、間接的な話し方に少し戻すのだ。

共通のビジネス上の課題や仕事以外の話ができるだろうか。共通の友人がいれば、パーティーや会議を、日本で見られるようにアレンジしてもらえないだろうか？　まずは、ステークホルダーが信頼する人とあなたが関係を築ければ、その人が扉を開けてくれるだろう。

もし、交換するような関係を築く方法が分からず、双方が価値を置くカレンシーが見つからないとき、しかもこのステークホルダーは成功に欠かせないという場合は、ペースを落とし、別の方策を考えよう。すぐに諦めてはいけない。説明してきたように。「影響力の法則」によって不可能に見える相手でも打開策は見つかるのだ。

関係構築についてさらに重要な側面がある。それは、誰でも他者との関わり方に好みがあるということだ。

変革のプロジェクトを推進するとき、アイデア段階で早めのインプットを好むのは誰か、細部まで詰められたプランを聞きたいのは誰か、つかんでおくとよい。今後数年の成長予測をデータで示さなければ相手にしてくれないだろうか。それとも変革で生まれるメリットの大きさが分かれば概算でも構わないだろうか？　技術面で主要な人物や部署から賛同を得られていないと決まらないのか、技術面については後でも構わないのか。全体の概要がつかめればよいのか、詳細に示されるのが好きか？

そういったスタイルの好みは大きな障壁になることがあるし、逆に起爆剤になる可能性もある。事前の調査はするだけの価値はある。あなたと仲の良い人が相手の好みについて知っているかも知れない。

喜んで話してくれるかも知れないのだ。

もし、相手との関係が行き詰まったら、第6章の中、問題のある関係の再構築に関するアドバイスを見て欲しい。

「カレンシーの交換」戦略を練ろう

変革のアクションを取る前に、必要な情報は揃っているか、確認すべき情報はないかをよく考えよう。傾聴するように状況を丁寧に確認する。

次に、働きかける人の順序を考える。次の3つの観点から考えよう。

1　あなたよりパワーがあるかどうか
2　前向きな反応を得られる可能性はどのくらいか
3　相手の協力がどのくらい必要か

鍵になる人々は早期からの支援者のことが多い。その人たちには早い段階から仕事に取りかかって欲しくはないか？　早期の協力は、シーラの場合もそうだったが、助けになる。彼らは他の協力者を連れてきてくれるのではないか？　彼らから何を期待できるか。オピニオンリーダーから確実に協力を得るには、まずは、他の人たちと仕事に取りかかる必要があるだろうか？　あなたの変革のアイデアを具体化できる専門家は誰だろうか。そういう人は早くから巻き込むとよい。最初から巻き込んでおかないと気分を害する人はいないか？　重要なステークホルダーたちの中で、多忙なために短時間しか会えない人はいないか？　その他のことはすべて整えてから、最後に声をかけるべき人は？

最後に、変革プロジェクトが自分たちの利害に一致していないと協力しないのは誰か？　早い段階でその人たちと話をし、彼らの言い分を聞いておくと動きやすいだろう。議論の余地をできるだけ狭くしてからアプローチした方がいい場合もあるのでは？　こういった問いを早い段階から考えておくのが重要なのだ。見込みが違うこともあるだろう。切替を早くしなければ、重要なステークホルダーたちとの関わりを方向修正しにくくなるので要注意だ。問いの中には、動き出してから初めて分かってくることもある。新しい情報にオープンに耳を傾け、アプローチの仕方を柔軟に調整しよう。

変革における役割：規模の異なる部門やグループを相手にする

規模の大きな変革プロジェクトでは、推進者（あなた）と、役職が上のスポンサーと言われる人またはチームがあり、コアチーム、ときには大人数の人と個別または会合などで関わることもある。

シーラの事例では、彼女はゲイリー、身近な小チームと密接な協力体制で取り組んでいたが、次第に１００名を超える人たちがプロジェクトに関わることになった。

チームに何人くらいが妥当か、またどのタイミングで入って貰うかは戦略上の視点で考える。関係者が絞り込まれ過ぎていると、かなり早く動けるだろうが、プロジェクトの成功に不可欠な情報や支援をくれるステークホルダーがついて来られないかも知れない。

一方、多くの人たちを最初から巻き込みすぎると、アイデアや意見のやり取りが盛んになって、メンバーの参画意識が高まったとしても、まとめるのが困難となる。それでは意思決定が進まず、プロジェクトが迷走してしまう。

では、どうすれば良いのか？　アコーディオン方式を用いる。(注2)　すなわち、関係者を多く巻き込んでミーティングするときもあれば、中心メンバーだけの小さな話し合いの両方を活用するときもある。どちらかにこだわる必要はない。変革のスタート時期は動きを作りやすい小規模なグループで、そして動きの反応や目標達成のためのアイデアが集まる大人数へ。そして、少人数で集まったアイデアや提案を検討し、さらに良いプランに磨き込む。その後、そのプランを大人数で検討しアクションをとる、という方法だ。意思決定は大人数や、多機能の人たちと諮ろうとしないこと。この役割はコアメンバーの仕事だ。(注2)

プランニング　対　計算

変革プロジェクトでは、分かりやすい計画を作成する必要がある。実行段階で、機械的な遂行にならないよう、操作的にならないよう注意しなければならない。さもないと、思わぬ反発を受ける。次の違いが分かるだろうか。

(1) 関係者と知己を得るために昼食に誘い、会話を通して相手について理解を深め、親しくなる。
(2) 会話は相手から聞き出す手段として使い、相手への関心を示すが機械的でうわべだけだ。

関心を集めたい人は、目的がどうであれ自分が注目されるのを歓迎するだろうが、多くの人はすぐに表面的であることを感じ取り、遠ざかってしまうだろう。また、意見を求められるがまったく考慮されないのは、意見を求められないよりも馬鹿にされたと感じさせる。頼み事をするために饗応されているのだと感じ取ったら、相手は抵抗を強めるだけだ。

私たち自身が直接目の当たりにした事例だ。マネジャーとしては能力に欠ける人が、他部門のスペシャリストの協力を得ようと躍起になっているが、うまくいかない。そのマネジャーは味方が必要だったのに、信頼関係が築けず、必要な協力を得られなかったのだ。彼女の上司は、鍵になる人物は誰かを教え、その人たちとは少なくとも最低限の友好な関係を築くようにアドバイスした。数日後、上司は〝鍵になる人物〟と彼女に教えたひとりと出くわした。その人は「さっき、ハナからものすごく奇妙な訪問を受けたよ。彼女はアポイントもなく突然私のオフィスに入ってきたんだが、何の用事で来たのさっぱり分からなかった。何かのリストに私が載っていて、チェックしにきたかのようでとても不気味だったんだ！」。

誰でも人間扱いされないのは嫌なものだ。たとえ、褒め言葉や友好的な会話、ちょっとした好意、貴重なリソースがあっても、誠意がなければ反発するだけだ。たとえるなら、偽物のロレックスを渡すようなものだ。一見格好はよいが、数分で化けの皮ははがれ、感謝されるどころではない。

しかし、あなたが近づきになりたい同僚への純粋な関心によって、やり取りの仕方で相手に真意が伝わり、自然な親しみを築くことができる。いったん相手と信頼関係ができれば、協力を求める際にかなり強く頼むことができるのだ。真に相手の立場に立ち、価値あるものを提示できる限り、率直な話が可能だ。相手が気だてのよい人であればストレートに言いやすい。例えば、「すみません、実はお願いしたいことがあるのです。あなたにとっては負担の大きいことで恐縮なのですが、顧客のためお願いできないでしょうか」。この表現は、知らない相手や、一度きりのお願いをする相手には通じなくても、友だちなら可能なときは応えてくれるだろう。あなたはよい関係のうえにカレンシーを交換しようとし、相手も自身が協力を必要とするときは、同じように頼めると思えるのだ。

この章で解説してきた主な内容は、私たちのウェブサイトの人材開発マネジャーの事例で解説されている。人材開発マネジャーのウィル・ウッドが、オンライントレーニングシステムを導入するための費用と支持を得るためにどうしたかが描かれている（また、ポール・ウエストブロックのケースも良い例だ。テキサス・インスツルメント社でグローバルな建設プロジェクトで間接的に影響をおよぼして支援を獲得するまでも載っている）。

変革を促進する他の方法

組織の変革は複雑なので、少しずつ課題を分けて取り組む必要があるだろう。大きな組織では、変革プロジェクトをスタートしようとしても、部門、部署、グループ、地域などの違いによって異なる利害とパワーバランスがあり、よりいっそう状況は複雑になる。視点をひとつに絞りすぎると別の人や部門の立場が立たず、敵をつくってしまう。こういった複雑な状況の場合については、第15章「社内政治を乗り越える」をお読みいただきたい。

【注】

1　ビジョンについては、David L. Bradford and Allan R. Cohen, “Power Up : Transforming Organizations Through Shared Responsibility”（New York: John Wiley & Sons, 1998）の第7章「Creating Commitment to a Tangible Vision」に詳しく解説されている。また、同書第9章〜第12章、および Allan R. Cohen, ed. “The Portable MBA in Management 2nd ed”（New York: John Wiley & Sons, 1993）の中、Peter Vail with Allan R. Cohen “Visionary Leadership”に、変革の推進に関する詳述がある。

2　〝アコーディオン方式〟は、Joel DeLucaによる“Political Savvy : Systematic Approaches to Leadership

Behind the Scene 2nd ed”（Berwyn, PA: Evergreen Business Group, 1999）の中で示された“the many-few-many-technique”をもとに、原著者が考えたものである。

第15章

社内政治を乗り越える

社内政治……汚いもの、不愉快なことの皮肉な言い方、単なる描写あるいは機会か？　多くの人が社内政治に否定的なのは、個人的な利益を裏で工作するといった、その腐った側面を指しているからだろう。それは社内政治のひとつで不愉快きわまりないが、利己的な行動はどこでも見られる。

そういった利己的な行為は、自分のための政治で、目標は自分の利益だけであり、組織や部門のことを考えてはいない。自己中心的な人は二枚舌を使って相手によって意見を変え、お世辞を言ってこびへつらい、あてこすりで仲間を傷つけ、嘘の噂を流す。

そういった許しがたい行為は確かに不快で、現実に起きている。しかし、人は悪意のない行為でも、その人の動機やスタイルが分からないために自己中心的と誤解することもある。自分の好まない行動には、その裏に悪意があると思いやすい。相手に悪意があると信じ込んでいるのに、その人の真意を聞こうとするだろうか？　それは危険すぎると思うだろう。否定的な結論に飛びつかないように注意したいところだ。

いかにも『影響力の法則』の前提は誰もが個人的な関心を持っていることにある。それが人の動機の源であり、影響をおよぼすにはカレンシーが相手の関心を満たさなければならない。問題が起きるのは、そういった個人的な関心を、組織や部署、他の人たちのニーズよりも優先してばかりいるときだけだ。

この第二の見方に立てば、組織はそもそも本質的に政治的な存在だといえる。異なったグループがあって、それぞれ異なった業務と関心事を持ち、役割かその行為によって、誰かが他の人よりもパワーを持つのだから。こういった社内政治の害のないしかも筋の通った側面を理解することなくして、社内で十分に効果的に振る舞うことはできない。この比類のない独特な慣習ゆえに、人々の行動は発展し、インパクトが生まれる。あらゆる社会システムの当然の発展型であり、過小評価せずに理解する必要がある。

この章では、この第二の〝政治〟に焦点を当てる（第一のタイプの政治については、次の章で取り上げる）。〝社内政治〟は生まれるべくして生まれ、組織が現在の環境に適応するためには必要でもあるのだ。その点を踏まえ、どのように影響力を発揮するかを説明しよう。

組織の本質

この章のテーマである第二の政治は、組織の本質を源としている。どんなに賢い人が組織を設計しても、人や部門がどのような関係を築くかまで計画し予測するのは不可能だ。

組織図は設計図のようなもので、現実は設計図の余白で起きる突然のできごとの連続なのである。そして、この突然のできごとが積み重なり、非公式な集団が生まれることとなる。その非公式な集団では、期待以上、必要以上に立ち回る人が出てくる。少し考えてみて欲しい。たとえば、社長秘書を例にしよう。あることに急ぎの対応が必要なのに何人も順番待ちをしているとき、社長秘書は重要な立場にいる。社長との約束を求めている人の中には不愉快な人もいれば、礼儀正しい人もいる。すぐに提供できない情報を必要とする役員、決して後回しにできない顧客、待たせられる顧客もいる。秘書は、新しい状況にどのように対応すべきか、自分で判断しなければならず、次第に本来の指示や役割を超えて自分なりの対応をすることになる。その対応が繰り返されると、非公式的な対応が通常業務の一部になる。社長お気に入りの3人の役員にコーヒーを出したり、自分の役割外だがちょっとした討議をしたりもあるだろう。こういった非公式的な対応が繰り返され、組織図は、実際の人間関係や意思決定の流れに即して常に書き換えていく必要が出てくる。組織は、非公式な部分が存在しなければ非効率的、非効果的になるのである。

個々人の知識、過去の仕事、個人の経歴、能力、仕事のスタイルなどによって、個人の影響力が生じるのだ。組織図ではあまり力がないと思われる人が実際は強かったり、その逆もある。物事を成し遂げるには、誰がどんな人か、実際にどのような影響力を持っているのかをつかんでおくことは重要なのである。

加えて、業績の良し悪しや仕事の進め方の違いなどで、個人のレベルや部門間でお互いに様々な感情を抱く。きっかけが忘れ去られていても、理屈では〝理解されて〟いても、過去の経緯は現在も息づいているのである。

しかも、組織の各部門はそれぞれ目標と計画を達成するように作られている。特に、成果で評価されるときは他の部門や組織全体を犠牲にしても、自組織の目標達成を目指す傾向がある。これは別に利己的でも悪い従業員という意味ではない。組織がそうなるように設計されているだけなのだ。何か判断をするたびに、どの部門、グループも、決定内容が自分たちにとって都合良くなるよう影響をおよぼそうとする。まさにこれが社内政治なのだ。それゆえ、政治とは、個人の利害の追求から生まれる。そうでなければ、おかしな話だ（リーダーの仕事は組織全体の目標が魅力的に見えるように示すことにある。それがあるからこそ、各々の部分はまとめられる。リーダーシップが必要になるゆえんである）。

どんな組織にも歴史がある。その組織らしい仕事の進め方や作法、「門番」「トレンドセッター」「象徴」がいる。多くの従業員が、意識的あるいは直観的にこれらを知っており、それらにそって行動している。

このように社内政治をとらえると、組織のダイナミクスや葛藤を理解し、組織で仕事する一部として受け入れ、自分の仕事をやり遂げるために対処の方法を学ぶのもあなたの仕事なのだ。社内政治的な動きに敏感な人たちは、このダイナミズムを把握して仕事をしている。効果的に仕事をするためには、全体像を把握することだ。こういったタイプの〝政治〟を悪いものと考えると、その意味が理解できず、結果、影響力を失ってしまうのだ。

政治的側面を知り、それを生き抜くのは、個人的な理由で社内政治を悪用して良いということではない。ときに魅力であっても、長い目で見れば良いことはない。ゆえに、社内政治を嫌がらない、そして見下さないことだ。あまりに潔癖すぎると、現実を〝悪いもの〟と拙速に決めつけることになる。しかし、その考え方自体が、社内政治的な状況を生み出すのである。社内政治を避け、否定的な態度をとることは、影響力を自ら遠ざけているのと同じだ。政治とはいっても、卑怯な行為、秘密主義といった悪意による言動は毒のある関係を築き、最終的にはその人の評価を貶める。一生懸命に、かつフェアに取り組むことだ。

組織の風土がつくる社内政治の特徴

社内政治に対する考え方は組織によって異なる。まず、部門やプロジェクトが自分たちの利益を積極的に追求するのを、どの程度許容するかで、大きな違いがある。自部門の目標達成が重要でないと考える人はいないが、会社全体のための成果の副産物でしかないと考える人もいるだろう。他方、部門の利益のために邁進するのは当然で、何をしてもよいとされる組織もある。他方、部門の利益のために邁進するのは当然で、何をしてもよいとされる組織もある。

第二の相違点は、部門間の対立がどの程度許容されるかだ。対立自体に難色を示す組織もあり、そういった組織では社内政治的な動きは水面下に潜る。そのため一層、扱いにくくなり、たちの悪い個人的な駆け引きが生まれることがある。非営利組織ではよく見られることだ。

競争そのものを芸術だといい、勝つことは目標達成よりも重要だというニューヨークの一部の企業のように振る舞う必要はない。互いの相違点をオープンに表に出し、創造的なウィン・ウィンの結果を出すために協業することに価値をおく組織は増えている。この本の事例の大半には、そういった建設的な対立からより良い結果を導き出した様子が描かれている。

状況をつかむ

ここで学んで欲しいのは、自分がどんなゲームに関わっているかを知ることだ。あなたの会社ではよくあることだからといって、あなた自身が誰かを中傷したり陰口を叩いてはいけない。しかし、周囲から距離を置き、舌打ちしていると蚊帳の外になってしまう。反対に、あなたの好みであっても、誰もが喜んで議論するはずだと思わないことだ。また、公然と自部門の利益を求めることがどれほど認められるのかを踏まえ、自分が求めていることを率直に伝えなければいけない。自分がどのような関係にどのように関与しているのかを、まず知るのは、おそらく効果的であるための最初のルールと言って良いだろう（これは、働きかけたい相手が好む関わり方を知るのと同じくらい重要なのである）。

あなたの目指すことが他の分野にも影響をおよぼす場合は、その部門の行動規範を把握しておきた

表 15.1　社内政治上の風土をつかむための問いの例

- 鍵となるステークホルダーたちの“逆鱗”は何か？
- どこに“地雷”が潜んでいるか。何が引き金になるのか？
- 私が知っておくべき重要な過去のできごとはあるか？
- 目立たないがパワーのある人は誰か？
- 実力者と目される人は誰か？
- あなたが関わってはいけない人たちはいるか？
- あなたの計画に賛成しなくても対抗してはいけない人は誰か？
- 口に出されないが、浸透している慣習みたいなものは何か？

い。人がどのように影響をおよぼし、影響を受けたいかを理解するのが大切だと私たちは訴えてきた。相手の領域では何が重要かを理解する必要があるのだ。生産現場で通用することが、研究所の科学者たちとの間では効果がないかも知れないのだから。

社内政治に関する情報を集める

あなたがその組織に入ったばかりで、知らないことが多いのであれば、尋ねてみるとよい。古株の人たちや社内事情に精通している人を見つけ出し、社内では物事がどのように動いているのかを教えてもらおう。表15・1には、そのためにどのような質問するとよいか、例を挙げてある。

ステークホルダーを見定める

ここまでは、社内の鍵となる人やグループを見出すための準備である。組織風土や社内政治の様相に慣れてくると、鍵となる重要な人たちは誰か、誰に声をかけるべきか分かってくる。成功するためには、鍵となるステークホルダーについて知ることが不可欠なのだ。

強調してきたように、影響力はあなたが相手から求めるものと交換に、相手が価値を置く何かを提供する、すなわち、カレンシーの交換によって起きる（影響をおよぼすメカニズムが明確だと、社内政治的を助長することになると批判する人もいるが、前述したようにそれが現実なのだ）。

あなたの利害と一致しなかったり、価値を提供するのが難しい相手や部門のことは、さらに注意深く理解すべきである。部門の利益以外に、彼らが何を大切にしているのかがつかめれば、交換をするカレンシーの幅を拡げられる。

演習『10の不文律』

私たちは、非建設的な社内政治的駆け引きを減らし、メンバーが成果をあげられるように変化を起こしたいという経営陣と仕事する機会が多い。そこで使う有益な演習を教えよう。ひとりでもベテラン社員に手伝ってもらってもできる。私たちはこれを『10の不文律』演習と呼んでいる。

「有能な新人に教えたい社内で仕事を進めるための不文律を10点挙げてください。」と質問する。

挙げられる不文律は示唆に富み、社内の風土について良いディスカッションができる。

全般的には、相手と会話し、どのようなことに興味があるかを直接尋ねる方法を私たちは勧める。社内で個々人や各部門の利益を話すことが認められているなら、尋ねることは難しくない。例えば、「あなたに協力いただきたいのです。協力いただいた見返りは必要だと思いますので、何があなたにとって重要かをお話しいただけませんか？　できるだけのことをいたします。」もし、こういったストレートな言い方に抵抗があるような場合や、またはこのような問いかけで立場が危なくなる状況では、間接的な方法が必要になる。第4章の「なにが人を動かすのか―相手の世界を知る」、第3章の「交換メカニ

ズムで人は動く―なにを交換するのか」、はその点について役立つ。以下に概略を示そう。

そのステークホルダーの社内での立場を考えよ。彼らにはどんなプレッシャーや力がかかっているか？　この章の最初の方で、組織風土がこういった力の一部であることに触れたが、それ以外の力も存在する。彼らの具体的な担当業務は何か？　彼らはどんな社内の重要人物と関わって仕事に取り組んでいるのか？　どのように評価され、褒賞されているのか？　どのようにプレッシャーをかけられているのか？　どんなテクノロジーを活用しているか？　それらテクノロジーは彼らにどのような影響をおよぼしているか？　この分野における典型的な学歴や教育のバックグラウンドはどういうものか？　相手の部門とあなたの部門との間で過去にトラブルはなかったか？　相手の部門はどこか特定の他部門と衝突していないか？　などだ。

こういった問いへの回答によって、各ステークホルダーが価値を置くものを知ることができ、どのようなカレンシーの交換ができるかを見つけるのに役立つだろう。そして、重要なステークホルダーへの効果的な話し方も、事前に決めておくことが可能になる。相手の利害や価値観によって、説明の強調点が違ってくる。複雑な影響力の働きかけからは、多くの利益が生み出され得る。どの人にはどこに光を当てるとよいかを考えることだ。嘘をつくのではない。どこを強調するかだ。事前に分かることがあれば、例えば、ある部門があなたのプロジェクトに脅威を感じる可能性があるときでも、その部門にとっての利点の可能性に焦点づけて話を持っていけるだろう。

己を知る：どのように自分自身を守るか

社内政治で建設的に対応するには、細心の注意が必要だ。複雑な交換をする必要があるからだ。いつ決め、どこで押すのか、退くのか、対立する意見の間を神経細やかに立ち回らなければならない。ゆえに、特に自分自身の目標を明確に認識すること、自分自身の態度や価値観を自覚していることが重要だ。また、あなたのニーズ、触れられると感情的になりやすいのは何か、どこがバランスの限界なのか。

あなたの価値観や倫理観が問われることになるだろう。どこまで率直になるか、必要なことだけを伝えるのはいつか、はったりを言うのはどのタイミングか、決めなければならない。立場の異なる様々な人や部門に対してどのようにして合わせていくのか。考えただけで圧倒されるかも知れない。だからこそ、目的と自分が守るべき範囲を明確にしておかねばならない。最初から自分自身について自覚できていると、追いつめられたときでもあわてないで済む。

もし、あなたが汚い社内政治（これは次の章で扱う）が行き交う組織にいるのであれば、己を知らなければならない。しかし、汚い社内政治がなかったとしても、それは必要だ。あらゆる組織は、限りあるリソースを配分しなければならないのが現実なのだから、人事、予算、場所を求めて競うことになる。また、幹部に影響をおよぼす必要にも迫られるので、あなたの最も重要なことは何か、その次は何かを、明確に認識していなければならないのだ。

誠意ある態度で社内政治的にのぞんだ例として、フラン・グリズビィのケースを紹介しよう。彼女は複雑な政治的な状況で人望のある先輩が担当する１００万ドルのプロジェクトが潰れそうな状況に立ちあうことになった。

フランはいくつもの企業で重要なマネジメント経験があった。彼女はＤＥＣ社からコミュコ社に転職し、荒々しい風土を持つこの組織の中で、非常に面倒な仕事をするはめになった。無理だと思われているプロジェクトの責任者になることを求められたのだ。このプロジェクトは周囲から尊敬を集めるシニアマネジャーが始め、未だ頑張り続けているものだった。フランは、その状態でどう自分の仕事を進めれば良いかを見つけなければならなかった。

私は、ＤＥＣからコミュコに、グループ企業の情報システム副本部長として引き抜かれました。このグループは携帯端末以外のすべてを扱っていました。この副本部長の仕事を一時的に引き受ければ、その後事業部を任せると言われていました。１ヶ月後、情報システムの本部長が新しい人に変わり、部門を再編成しました。そして、４つの事業のうち、ＳＷＩＴＣＨというプロジェクトを私が担当することになりました。

プロジェクト「ＳＷＩＴＣＨ」

このプロジェクトは、２００余名のエンジニアやマーケティングのメンバーが参加し4年が過ぎていました。企業向け通信会社のための、精巧で高度な多目的に使える通信用スイッチを設計するプロジェクトです。コミュコは消費者向けのビジネスをしていたので、大企業向けの大規模プロジェクトはほとんど経験がありませんでした。コミュコは通信会社の取り引き企業についてはほとんど無知だったのです。

この大規模なプロジェクトは、その当時すでに巨額の経費を費やした挙げ句、惨めな混乱状態に陥っていました。次第に組織内の様子が見えるようになって私も分かったのですが、ソフトウェアの設計がひどいために当時は製品テストもできないような状態でした。どのサブシステムも、テストできる形にまとめられなかったのです。

このプロジェクトは、私の同僚で先端技術開発担当の副本部長を務める優秀な人物の発案で生まれました。彼は会社を説得してソフトウェア開発の責任者になりました。一般的に、先端技術開発の人たちはプログラムコードの作成をよく知りません。でも、彼はやりたがったのです。その結果、ソフトウェアは滅茶苦茶な品質となっただけでなく、会社が財政的に余裕のない時期に多大な出費を強いていました。

プロジェクト「ＳＷＩＴＣＨ」、フランに任される。社内政治への挑戦

私はこのプロジェクトを引き継ぎ、ビジネスとして成立させるように求められました。このプロジェクトは、始まって以来初めて、ひとりのマネジャーのもとにまとめられたのでした。私は先端技術開発部門のエンジニアやマーケティング部門の人たちを含む、全体のリーダーになりました。しかし、それだけではありませんでした。社内政治的な問題も引き継ぐことになったのです。これまでの４年間、ＣＥＯは、この製品が素晴らしい、会社の看板製品になる、と熱い言葉を聞かされ、期待してきました。先端技術開発担当の副本部長は、このプロジェクトに心血を注いでいましたので、彼の信奉者たちは成功を強く望んでいました。そのため、このドル箱製品への期待はふくらんでいき、成功しなければならないというプレッシャーが強まっていたのです。

これはよくあるパターンでした。新しい上司はプロジェクトが失敗すると確信し、私に押しつけたのです。上司も私もこの会社の生え抜きではないのです。うまくいくはずがありませんでした。私は、「ＤＥＣに戻してください」と言うべきでした。

男らしさを競い合うような古くさいスタイルの人たちの間に、私は入り込んでしまったのです。先端技術開発担当の副本部長の虎の子を引き受けたので、自分が嫌われ役をしなければならないと分かっていました。元リーダーを慕うメンバーたちの心情を考えると、私は権力を使わなければなりませんでした。しかも全社レベルの強いサポートが必要でした。

［ただ、問題はその副本部長だけではなく、エンジニアたちとの間にもあった。というのは、このプロジェクトが中止になっても、優秀なエンジニアを引き留めなければならなかったからだ（当時は優秀なその領域のエンジニアは引く手あまただった）。彼らがフランを人気のあるシニアマネジャーの仇と思い、フランのもとで仕事をしたがらないのではないか、それが懸念だった。彼女は、このプロジェクトを自分なりにきちんと評定し、将来の望みがないという結論を出していた。だからといって、すぐに中止宣言するわけにはいかない。その前に、彼女はメンバーたちに対応する必要があった。］

とにかく、私には社内の支持が必要でした。メンバーをこのプロジェクトから引き離さなければなりません。彼らはみなコミュコのこの部門で長年勤めてきた人ばかりでしたので、彼らに新参者の私に協力する意味があることを納得させる必要がありました。そこで、誠意を持って彼らをマネジメントすると個人として約束し、プロジェクトの将来について正直に話しました。うまくいかない場合は、別の市場に向けて、新しい技術的な挑戦や機会を見つけるチャンスを提供すること、そして社内で新たに立ち上がる別の仕事を担当してもらうことを約束しました。全員を異動させるとは言えなかったのですが、まずは、できるだけ多くのエンジニアたちに新しく別の上司の下で仕事させることに重点を置きました。彼らは、きちんとマネジメントされておらず、成果を出せていませんでしたが、彼らは専門家として成果を出したいと願っていたので、この申し出に魅力を感じてくれることを期待しました。そして、このプロジェクトと関係のない仕事を担当させ、社外との接点を増やしました。コミュコは内向きの傾向があったからです。たとえば、専門家育成のコンサルタントと協力して、エンジニアの専門知識を引き出して共有化させ、カンファレンスに参加させるなどしました。これらは、彼らにとっても利点がありました。また、かつてともに仕事をしたことのある優秀なエンジニアリング・マネジャーの採用も試みました。エンジニアとしての実践経験があり、信頼できる人材です。

また、私は、職場を楽しくするように必死で努力しました。それこそ、馬鹿騒ぎのようなことまでしました。ストレスを吹き飛ばす必要があったのです。あらゆることをやりました。たとえば、ゴム製のニワトリ人形など冗談みたいな誕生日プレゼントをあげたり、何の理由もなくお祝いしたり、とにかく笑わせるように工夫しました。あまりにストレスが大きくて、笑い飛ばすしかありませんでした。でも、これはうまくいきました。この2年間のつらい時期に会社を去ったのはほんの数人だけで済んだのです。そのうちのふたりとは今でも定期的に仕事をしています。私たちはこの件で親しくなったのです。

政治的な後ろ盾を得る

プロジェクトに取り組みながら、私はその評価もしなければなりませんでした。社外の人に評価を依頼しても信用されない可能性があったので、コミュコの本社部門の人たちにやってもらう必要があると考えました。ただ、客観性は必要でした。私は自分の上司の上司のそのまた上司に評価チームを編成してくれるよう依頼したところ、社内の様々な部門から優秀なメンバーを集めてチームを作ってくれました（メンバーは、社内政治的な動きをつかむことができ、意思疎通のできる人たちでした）。評価チームはプロジェクトをいくどか訪問して審査した結果、中止を提案しました。この提案は私の社内的な立場を後押ししてくれました。

　また、私はシカゴの本社をしばしば訪れ、ＣＥＯも含めて様々な人に、自分たちが何をしているのか、どのように取り組んでいるのか、どのような基準で評価しているかを説明していきました。「〇〇は、マネジャーとして優秀だ（政治的駆け引きの巧者としてではなく、という意味です）。」等の内容です。それらを誠実にかつ率直に話して回りました。実は、これは政治的なポーズでした。でも、私にできるのはこれだけだったのです。誰かにプロジェクトを妨害するように頼めるわけではありませんでしたし、何を誰に頼んだらよいのかも分かりませんでした。私は入社から日が浅くて、頼りにできるネットワークを張り巡らせるまでに至っていなかったのです。

　この働きかけはうまくいきました。プロジェクトを中止する決定のときも、本社からの抵抗はほとんどありませんでした。本社に行って誰彼なく説明していたため、どういう意図で何をしているのか、理解されていたからでしょう。問題は、すでに大金を費やし、しかも製品を発売すると公表していたのです！　それをなかったことにはできません。そこで、中止した時の打撃に備え、私はできるだけ準備をしました。本社の広報部門を巻き込み、中止発表の際に、コミュニコ・グループがその代替品の設計に取り組んでいることをアピールするなど、報道機関に対応してもらいました。私は全力で中止の打撃に備えましたが、やはりインパクトは非常に大きいものでした。ただ、反応はほぼ想定内に収まりました。当然のことですが、ＳＷＩＴＣＨに関わる製品を担当していたミドル層や先端技術開発副本部長を尊敬する人たちから、次々に中止を非難する電子メールが届きましたよ。私には頼りになる仲間や社内に広報してくれる人がいなかったので、仕方ありません。

　先端技術開発担当の副本部長の反応が気がかりでしたが、彼は文句を言いませんでした。彼の反応を心配する必要はないように思いました。プロジェクトを理解し副本部長の意見を聞くために、仕事を始める時から定期的に会っていました。そして、自分の判断を伝え、メンバーの振り分けを一緒に検討してきました。彼は明らかにプロジェクトのことで落胆し、中止せざるを得なくなったことに狼狽していましたが、それを口に出して言うことはありませんでした。会社は先端技術開発を必要としていたので、彼自身は会社に残りました。

プロジェクトが中止になったとき、メンバーをどうするかが問題です。私たちは、企業向けネットワーク事業に乗り出し、利益につながる形でメンバーの行き先を見つけようと努力しました。採用が難しい優秀な人材を失いたくなかったのです。しかし、２００名も受け入れるほどの仕事はなかったので、中止を決めた時、やはり解雇は避けられませんでした。そういった時の解雇の原則は、〝迅速に徹底的に〟です。それでもインパクトは大きく、第一段階として、60％の人を解雇することになりました。

仕事がなければ給与は支払えません。前職で大人数を解雇した経験があったため、私はこのことで動揺はしませんでした。それでも、このプロジェクトに心血を注いできた人は多く、製品を市場に出せずにこれまでの努力が無駄になってしまったことに落胆している姿には心が痛みました。

これほどまでにストレスを感じたことはありません。完璧にやり遂げたいと思っていたのです。気負いすぎていたのでしょう。すべてを自分の手で完璧にしたかったのですが、そうはいきませんでした。４年間で投入された費用の穴を、誰もが見て見ぬふりをしていましたが、私自身は埋めたいと思っていました。ただ、それは無理なことであり、実際にできませんでした。プロジェクトの中止は正しい判断だと誰もが分かっていました。それでも、チームを解散して主力商品となるべき製品を止めたインパクトは大きく、社内に影響が出ました。

フラン・グリッツビィの体験から：社内政治の秘訣

周囲の環境を知るべし

注目して欲しいのは、フランが鍵となるステークホルダーは誰か、何が彼らにとって重要なのかを慎重に診断したところだ。そして、問題を解決し、彼女が社内政治を生き残っていくうえで必要な連携体制を築いた。ここで重要なのは考え方である（この本でも繰り返し強調している）。以下は、フランがこの点についてどう考えて取り組んだかだ。

社内政治に生きた知恵はふたつです。いずれも、自分自身を支える社内の人間関係に関することです。自分が関わらなければならない人たちは誰か、どんな分野の人か。どんなことにおいても、常にこの点から整理し続けます。どの仕事でも、このようにして戦略を練り続けるのです。言わば、メンタル・マップ（心の中の地図）づくりですね。私はそれを自然とするようになっています。いつでもこのように頭の中で整理することが、実際に仕事をするように楽しいのです。そして、常にどう対応するか考えています。例を挙げると、評価チームが発足したとき、メンバーはお互いに意思疎通ができ、コミュコ・グループに長年勤務している人たちから選びました。彼らは信頼されており、その人柄から発言は信用されるからです。

あなたのニーズには正当性がある

この章の始めに、組織を犠牲にするものでなければ、あなたのニーズを満たすのは正当なことだと述べた。方法はたくさんある。仕事で成果を挙げることが最も主要な方法だ。過去の実績も含めてである。評判は実は極めて重要なのである。反対意見がなくなるとは言えないが、よい評判があれば自由度とある程度の支援は受けられるだろう。早期から良い仕事をしてきていれば、信頼は得られるのだ。

もし、その会社に入って間もないのであれば、過去の実績はあまり効かないかもしれない。本社から離れた勤務地からは敵意を持たれるかもしれない。ゆえに、その会社で信用を早く勝ち取ることが重要なのだ。

ひとつの方法は、組織の問題、特にそれまで取り組む勇気のある人がいなかった問題を解決することである。もちろん、それには危険が伴うわけだが、成功すれば、フランがそうだったように、あなたへの信頼は劇的に高められる。私たちが知っているある若い男性の場合もうまくいった。その会社では、仕事の進め方が煩雑だったため数ヶ月かかってもうまくいかなかったことを、彼がＰＣを駆使して数日で解決してしまった。インスタント・ヒーローの誕生だ。よそ者だからこそ有利になる何かを探すことはできるのだ。

あなたもフランが体験したような社内政治的な壁に、どこかでぶつかるだろう。そのときは、あなたの仕事ぶりに寄せられる懸念を丁寧に受け止め、逆にその組織でのやり方について教えを乞うのだ。尋ねれば貴重な情報が入ってくるうえ、質問し十分に理解することと、質問すること自体によって、相手側は信用を感じる。結局、政治的に考えている人たちにとっては、状況を確認するのは当然であり、賢明なことなのだ。

業績は知られていてこそ役に立つ。知られるために目立ちすぎる必要はない。フランはどうしたか、見てみよう。

それと、社内の〝風向き〟を知る必要があります。そして、きちんと自分に光が当たることをするのです。…言い換えると、実際はどうであれ、その場でベストな自己アピールの方法を知る、ということですね。その他では、最近どの分野の製品が紙面をにぎわせているかなどの社外の情報に注目します。勘みたいものですね、うまく言えませんけど。マネジャーらしいプレゼンテーションのスタイル（自分が風を起こす様子を思い浮かべてください）、つまり個人で行う広報みたいなものですが、それによって、プロジェクトが成立したり、機会を獲得したり、または事業計画や将来予測の議論で堂々と渡り合えたりするのです。そのプランが計画通りにいかないと思っていたとしても、50億ドルの事業にしてみせると宣言するガッツと度胸があなたにあれば、その態度自体が尊敬を集めます。なぜなら、自分が風を吹かせて見せると宣言しているからです。

より大きな長期的な目標達成のために、必要な時は妥協する覚悟をせよ

親しんだポジションからいつ降りるかは自分自身で決められるが、きれいに身を退くには何度か経験している必要がある。ビジョンと原則を戦術的な必要性からバランスさせるのは難しく、忍耐が重要だ。しかし、だからといって、〝嫌なら出て行く〟という姿勢は良くない。

政治家は思想的に違う者に対してどう対応するかを考えているし、求めるものを得たいときは相手にいくらか渡すべきだということを知っている。優秀な政治家は、生まれつきカレンシーの交換に秀でて

おり、反論しても相手との関係を保つことができるのである。

ネットワークを充実させよ。アイデアや構想を伝え続けて信頼関係を築く

人脈づくりは、重要なステークホルダーの情報を得て良い関係を構築するうえで合理的な方法だ。さらに、あなたの提案が人に何らかの変化を強いるなら、彼らがそのことを受け止める時間は必要だ。初めてのことは恐ろしく、過激に感じられるかもしれないが、繰り返して触れたり、少しずつ様子が分かってくると慣れる。

個人として受け入れがたいときは、別の道が見つかり次第、そこを立ち去る

フランは実績のある野心的な人物で、社内政治が飛び交う厳しいプレッシャーのきつい組織でも目標を達成することに長けていたが、それでも、そういった生活が続くことを好まず、最終的にはその会社を辞めた。人によっては、静かで快適な環境で仕事するのを好まず、退屈で眠りそうだなどと言う。一方で大企業はプレッシャーがかかりすぎると思う人もいる。小さな組織でも、社内はすさまじく政治的なやり取りが飛び交う窮屈な毒蛇の巣の場合もある。どこが自分にあうか、見つけてほしい。

第16章

強硬手段

——厳しく対応しなければならないとき

前章では組織の政治的な側面を取り上げた。組織構造や状況によって力に違いが生まれているため、双方に利益のある交換ができるように、状況を注意深く読み、取り組み方を決める必要がある。ただ、その社内政治の駆け引きが個人の事情による場合もある。そのときは、より厳しい姿勢で、対決を辞さず、しっかり自己防衛もして臨まなければならない。

この本では、一貫してウィン・ウィンの結果を目指す重要性を強調してきた。今日打ちのめした相手が、明日反撃してくることだってある。ゆえに、相手にとっても満足感の残る形でカレンシーの交換を終えたい。

とはいえ、双方が満足する結果に至るために、脅しのニュアンスを含めたり、多少の〝手間〟をかける必要に迫られることもある。通常は、相手にとっての利点と自分の提案を結びつけて説明すれば十分であるはずだが、例外はあるのだ。建設的な提案にも、暗黙のうちにマイナス面が含まれていることもある。交換を拒めば、彼らもその恩恵を受けられなくなる。しかし、時には、相手が乗ってこない場合、さらに提供するカレンシーのレベルを上げたり、否定的な交換もあり得ることを説明する必要も出てくる。こういう場合は、ストレートでも、間接的でも、相手に負荷をかけるとか、相手が望むものを差し控えるなどのある種の脅し的な行為も必要となるかも知れない。頑固に抵抗する場合は、相手を動かすきっかけを作るために強い態度で臨まなければならない。強硬手段という言葉は、必要に迫られたとき依頼の中にどのように〝ナイフ〟を忍ばせるか、相手が汚い手を使ってきたときはどう対応するか、という意味である。

これは巧妙な戦略なので反発もあり得る。言外に含みを持たせただけで、抵抗を示す人もいるからだ。とくに、相手方が感情的に反発し、組織全体の利点よりも仕返しの方に気持ちが向かう時はそうだ。それでも、私たちは常に前向きな姿勢で臨むことを勧める。ウィン・ウィンの結果の方が良いに決まっているではないか。第二に、カレンシーの交換を個人的なことに使わないことを強調したい。組織の目標達成のための影響力であって、個人のためのではないのだ。大義のために必要であれば何でもする覚悟が自分にはあることをはっきりと示せば、相手の関心を惹くだけでなく、相手から尊敬の念を持たれることもある。自分の信念に基づいて立ち向かっていく姿は、人の心をつかむことが多い。

さて、影響力でウィン・ウィン以外の戦略が必要なのは、どういった場合なのだろうか。あなたが組織のために懸命に努力しても、相手の求めるカレンシーを提供できず、交換が成立しないことがある。これがきっかけとなって、否定的な感情が芽生えることがあり得る。例えば、味方になってくれる人を助けるために駆けつけたことがあるにも関わらず、相手はあなたの依頼を聞き入れようとしなかったと仮定しよう。そのことを相手に尋ねても、自分の責任を果たしてからでないと手をつけられないなどと言い訳を並べるかもしれない。そういう場合は、偽善的とか、もらうばかりだと相手を非難せず、次のように言ってはどうか。

「ボリス、君が仕事でてんてこ舞いだというのはよく分かるよ。僕たちみんなそうさ。それに、僕の頼んだことは、君の仕事の範疇を越えているかもしれないね。でも、僕だって君の期待に応えるために、結構無理しなければならなかったんだ。でも、やったんだよ。だから、ここではっきりさせたいんだ。ふたつ選択肢があると思う。立場を超えて助け合うか、または規則通りに仕事をするかだ。どっちがいい？　僕は助け合う方がいい。ただし、自分が提供するばかりで何も得られないのはごめんだ。もし、真面目にこの話にのるつもりがあるのなら、君にも応えて欲しいんだよ。」

　これで少なくとも相手の関心は惹けるだろう。相手にあなたを利用する意図がなければ、より強い信頼関係をつくることができるだろう。あなたは協力的な態度を示しながら、正当な権利を主張している。ここで相手が協力を拒めば、協力しないということであなたに借りができる。

　次に、相手との協力関係や連携の可能性を保ちながら、強い態度でカレンシーの交換に臨む方法を示そう。

少しずつ負担をかけていく

　会社のためになるとあなたが確信することのため、しぶとく抵抗する相手からどうしても協力を得たいときは、カレンシーの種類と関わり方の幅を拡げよう。相手への負担を増やすか、さらに少しずつ増やすつもりであることを伝えるのが基本ルールである。負荷も徐々に上げるなら抵抗を最小限にできる。そうすることで、関係性を保つ余地が生まれ、選択肢を増やせる。まずは、負荷を増やす前に警告するところから始める。

「賛成しないならどうなるか」と否定的な側面を強調するのはリスクをはらむが、個人的な感情からではないことを伝えると、プレッシャーを和らげられる。つまり「味方が約束によって得られるメリットを失うのはいいことではない」と言っているのであり、相手にではなく、取引の本質に焦点を当てるのである。「断るなんてひどい人だ。この借りはいつか返すぞ」などと言ってはいけない。要するに、相手にその強情さのせいで事態が面倒になっていることを示すだけでよい。

〝手間を増やす〟戦略を実行する際は、手際の良さと注意深さが求められる。また、仕方なく相手に負担をかけざるを得ないのだと伝えられれば、抵抗のリスクは減らしやすい。あなたが本当は協力を願っており、相手を傷つけたいと思ってはいないことをはっきり伝える。

次に示す事例は、一歩一歩ねばり強く努力して影響力を獲得していった人の話だ。厄介な相手に対し、様々な切り口や方法によって負荷を上げていく様子がつかめると思う。

社内で協力を得るためには、顧客の反応を持ち出したり上層部のバックアップを取り付けなくても、相手にプレッシャーをかけ、強く出ることは可能なのである。

上司が厄介な場合は……

最も厄介な相手が実は上司で、どうしても変わらない場合もある。そのときは自分から仕掛けず、部下の立場にいることを使って、正当な手段で負荷をかける方法を探すのだ（事例の〝邪魔する上司を遠ざける〟を見て欲しい）。

誰にパワーがあるのか？：自分のパワーを知り、増やし、うまく使う

この事例では、フレッドはデーブの上司であり、デーブに対して権限を行使する立場にいるにもかか

わらず、実際はデーブの方にパワーがあることが分かるだろう。

邪魔する上司を遠ざける：デーブ・オフェンバックの場合

デーブ・オフェンバックはエンジニアリング部門のマネジャーだった。デーブは、自分の上司がある部下を執拗におとしめることに手を焼いていた。彼は何とかしてこの上司からその部下を引き離そうと格闘していた。デーブは状況をこう説明してくれた。

「3月のことです。親会社の東地区担当のエンジニアリング部長であるフレッドから、ある仕事のことで声を掛けられました。フレッドとは一度も一緒に仕事をしたことはなかったのですが、お互いの人柄や業績はよく知っていました。周囲からは、フレッドは厚かましく人の気持ちが分からず、短気な男だと聞かされていました。フレッドは1年前にその地区の部長に就いていたのですが、仕事の事前ミーティングで、生産性と効率を上げるために何をしてもよいという承認を本社からもらったと、私に言いました。また、ほとんどの部員の業績評価が最低ラインぎりぎりだと説明し、この部の力を上げるために、能力のあるメンバー数人を緊急に必要としていると言いました。そして、私を直属の部下として昇進させるから、来ないかと誘ったのです。本当のところは、その東地区の部門長に私を据えて、フレッドは以前担当していた北西地区に戻りたかったのです。

1日目、私はフレッドから、できるだけ早く異動させたい〝役立たず〟のエンジニアリングのマネジャーが3名いる、と聞かされました。そこで、私は着任したばかりなので、まず部門のことをよく把握するために30日はくださいと頼みました。私は当初、その3名に対するフレッドの見立ては正しいのだろうと思っていましたが、そのうちの1人、レイは他の2人と違っていることが次第に分かってきました。レイは依頼されたことには素早く対応し、やらなければならないことを実行し、それなりに適切にまた真面目に仕事をしていたのです。気になったため、私はいっそう注意して彼の仕事ぶりや業績を観察することになりました。会議や他の部門とのディスカッションにおいても、レイは担当プロジェクトの関係者から尊敬され、信頼されていることが分かりました。ただ、フレッドだけは違ったのです。

ある日の昼食時、フレッドにこの3名を異動させたい理由を尋ねてみました。レイ以外の2名についての気がかりは私にも納得できるものでした。レイについて見解を求めたところ、レイは無能で、担当するすべての分野から問題が起きていると言います。レイは仕事が遅いかまたは不完全で、重要な質問に答えないうえ、人を減らす方向に会社があるときでも人員を増やすことを求めていると言うのです。

フレッドは興奮して説明した後、レイについて私がどう思うかを熱心に尋ねました。私が観察したことを述べると、非常に動揺し、レイに時間をかけるのは無駄だ、すぐに異動させよ、と命令したのです。

私はレイの経歴を見てみました。人事情報を見ても、まったく問題はありませんでした。否定的なコメントもありません。それどころか逆でした。この会社に勤務した14年間、様々なエンジニアリングの仕事やマネジメント業務をやり遂げており、どの仕事でも、設計業務のみならず、マネジメントやチームワークにおいても賞賛されてしました。過去にレイの上司だった人の話も、それらを裏づけていました。

私はすっかり混乱してしまったので、レイに直接話を聞くことにしました。話は2時間にもおよびました。レイはその中で、私が着任する前、フレッドがレイを解雇すると言っていたことを明かしました。レイに、なぜフレッドがそうしようとしていたかを聞くと、フレッドの話と合致していました。40～50%の残業をしても仕事は終わらず、繰り返し増員を求めていたこと、そのころ彼の担当分野が問題の要因となっていたことも話してくれました。プロジェクトに関するフレッドからの質問に答えられなかったこともありました。しかし、その分野を担当することになったのはフレッドが着任する半年前で、しかも4年間続いていたそのプロジェクトは、もともと設計面に問題があったそうです。レイは、その問題の原因だったマネジャーたちをプロジェクトからはずしたのでした。ところが、それを説明するたびにフレッドはいらだって耳を貸そうとしなかったのだそうです。レイはまた、自分の仕事の負荷は、他の分野と比べるとあまりにも大きいと訴えました。そこで、私はその問題に取り組むことを約束し、レイとのミーティングを終えました。私にはフレッドのレイに対する非難は的外れに見えたので、レイにこれまでの努力と成果に礼を言い、良い仕事を続けていることを褒めました。

　自席に戻って、その部門のすべての分野の仕事量をチェックしたところ、レイの言うことが裏付けられたので、能力の点からメンバーの配置を変更しました。フレッドに対しては、私はレイを異動させるつもりはなく、実際のところよくやっていると思うと述べました。フレッドは怒り狂い、レイのせいで私がダメージを受けるぞとはっきりと言いました。

　その後の数ヶ月、レイはもちろん良い仕事をし続けました。チームでスケジュール調整ミーティングを行い、残業を次第に減らしていきました。しかし、フレッドはしつこく文句を言い続けていました。ミーティングでもメンバーがいるところでも、レイを侮辱することを言うのです。特に私がいるときはそうでした。ただ、驚いたことに、フレッドは私に対してはそういった嫌がらせはしなかったのです。それどころか、私の裁量をどんどん増やしてくれたのです。」

（この事例は、デビッド・ブラッドフォードによる“The misbranded Goat”スタンフォード・ビジネス・ケース（１９８３年）を元に、スタンフォード大学経営大学院の許可を得て作成された。文責は著者たちにある。著作権：リランド・スタンフォード短期大学評議委員会）

一見しただけでは、デーブは上司のスタイルのせいで難しい状況に置かれているようだ。しかし、私たちのモデルから見ると、デーブの立場は実際にはかなり強力であることが分かる。

過去の業績の威力

フレッドは優秀なデーブを、自部門の向上のため引っ張ってきた。良い評判を得ていたのはデーブであり、フレッドではなかった。ゆえにデーブは、フレッドが自らの態度を変えなければ、プロジェクトから身を引くという切り札を使うことができた。そのポジションを引き受けない選択肢もあった。そうすれば、フレッド自身の評判に傷がついたろう。こういった切り札はすぐに使うものではないが、念のために持っていて損はない。

誰が誰を必要としていたのか？

デーブは、フレッドが異動したらこの部門を引き受けても良かったし、別の選択肢も持っていた。フレッドが部門の業績を向上させて北西地区の担当に戻るために、デーブの力量を必要としていた。

情報の力

デーブは状況を注意深く調べ、労働量を分析するなどすべきことを実行し、さらに人員を適切に再配置して、部門の業績を向上させるという成果を挙げた。この事実によって、フレッドがエンジニアたちに関して言っていたことを塗り替えたのである。

次に、デーブがどのようにしてフレッドに影響をおよぼしたかを見てみよう。

行動によって信用を得た

デーブはまず、すべきことを実行するために時間を使った。ポジションに不適切なふたりのエンジニアをプロジェクトからはずしてフレッドに自分が行動する人間だということを示し、信用を勝ち得た。

潜在的な味方として接した

フレッドがどうしようもない独裁者だという評判を、デーブが鵜呑みにするのは簡単だったはずだ。しかし、そうはせず、フレッドに影響力を発揮する可能性を保ち続けた。デーブがフレッドをステレオタイプ的に決めつけなかったので、フレッドは感情的に激高してもデーブを攻撃しようとはしなかったと言える。

相手の世界を知る

デーブは、普段の昼食時を利用し、フレッドの立場を理解しようと努めた。また、フレッドが怒り狂ったときですら、言い争うことはなかった。フレッドから得た情報を確認する必要があると、冷静にとらえていた。その態度はまた、じっくりと言い分に耳を傾けるというカレンシーを、フレッドに提供する結果ともなった。

自分の目標が明確

デーブは、公平であること、そして会社が成功するために重要なことのみに焦点を当てていた。自分の部下を守りすぎることもなく、フレッドと仲違いすることもなかった。

こういった丁寧な対応の後でも、フレッドはレイを悪者扱いし続けた。では、デーブはどのようにフレッドからレイを引き離せるのか？　デーブはすでにフレッドがレイを不当に扱っていた証拠を手元に集めてあったが、さらに自分自身で調査した。そして問題の背景を明らかにし、レイが普通に仕事できるように状況を整えたうえで、フレッドに相対した。デーブはレイが堅実な仕事をする人物である証拠を携えて、フレッドに話をしたのだ。データを集めたうえで注意深く診断したのち、論理的に説明することが重要だ。それでも聞き入れないときは、デーブは上司の上司にその旨を話し、援助を得る必要があろう。

　デーブは、フレッドにレイのせいで自分の評価が下がると言われた後でも、レイを支持し、レイの優秀さを確信していることをはっきりと示していた。これは状況を正しい方向に向ける第一歩だ。思うように仕事をさせてくれれば成果を出すと上司に進んで申し出れば、それは重要なカレンシーの交換になり、自由度が得られやすい。上司に対してさらに負荷を上げていくのであれば、デーブが実際に行った以上に強く自分の考えを主張してもよいだろう。たとえば、フレッドがレイをいびり続けるのなら、部門として期待通りの成果が保証できなくなるとはっきり告げる、などだ。部門の低迷を引き起こしているのはレイではなく、フレッドだからだ。

　フレッドと対決するかどうか、ある程度はデーブ自身が腹をくくる必要はあった。デーブが強い態度で臨むことで、フレッドはデーブに敬意を払うのか、それとも怒って攻撃するのか。デーブには、次のように考えることもできたはずだ。「フレッドは部下をいじめる。自分に媚びる部下とだけ関わり、忍耐力がない。他者をていねいに扱う必要はないと思っているので、デーブがレイに対して辛抱強いことにいらだつだろう。」デーブは、フレッドと関わった経験から、フレッドは納得できないことを拒否すると気がついていた。しかし、フレッドはデーブを攻撃することはなかった。「驚いたことに、フレッドは私に対してはそういった嫌がらせはしなかったのです。」とデーブは述べている。これによって、デーブがレイに関してフレッドの指示に従わなかったにもかかわらず、フレッドがデーブに敬意を払っていることが分かる。フレッドは、相手が強い態度で来るまでは押すというスタイルを持っているようだった。強い態度が、フレッドにとってカレンシーのひとつだったわけだ。また、フレッドは、自分が成果を挙げて以前の北西地区の担当に戻るために、デーブに成功してもらわねばならなかった。だから、デーブの判断に対する信頼が重要なカレンシーとして効いていたのだ。このカレンシーは、フレッドにとっては、レイの業績に関するデータよりも明らかに重要だった。

最後に、デーブは上司であるフレッドにはっきり言うことを決めた。「フレッド、この状態を改善することが私にできると思って、私をここに引っ張ってくれたことに感謝します。業績は上向きですし、さらに良くしたいと思っています。しかし、あなたはその足を引っ張っています。レイについては何度も話し合ってきましたが、あなたはレイが優秀であると認めていないようです。でも、今はレイは私の部下であり、私が彼の責任を取ります。私はレイが仕事でしっかりと成果を挙げられると確信していますし、実際に結果を出しています。レイを放っておいてくれなければ、事態が悪くなってしまいます。これからは、レイの仕事ぶりで気に入らないことがあるのなら、私に言ってください。レイに直接言うのは止めてください。もし、この点に同意いただけないなら、この部門の業績を改善し続けることは保証できません。どうでしょう、このままレイを悪者にしたいですか、それとも私に判断を委ねて成果をあげさせてくれますか?」フレッドは怒りまくったが、結局は同意した。

デーブは、この対決の中で複数の否定的なカレンシーを用いて、相手との距離を置いた。ここでは、業績の向上を最も重要な成果として強調し、フレッドの言動がそれを阻むことをはっきりと述べている。フレッドが上司であることを否定せず、同時に立場上、デーブがレイのマネジャーであり、意思決定を下す正当な立場にあることも主張している。デーブの権利を侵し続ければ、それはデーブの能力を疑うことを意味すると明言した。フレッドが引き続き邪魔するのであれば、業績が今よりも悪くなってしまい、責任はフレッドに帰することになる。さらに、これまでの成果やフレッドが示してくれた信頼を引き合いに出すことで、デーブは大切な何かを失うことになるとほのめかした。フレッドがレイから手を引けば、フレッド自身にとってマイナスのコストを避けることができると伝えたのだ。結局フレッドはそうしたのだった。デーブはまた、フレッドの押し込むスタイルを自分も利用した。それによって、デーブのカレンシーの交換における立場がいっそう上がったのである。

フレッドは一連のできごとを敵対的だと考えていたかも知れない。しかし、デーブはフレッドを傷つけることではなく、常に会社のために良い結果を得ることに焦点を当て続けた。強硬な手立ては当たりが強くなるかも知れないが、相手を傷つけるとは限らないのだ。

最後の手段：自分の職を賭ける

デーブは、フレッドがレイへの攻撃を止めない場合は自分がこの仕事を降りる、と言って脅すことはしなかった。この脅しは最後の手段だ。しかし、それで完璧な勝利が得られるわけではない。デーブが以前の部署に戻り、フレッドを中傷しても、フレッドの言動が変わるわけではなく、無益な仕返しにすぎない。私たちはそういった行為を許容しない。仲間の悪口を陰で言う人は、本人の方が評判を落とすリスクが大きい。

ただし、協力を得たい味方が、手を尽くして働きかけても応じてくれない場合、特に上司の場合だが、自分の仕事を賭けるという手が残っている。あまりにも重要なので許せないということはあるのだ。例えば、上司が大きな間違いを犯している、扱いがあまりに不当、倫理に反する、その他、あなたが上司の行為を止めるために、自分の仕事を捨ててもいいと思うときだ。

すべての手を打ったのに事態は変わらず、自分にとってリスクをとる価値があり、上司の置かれている状況から拒否できないと客観的に判断できる場合に、自分の仕事を賭けるのだ。ただし、クビと仕事を続けることの苦痛とリスクが同程度のときのみ、使うべきだ。

しかし、賭に負け、会社を辞めるという脅しが受け入れられることもある。結果は、状況が救いようがあるかどうかにかかっていると言えよう。私たちの知り合いの若い男性は、年間数百万ドルから、2年で8千万ドルを超える売上を挙げていたが、上司の信頼を得られず、様々な形で見下されていた。彼は上司との関係を改善しようとあらゆることをしたし、その潜在力の高い会社と業界が気に入っていた。それにもかかわらず、上司の支持が得られないのであれば、去るべきだと悟ったという。そして、上司の怒りを買い、仕返しをされないで辞める方法を考え、上司が彼を満額の解雇手当をつけて会社から追い出す道を選んだ。辛い決断だったが、彼にとっては良かったという。

上司に対抗するために極端に強い手を常に使う必要はない。それに、影響をおよぼせないのはアイデアが良くないか、影響力の発揮の仕方が合っていないからかも知れない。どの程度のリスクをとるべきかは、あなたが最悪の事態にどれくらい対応できるか、どのくらい耐える意思があるかによる。私たち皆いずれは死ぬのだから、目の前の苦痛をなかったことにするのは愚かなことだ。逆に、長期的な視点を無視して目先だけを考えるのも、同様に自殺行為である。いずれにせよ、あなたが判断しなければならない。

誰にでも困難なときはある：腐ったリンゴと強硬手段

この本で取り上げた事例では、相手が厄介だが悪意はない人たちの話だ。想像するほど多くはないが、それでも心根の腐った人に会うことはあるだろう。上司、同僚、その他、自分が昇進したいがために汚い手を使ったり、嘘をまき散らして傷つける人もいる。（私たちも、上司と不倫関係にあるとか、会社の金を横領したとか、まったく根拠のない話をでっち上げられた話を耳にした）。こういった状況では、あなたの側に問題がなければ、上層部に訴えるなど、自己防衛が必要だ。もし、双方に利益のある対応が難しいときは、自己防衛にとりかからねばならない。

傷つけようという意図のある人に対しては、友好的な態度が必ずしも相手を動かすとは言えない。『影響力の法則』を活用するときは、ある種の厳しさが求められる。しかし、厳しさは残酷になることとは違う。仕返ししたくなるような人に出会うことは確かにあるが、その対応は、事態収拾のためには相手を負かすしか方法がないと信じる人に任せておきたい。ここでは、厄介な人たちと勝負をせずに、自分自身の利益を守る方法を検討する。生涯の敵を産み出すようなカレンシーの交換を始めたいとは、誰も思わないはずだ。

ある若い弁護士、ルディ・マルティネスの経験を紹介しよう。ありそうな話だ。上司のことを仲間内で愚痴っていると、ルディの同僚ウォルトが言い出した。上司の問題はみんなの共通の悩みなのだから、昼食時に上司にそのことを言おうではないかと。ルディがその場に着いたとき、すでにウォルトは来ており、上司もいた。上司は、「ルディ、君は私に対して批判したいことがあると聞いたよ」。ルディは呆然として立ちすくんだ。まるでルディひとりが上司に不誠実で悪口を言っているかのようだったからだ。ルディは口ごもりながら当たり障りない言葉で行き違いがあったに違いないと上司に言って、素早くその場を立ち去った。ウォルトが法務グループのメンバーにも似たようなことをしており、悪名高いと知ったのは後のことだった。

計画された対決

ルディにはどんな選択肢があったのだろうか？ ひとつは、さっさとその場を離れ、まずは自分がどうしたいか決まるまでいったん気を落ち着かせ、その後ウォルトに正面から抗議することだろう。

秘密をなくし、闇に光を当てる

他人を利用する人に対しては、まず何事も秘密にさせないことが重要だ。彼らは内緒だと言って誘いかけるが、それは内緒だと言われたものを公表することにためらう人情を利用している。しかし、悪辣な行為も明らかになるとその卑しさがよく分かる。したがって、表の光の中に引っ張り出すことが大切だ。ウォルトのしたことも、この方法でルディの立場を逆転できたはずだ。

ルディがもし、あの場で呆然とせず、または不快さを恐れなければ、上司に向かってこう言えた。
「懸念を抱いているのは私だけだとウォルトが言ったなんて心外です。先日話をしたときは彼もすごく言っていましたので。この件がはっきりしないと、どうやって一緒に仕事すればいいのか分かりません。ウォルト、先日、私たちで話したことを全部伝えてくれるかい？ あの話し合いは役に立つものだったと思うんだよ。でも私だけを問題児にしたいのなら、私は仲間には入らないよ。チームワークを大切にしたいと僕は思っているんだ。お互いに顔のつぶし合いはごめんだよ。」

今は過ぎたことをふり返っているので言えるわけだが、ここでのポイントは、ルディはそのときに考えていたことを口に出してオープンにすべきだった、ということだ。

上司の前で悪者にされるのではなく、上司の前で自分を馬鹿にさせず、ルディはウォルトの悪だくみを明かしながら、自分は役に立ちたいと考えていることを示す機会にできたのだ。誰かにだまし討ちされた後で、自分の評判を完璧に元に戻すのは難しいことだ。正しく振る舞う必要はない。原則はシンプルだ。あなたが純粋に会社のためを思っているなら、その通りに表明し、相手の仕打ちにショック受けたことをそのまま認めればいいのだ。相手の首に飛びついて締め上げたいほど怒りを感じているのでなければ、言うべきだろう。

あの場でルディは驚いていることを言うだけでも良かったのだ。「心外だよ！　私は君も含めてみんなが同じ気持ちだとばかり思っていた。一体何があったんだい、ウォルト?」。これだけでも、ルディだけが悪者にならず、事態収拾の糸口をつかめる。もし、ウォルトがすべて否定したら、ルディは上司に自分が騙されたこと、本当の自分の願いは上司がもっと効果的に仕事できるように役立ちたいこと、必要であれば自分ひとりだけでも実行するつもりであると説明できる。

ただし、ルディ自身が他の人を嵌めようとしたり、上司を非難してしまうと効果はない。要は、ルディが部署の将来を真剣に心配していることを示すのであり（事実その通りだ）、そのこと自体で責められることはない。世界中のウォルトのような人々は、誰かを陥れることばかり考えているので、正しいことを真面目に実行しようとする人の存在を知らない。そこが彼らの盲点で、脆弱な部分なのだ。彼らは、相手が口を開き正直に話せば、自分たちがどれだけ惨めに見えるか、よく分かっていない。ウォルト自身、自分がひどいことをしているという感覚はなく、別の説明をするかも知れない。ウォルトの場合も、意図と行動の結果もたらされるインパクトの間に大きな乖離があるのかもしれない。相手に明らかに悪意がある場合、攻撃ではなく率直に質問することで、隠しているその意図を明らかにすることができるというわけだ。いつかは、その人もそういっただまし討ちは自分にとっても良い結果を生まないことを学ぶだろう。

正義は見捨てない。ウォルトは後に、あまりに策を弄しすぎるという理由で、パートナーから降格になった。ルディはパートナーに昇格したが、会社の中で目立って活躍することはなかった。周囲は彼が成果をあげるために〝仕組みを動かす〟能力があるとは思っていなかったからだ。この事例からは、〝政治的な振る舞い〟は社内の秩序を乱すが、政治的なスキルを建設的な形で使えないことはマイナスになることが分かる。

相手を操作しようとする人に対しては、周囲の人たちの目前で冷静に怒りを表すか、または相手に対して意図的に爆発してみせるのだ。ベテランの交渉人によると、組織の中で本気で堪忍袋の緒を切るのは得策ではないが、純粋に怒りを感じた時は、意識して怒りを表するならば有益な手法だという。的を絞った意図的な怒りや感情を少し表わすことで、あなたの行動は予測不能だと相手に思わせられれば、相手は慎重にならざるを得ない。ウォルトのような人からだと、上司の面前でのだまし討ちを防げないかも知れないが、次からはそうさせないで済む方法はあるのだ。

私たち自身、似たようなことを体験したことがある。同僚に欺され、脅されそうになった際、上記の方法で撃退した（オフィスのスペースについてのこと）。そのときは、大きな声で「私にちょっかいを出さないでくれないか、ジャック。いいかい、私はネゴシエーションを教えているんだよ。」ジャックはぎくっとし、その後は対応が変わった。自分の仕掛けが効かないと思ったらしい。

少しずつ陽の光を拡げていく

相手に正面から対決することがかなわないときは、まず、その人のうわさを組織に広めていく。聞いた人たちはその人を警戒できる。もちろんこれにはリスクもある。それを聞きつけた当人が、もっとひどい反撃をしかけてくる可能性があるからだ。騙すことに関しては相手の方に分がある。ゆえに、あなたが仕返しにこだわらない真っ当な人であれば、そういう人と競い合うような愚かしい真似はしないことだ。

第二に、もしも、あなたがその人のことを悪く言って仕返ししていると周囲に思われたら、あなたの方が誤解されてしまう。これは注意しなければならない。バスケットボールでは、相手チームの選手の肘突きを押し戻しただけで反則になる場合がある。リプレイを見ても他には分からないことさえある。そういったことは起こるのだ。組織の中で評判は非常に重要なのだから、あなたが騙す人間だと誤解されないために、相手の悪意がはっきり分かるように注意して伝えることだ。相手のやり方を非難するだけでなく、自分の身を守る刃も用意しておかねばならない。

一般的に、そういった厳しい手法を使うと言うだけでかなり強い効果がある。いったん使われれば、結果がどうなるか予測できず制御もできないので、世の中の卑劣な人たちには、仕返しするよりも、汚い手を使ってばかりいると何が起こるかを説得力のある言い方で警告する方がいいのだ。どうしても脅しの手法を使わねばならないときのために、準備はしておこう。

影響をおよぼすのであって、操作するのではない

会社の目標達成を考えず自己中心的な振る舞いばかりをしている人が、それが社内に知れ渡り、相手

表 16.1　影響力と操作を区別する

操作には、次の特徴がある。	
・相手に協力してもらうための行動を自覚して取っているか？	いいえ
・相手の関心事に合わせて論点や言葉遣いを調整しているか？	いいえ
・尋ねられなくても、自分の目標を伝えているか？	いいえ
・自分の方の負担を多めに言うか？	いいえ
・相手の立場に立って相手の気がかりを知ろうと努力するか？	いいえ
・その人の頼みをきくか？	いいえ
・利点の好ましい面をはっきりと説明するか？	いいえ
・相手に対して本気で気遣いや関心を示さないか？	はい
・自分の意図をかくすか？	はい
・ありもしない利点を並べるか？	はい
・する気のないお返しを約束するか？	はい
・他人の弱みを探してそれを利用するか？	はい

にされなくなってゆく様を見ると救われた気がする。なかなか本性が暴露されないこともあるが、その悪行の積み重ねで、やがて本人が傷を負うことになる。賄賂などの違法行為の場合も、似たような経緯をたどることが多いらしいが、こちらは見つけるのが難しいようだ。

本当に厄介な人には、こちらがキレそうになる。悪意のある操作的な行動を見極めておくことだ。倫理的に反する行為（不愉快な反応を引き出す）と、本当の影響力とを、区別しておくのだ。影響力は誰も傷つけはしない。表16・1には、影響力と操作を区別するポイントをまとめてある。

相手に自分の意図を伝えても、相手から協力を得られれば操作的とは言えない。一度にすべてを話す必要はないし、有利に話を進めてはいけないわけでもないが、根拠のない嘘は論外である。交渉人は「絶対に嘘はつくな。ただ、自分から進んですべてを言う必要もない。」と言っている。

表 16.2　レシプロシティとカレンシーの交換の否定的な側面

・堕落
不適切なこと、倫理に反すること、違法な取引をもちかける
・操作
意図、目標、使用目的で嘘をつく 支払や返済の際に騙す 負担がかからないと嘘をつく 相手のためを考えているかのように振る舞う 見返りとして、相手側の個人的な信念に反するようなことをさせる
・復讐
やらなければならないと過度に誇張して迫る
・否定的な組織風土
組織の全体のためより、個人的な利益の方を優先させる組織 ビジネスライクな取引だけで、自然なやり取りによる人間関係を築かない組織 交換を嫌い、他に全く協力しようとしない組織 報復への恐れにより、建設的なカレンシーや行動よりも否定的なカレンシーが行き交う組織

相手の悪意が想定される時には

腐ったリンゴはときとして存在する。お互いに、自分にはやましい所はまったくない、相手に悪意があるのだと言って譲らない場面に、嫌というほど出会ってきた。例えば、医療事務チームのコンサルティングを引き受けたときのことだ。そこではお互いに何年間もいがみ合っていた。それぞれが〝自分以外の人〟は、相手を傷つけるためにそれこそ、〝自分の母親だって売る〟ようなひどい人だと思っていた。しかし、個人的に話すと、全員が、そういった部門内の人間関係が嫌だが、いつ攻撃されるか分からないので身を守るために攻撃していかなければならない、と口をそろえて言うのだ。このことを全員の前で伝えたところ、みんな安堵のため息をつき、ひとりひとりの良いところに目を向けられるようになった。自分のイメージ通りに行動しない人がいても、否定的な結論に飛びつく前に、この事例をぜひ思い出して欲しい。

上司に相談する必要があると分かっていても、そのリスクが気になるかもしれない。そこは覚悟して持ちこたえなければなるまい。

人間は、協力しあい、相互に果たすべき約束を決め、交換をするようにできている。しかしながら、そういった本来の特性すら阻まれることがある。障壁の例を表16・2に挙げた。

レシプロシティとカレンシーの交換の否定的な側面について具体的に記したので、危険性を知り、自らを守るために使って欲しい。

結論

仕掛けるにしろ、仕掛けられるにしろ、強硬手段をとれば、組織とあなた自身を損なう危険性が生じる。できることなら避けたい。強硬手段を使わなければ、誰かにいいように陥れられるのではないかと過度に恐れる必要はない。相手によっては、否定的なカレンシーの交換をする必要に迫られるかもしれないが、基本的には双方に利益のある形でカレンシーの交換を目指して欲しい。

対立する事態に陥らないように、信頼関係の構築を常に心がけることを私たちは強く勧める。言い換えると、相手が友好的でなくても、カレンシーの交換を働きかける際に、相手が最悪の言動をとると想定するのはやめたい。強い態度に出る前に警告を発して、組織や相手にとって利益となることをはっきりと示し、非建設的な状態を望んでいないと伝えるのである。武器を使わなくても良いように、早い段階から少しずつ率直に話すのだ。できるだけ相手を傷つけないように配慮しよう。

アップルのドナ・ダビンスキは、スティーブ・ジョブズとジョン・スカリーの仕事を引き継ぎ、パーム社やハンドスプリング社の資金を用意して経営するまでになった。彼女は、常に〝地獄でも生き抜く〟ためのお金を持っているべきだと語っている。その職にすがる必要がなければ、もっと勇気が持てる。もちろん、良い業績をあげ、真面目に仕事し、できる限り多くの人たちと信頼関係を築けば、自ずと強い立場に立てるのである。潜在的な味方を大勢持つことは、影響力をおよぼすうえで重要であり、叩きのめされる心配をせずに強硬手段をとることができる。そして、傷ついた関係を再び信頼関係へと戻したいときは、第6章を読んで欲しい。以下は、否定的なカレンシーの交換で避けるべき落とし穴だ。

落とし穴に注意

・抵抗されたら、それ以上押さず、引き下がること。他の方法を使うことを心得よ。
・相手が汚い手を使う時は、初めはマイナスの結果になると脅さず相手に同程度にやり返す。いきなり致命傷になるような手は使わないこと。たしなめるくらいか、尻を蹴飛ばす程度で十分だ。
・否定的なカレンシーの交換を進んで使ってはいけない。もっと強く出なければならなくなったとき、対応に行き詰まってしまうからだ。
・将来の建設的な可能性が消えるような否定的なカレンシーの交換をしない。争いを恐れずに、平和のすばらしさをしっかりと示すのだ。

訳者あとがき

本書はAllan R. Cohen（アラン・コーエン）とDavid L. Bradford（デビッド・ブラッドフォード）による“Influence without Authority” 3rd. Edition（２０１７年刊）の日本語版である。第二版に続いて邦訳（『影響力の法則　現代組織を生き抜くバイブル』（２００７年）『続・影響力の法則　ステークホルダーを動かす戦術』（２００９年　いずれも税務経理協会）することができたのは、翻訳者として無上の喜びだ。

“Influence without Authority” は１９８０年代に初版が刊行された。コーエン博士は、起業家養成で最高レベルの評価を受けるバブソン大学のＭＢＡコースで、長年にわたって教鞭をとってきた。ブラッドフォード博士はスタンフォード大学の経営大学院で組織行動とエグゼクティブプログラムを担当してきた。おふたりの先生ともに「影響力」分野の重鎮である。主な共著には、本書の他に “Managing for Excellence”（１９８４）（改訂版は “Power Up” １９９８）がある。２００６年に最初にBradford博士をスタンフォードのオフィスに訪ねたときには、先生の書棚に中国語版の「Managing for Excellence」があった。翻訳の件でCohen博士にメールすると、インド滞在中だったこともあった。著作は世界中で読まれており、両先生は世界の人気者なのである。

Influence without Authorityの初版が書かれた１９８０年代、アメリカでは大きな構造改革が起こっており、規制緩和で企業も大きな影響を受けていた。組織はスリム化し従来の官僚的な組織から、プロジェクト型組織に変わっていく最中だったという。新しいテーマや課題に対してプロジェクトを立ち上げ、組織横断的にチームで課題に取り組む。複雑化する課題に対して、幅広い専門知識を結集する必要があったからだ。そのような組織では、上意下達の上司-部下関係が機能しない。プロジェクトでは権限や権威だけでは、チームを動かすのが難しいのである。そこで、この問題を解決するために書かれたのがInfluence without Authority（直訳すると「権限がなくても人を動かす力」）だと、両著者は述べている。

日本語版の初版（英語版二版）は、多くの読者を得た。そのほとんどはビジネスの現場で活躍するマネジャーとプロフェッショナルだった。特にシステム開発、薬剤や自動車、家電製品などの開発、建設や土木の現場で、リーダーとして活躍されている方たちにお読みいただいた。さらに、サプライヤーとして世界のトップブランドの製品を支えるメーカーの、プロジェクトリーダーやエンジニアにも、本書は読まれてきた。彼らは、社内で役員のような権限を持っているわけではない。クライエントはもちろん、他部門や組織外の専門家とも連携しなければならない。クライエントとサプライヤーの板挟みに合いながらも、みずからの立場からプロジェクトに貢献することが要求される。一方、かつて自分の上司だった人を、今度はチームのメンバーとして指導する立場に置かれている方も少なくなかった。従来組織の中で機能していた力、すなわち権限や、専門家としての力たる権威が通用しない世界、まさに“Influence without Authority”の世界が広がっていたのである。そして、それから15年がたって、その問題が以前にもまして表面化し、多くの組織や経営者に認識されるようになってきたと感じる。

その背景は、チーム志向が進んだことにあると考えている。チームとは、〝共通の目的、挑戦的な目標を達成するために集められた多才な人材が、相互作用しながら課題に立ち向かう集団〟、とでも言えようか。もちろん「影響力の法則」は、相互作用の効果と効率を最大限に高めるための方法である。その前提は、私たちの目標のハードルが上がり、期限（納期）も短くなっていることだ。相互作用は時が経てば活発になるかもしれないが、その時を待っているわけにはいかない。競争相手も時間と闘っているのだ。早く結果を出さなければ、得意先もろとも沈んでいってしまう。そこで、「影響力の法則」が注目されるようになっている。早くカレンシーの交換を進め、相乗効果を生み出そうというわけである。これまでに、製薬、自動車製造、システム開発、ＩＴ、広告、空輸、金融サービス、情報サービス、学校など、さまざまな業界で現場のリーダーたちのトレーニング、また経営幹部へのコンサルティングでお役に立たせていただいている。みなさんの現場でも、「影響力の法則」が組織の効果を高めるお役に立てれば幸いと思う。

さて、２０２２年、日本を代表する哲学者柄谷行人氏が、アメリカの哲学賞バーグルエン賞を受賞した。同年出版された大著のタイトルは『力と交換様式』（岩波書店）である。柄谷によれば交換による力は、物理的なものではなく観念的な力であり、「人間と人間の間の『交換』から生じるものである」（同書45ページ）。そしてこの力は交換様式によって異なる。交換様式には4種類がある。Ａ互酬（贈与と返礼）、Ｂ服従と保護（略取と再分配）、Ｃ商品交換（貨幣と商品）、ＤＡの高次元での回復、だ。歴史の中では、Ａを中心とする部族社会から、国家によるＢ、商品、貨幣、資本の交換（すなわち資本主義）を意味するＣに発展している。ではＢとＣの交換だけで現在は動いているのか、というとそうではない。いずれにも限界があり行き詰まる。科学は世界をＢとＣに還元しようとするが、それは現実にそぐわない。一方、現実にはＡ互酬は今でも生きており、さらにＤに至っているという。世界史を「生産様式から交換様式」で読み解くという柄谷の試みは意欲的で、バーグルエン賞受賞につながった（詳細は４００ページを超える大著に譲る）。

柄谷の〝交換が力である〟という歴史観に触れ、私たちが大いに励まされたのは言うまでもない。「影響力の法則」が、４つの交換様式をカバーできるからだ。本書でも書かれているように、「カレンシーの交換」というのはあくまでも譬えである。交換されるのは、貨幣（カレンシー）だけではない。「情報」「機会」「ビジョン」など多岐にわたっている。ここで組織や事業をBとCの交換だけでとらえていると、壁にぶつかる。そんなとき当事者たちが「権限がないから動かせない」「予算が足りないので諦めよう」というのを、私たちは何度も聞いた。しかし、現実にはその壁を超えていく人たちもいる。彼らは権限やお金だけではなく、さまざまな〝カレンシー〟、例えば、「ビジョン」「思いやり」「感謝」などを繰り出し、交換を進めていくのである。言い換えれば、影響力を発揮する人は、４つの交換様式をフルに使っているのだ。

　これが「カレンシーの交換」の醍醐味である。

「影響力の法則」はチームの戦略を前提とした、いわば〝人間関係の戦術〟である。それは組織や専門領域を超えたプロジェクトでこそ必要となっている。なぜなら、そこでは交換が始まっていない、あるいは限定的、または滞っているからだ。製品やサービス、事業そのものが複雑になって、組織内外のさまざまな人々と協働して事業を進めなければならない現在の組織では、この戦術が不可欠なのだ。こちらから交換を仕掛ければ、相手が誰であれ力を産み出す主導権を握れる。

　一方、この戦術をもつことで、私たちはひとりではできない、本当に達成したい課題に挑戦できるようになる。短期的な交換だけでなく、２年、３年と交換を続けていくと、あなたへの信頼が高まり〝味方〟が増えてくる。すると、今は達成することなど考えられないような大きなテーマに、５年後10年後に取り組めるというわけだ。「カレンシーの交換」は、あなたのキャリアに力をもたらすのである。〝あなたの会社の仕事を上手にこなすための手段〟としてではなく、あなたの未来を築く戦略として、「影響力の法則」を身近に置いていただければ幸いである。

本書の翻訳は、著者であるアラン・R・コーエン博士、デビッド・L・ブラッドフォード博士のご助力なくしてできなかった。これまでに「影響力の法則」を議論してきた、読者のみなさん、私たちのクライエントのみなさん、京都大学経営大学院の学生諸兄姉には多くの示唆をいただいた。他にも多くのみなさんに励まされたが、十分なカレンシーをお返しできないかもしれない。それでも最大の感謝の気持ちをお伝えしたい。最後に初版に続いて刊行までにご尽力いただいた、株式会社税務経理協会の大坪克行社長と、編集の労を取っていただいた野田ひとみさんに感謝申し上げる。

２０２３年９月

髙嶋成豪（翻訳者を代表して）

542-2205

ウェブサイト：http://www.gsb.stanford.edu/exed/lead

3　本書の著者アラン・コーエン、デビッド・ブラッドフォード、および仲間たちにより、半日〜二日間のプログラムが多数実施されている。単独コースまたは他のエグゼクティブ・プログラムに組み込みも可能。(※英語)

連 絡 先：cohen@babson.edu または bradford_david@gsb.stanford.edu まで。

4　本書のコンセプトを日本向けに開発した社員教育プログラム「影響力の法則」シリーズが、アラン・コーエン、デビッド・ブラッドフォード両博士から承認を受けたインフルエンス・テクノロジーLLC より提供されている。(※日本語)

連 絡 先：03-5530-9260（インフルエンス・テクノロジーLLC 担当：髙嶋）、または Customer
CustomerService@influence.co.jp

ウェブサイト：http://www.influence.co.jp

B　講演／講義

1　本書著者アラン・コーエン、デビッド・ブラッドフォードは、影響力（インフルエンス）に関する講演または講義を行っている。連絡は、cohen@babson.edu または bradford_david@gsb.stanford.edu　まで。(※英語)

2　「影響力の法則」および連動する新しいリーダー像、ポストヒロイック・リーダーに関して、インフルエンス・テクノロジーLLC では講演会や講義を日本語で提供している。(※日本語)

連 絡 先：03-5530-9260（インフルエンス・テクノロジーLLC 担当：髙嶋）、または Customer
CustomerService@influence.co.jp

ウェブサイト：http://www.influence.co.jp

C　サーベイ

本書および同著者他書の「Power Up」にあるポストヒロイックなリーダーシップをもとにした、影響力、または影響力とリーダーシップの 360 度サーベイがある。同僚、部下、上司よりサーベイの質問紙に回答を得る。質問紙では、本人が現在の仕事ぶりおよび何を期待するかについての質問に回答する。質問は全て行動レベルで問うため、サーベイの結果が有益に活用できる。質問のサンプルは以下のウェブサイトに載っている。(※英語)

ウェブサイト：http://influencewithoutauthority.com

D　影響力に関する事例

1　影響力を発揮して成功した体験や影響力を必要とする状況に立たされた事例など、影響力に関する事例が紹介されている。(※英語)

ウェブサイト：http://influencewithoutauthority.com

2　上記ウェブサイトにある事例のうち、「ウォレン・ピータース」の事例は、日本語に翻訳され、インフルエンス・テクノロジーLLC のサイトに掲載されている。(※日本語)

ウェブサイト：http://www.influence.co.jp

【別　添】

本書の内容に関するトレーニング・講演等

A　トレーニング・プログラム

1　バブソン大学（Babson College）では、5日間（泊）のエグゼクティブ・デベロップメント・プログラム「Leader-ship and Influence」を提供している。（※英語）

対　　象：部下をもつマネジャー

特　　長：ビデオ、ケースディスカッション、ロールプレイ、シミュレーション演習、屋外の問題解決演習を通し、本書の内容　およびポストヒロイックのコンセプトを学ぶ体験的な内容。

事前課題：リーダーシップスタイルに関する、部下、同僚からのフィードバックを受けて、プログラムの中でそのデータを活用する

講　　師：キース・ローラングをリーダーとするバブソン大学の教授陣

場　　所：米国バブソン大学キャンパス内またはその他の施設

開催時期：年に2回

そ の 他：企業向けにカスタマイズし、多数実施している。（※英語）

問い合わせ先：バブソン大学「エグゼクティブ・エデュケーション」

Babson Park, MA., 02157-0310。電話：（米国）781-239-4354 または 00-882-EXEC

ウェブサイト：http://www3.babson.edu./bee/programs/leadership

2　スタンフォード大学経営大学院（Stanford Graduate School of Business）では、七年以上のマネジメント経験をもつ上級管理職、ゼネラルマネジャー向けに、エグゼクティブプログラム「Interpersonal Dynamics for High Performing Executives」を提供している。本プログラムはあらゆる業界、あらゆる規模の組織、あらゆる機能領域に適している。目標は高いパフォーマンスに必要な対人スキルとEQ（感情的知性）を高めることである。（※英語）

対　　象：シニアレベルの管理職

特　　長：幅広い影響力を構築するために、個人のスタイルを測定し開発する。互いに建設的なフィードバックを与え、受け取ることを通じて、より生産的なカレンシーを交換できるようにする。より効果的で信頼に値するリーダーを目指して自己覚知を高める。そして実際的なスキルを獲得しEQを高める。

事前課題：リーダーシップスタイルに関する、部下、同僚からのフィードバックを受けて、プログラムの中でそのデータを活用する

講　　師：スタンフォード大学の教授陣とファシリテーター

場　　所：米国スタンフォード大学キャンパス内またはその他の施設

問い合わせ先：「スタンフォード・エグゼクティブ・エデュケーション」

518 Memorial Way, Stanford, CA 94305-5015 電話：（米国）650-723-3341 または866-

【訳者プロフィール】

髙嶋　成豪（たかしま・なるひで）

人材開発／組織開発コンサルタント。公認心理師。インフルエンス・テクノロジーLLC代表。GM、ジョンソン・エンド・ジョンソンなどで人材開発に従事。製薬、自動車、エレクトロニクス、IT、広告などの各社でコンサルティング、講演を行う。京都大学経営大学院、フェリス女学院大学で講師を歴任。筑波大大学院教育研究科修了。修士（カウンセリング）。

著書に「みるみる味方が増える　たった１つの法則」(2019、スローフォーター)「プロジェクトを加速する人間関係術：心が軽くなる「影響力の法則」」(2012、税務経理協会)、共訳書に「影響力の法則」(2007、税務経理協会)、「続・影響力の法則」(2009、税務経理協会)、「POWER UP―責任共有のリーダーシップ」(2010、税務経理協会)

髙嶋　薫（たかしま・かおる）

カウンセラー。人材開発コンサルタント。公認心理師。富士ゼロックス総合教育研究所でマネジメント研修プログラムの研究開発、PDI Japanでコンサルタント、モトローラなどでトレーニングマネジャー。筑波大大学院教育研究科修了。修士（カウンセリング）。

共訳書に「影響力の法則」(2007、税務経理協会)、「続・影響力の法則」(2009、税務経理協会)、「POWER UP―責任共有のリーダーシップ」(2010、税務経理協会)

【著者紹介】

アラン・R・コーエン

バブソン大学グローバルリーダーシップ特別栄誉教授（名誉教授）。専門はリーダーシップ、影響力、組織変革。同学では教務担当副学長、学部長、大学院長代理を歴任。インド経営大学院の設立に携わり、フィリピンで1年間、教育事例を執筆した経験もある。

GE、東芝、IBM、ポラロイド、ロイヤルバンク・オブ・カナダ、インガソル・ランド、エクセル、シーメンス・ニクスドルフ、ラファージ、スキル・インディア、フィディリティなど多くの企業や、数多くの起業家、非営利団体にコンサルティングを行ってきた。共著に『POWER UP―責任共有のリーダーシップ』『影響力の法則―現代組織を生き抜くバイブル』（税務経理協会）などがある。ハーバード大学ビジネススクール MBA、DBA。インド、フィリピン、オランダ、イギリスに在住経験。現在カリフォルニア州オークランド在住。

デビッド・L・ブラッドフォード

スタンフォード大学経営大学院 ユージン・オケリー２世名誉上級講師（リーダーシップ）。スタンフォード大学経営大学院に着任後、人間関係学講座「インターパーソナル・ダイナミクス（Touchy-Feely）」を開発。経営・組織行動教育研究会の創設者であり、初代理事長でもある。

フリトレー、ヒューレット・パッカード、IBM、リーバイ・ストラウス、マッキンゼー、レイケム、スターバックス、ロシュ製薬、サンフランシスコ・アジア美術館、デトロイト美術館、ゲティ美術館、ホイットニー美術館などで講演やコンサルティングを行なっている。『POWER UP―責任共有のリーダーシップ』『影響力の法則―現代組織を生き抜くバイブル』（ともに共著、税務経理協会）「スタンフォード式 人生を変える人間関係の授業（原題 Connect）」（CCC メディアハウス）などの共著がある。ミシガン大学 Ph. D（社会心理学）。

〔新版〕影響力の法則

現代組織を生き抜くバイブル

2023年11月10日　初版発行

著　者　アラン・R・コーエン　デビッド・L・ブラッドフォード

訳　者　髙嶋成豪　髙嶋薫

発行者　大坪克行

発行所　株式会社 税務経理協会
〒161-0033東京都新宿区下落合1丁目1番3号
http://www.zeikei.co.jp
03-6304-0505

印　刷　美研プリンティング株式会社

製　本　牧製本印刷株式会社

デザイン　原宗男

本書についての
ご意見・ご感想はコチラ

http://www.zeikei.co.jp/contact/

ISBN 978-4-419-06958-2　C0034